KB215470

미 래 를   여 는   창

조영식 코드

문명전환의 시대에 전하는 메시지

미 래 를 여 는 창

조영식 코드

문명전환의 시대에 전하는 메시지

홍기준 지음

ⓘ 인간사랑

차례

여는 말 · 7

제1장 미래가 이끈 삶 · 11

청소년기(1921~1941) · 13

청장년기(1942~1946) · 17

생애의 전환점(1946~1951) · 22

역경 속의 창학(1951~1960) · 27

사회운동의 창시(1960~1979) · 32

세계 평화운동의 전개(1980~1993) · 52

제2 르네상스 운동의 전개(1994~2004) · 59

제2장 사색의 여정 · 81

자유란 무엇인가? · 85

인간에게 자유의지가 있는가? · 98

운명이란 무엇인가? · 105

인간이란 무엇인가? · 108

양심과 도덕이란 무엇인가? · 122

선과 악이란 무엇인가? · 127

정의란 무엇인가? · 131

진리란 무엇인가? · 139

생성의 원리란 무엇인가? · 141

문화세계란 무엇인가? · 145

평화란 무엇인가? · 147

오토피아란 무엇인가? · 155

주리생성이란 무엇인가? · 161

동양 철학적 인과론이란 무엇인가? · 182

전승화란 무엇인가? · 185

창발이란 무엇인가? · 197

제3장 코드의 발견 · 231

동방 정신문화 코드 '셋이 하나'(三而一) · 236

한민족의 정신문화 코드 한밝 · 242

한반도의 미래 코드 등불 · 250

제4장 문명의 새벽 · 263

미래의 회고 · 269

지구적 공명 · 275

창발적 평화 · 285

닫는 말 · 298

저자 소개 · 300

여는 말

미원(美源) 조영식(趙永植: 1921~2012)은 경희대학교의 설립자이다. 평생 교육자, 사상가, 사회 및 세계 평화운동가로서 선구자의 삶을 살면서 한국 현대사에 큰 발자취를 남겼다. 미원이 타계한 지 어언 10여 년이 흘렀다. 이제 그의 삶과 사상이 어떤 의미가 있었고 오늘날 우리에게 어떤 메시지를 남기고 있는지 되돌아볼 시점이다.

그동안 필자에게는 미원의 생애와 사상에 대해 좀처럼 풀리지 않는 의문이 있었다. 첫째는 식민지 시대에 북한에서 태어나고 한반도 분단의 경계선을 넘어 월남한 미원이 어떻게 인류를 품는 사상을 갖게 되었는가 하는 것이다. 둘째는 그가 평생을 바쳐 연구하고 사색한 사상과 이론의 뿌리가 도대체 무엇인가 하는 것이었다.

목련화가 거의 질 무렵인 2022년 4월 어느 날, 이 꽃이 불현듯 필자에게 새로운 의미로 다가왔다. 미원이 지은 시 「선구자의 꽃 목련화」에서 '배달의 얼'을 발견한 것이다. 국민가곡이 된 이 노래를 그동안 수없이 듣고 불렀으나 이 단어의 의미를 알아차리지 못했다. 필자는 미원의 또 다른 시 「하나가 되라」를 발견하였다. 이 두 시는 분명 연결되어 있고 어떤 암시가 있음을 알았다. 순간 의문이 하나 둘 풀리기 시작했다. 필자는 미원이 코드로 남긴 메시지를 세상에 알려야 하겠다고 생각하였다.

미원의 사상을 나름 해석하기 위해서는 그의 전 생애를 추적해야 했고 그가 남긴 저서와 연설문 등을 꼼꼼히 읽어봐야 했다. 그리고 확인할 수 없는 빈틈은 상상과 추리에 의존했다. 그러나 미원의 사상을 온전히 해석하는 일은 쉽지 않았다. 미원은 "내 나이 50이 되니 우주의 끝이 보였다"라고 말한 적이 있다. 필자는 환갑이 넘어서야 겨우 미원의 사상을 어렴풋이 이해하게 되었다.

이 책은 4장으로 구성된다. 제1장에서는 미원의 생애가 어떻게 펼쳐졌는지를 간략히 요약한다. 수많은 사건의 연속이었던 그의 전 생애를 정리하는 일은 전기(傳記)의 영역이다. 따라서 이 책에서는 미원의 사상에 대한 독자의 이해를 돕는 수준으로 국한하고자 한다. 제2장에서는 미원이 평생 사색했던 주요 주제들을 살펴보고 필자의 관점에서 해석한다. 제3장에서는 미원의 생애와 사상의 숨은 코드를 풀어보고자 한다. 제4장에서는 미원이 남겨놓은 사상이 문명 전환의 시대를 맞고 있는 우리에게 전해주는 메시지를 요약하고자 한다.

이 책은 미원사상에 대한 필자의 주관적 해석이기에 혹자는 이 책이 미원사상을 곡해했다고 주장할 수 있다. 그러나 모든 사상과 이론은 후세인에 의해 재해석되는 것이다. 필자는 미원사상에 대한 독자들의 다른 해석을 기쁘게 생각할 것이다.

제1장 미래가 이끈 삶

고난이여 역경이여 올라면 오라

고난이여 역경이여 올라면 오라

그 모질고 거세다는 세파의 끝 어데냐

남아가 한 번 나선 그 길 그 뜻 굽힐 손가

염라의 대왕이여 자 – 어서 나서라

내 끝까지 용전하다 체력 다 하면

귀신 장군 때려눕힐 기력 또 있지 않나

철한이 도전하는 사나이 길엔

전진은 있어도 후퇴는 없다

철한이 응전하는 사나이 길엔

승리는 있어도 패배는 없다

이 시는 미원이 경희대학교 건설 초창기에 일어났던 온갖 고난과 역경을 극복하면서 느낀 심회를 표현한 것이다. 운명에 맞서 싸운 그를 한마디로 표현하면 '운명의 창조자'였다.

청소년기(1921~1941)

한 인물이 어떠한 사상을 갖게 되기 위해서는 선천적 요인과 후천적 요인이 동시에 복합적으로 작용한다. 선천적 요인은 유전적 영향을 말하는데 이것이 그 사람의 지적 능력과 자질을 결정한다. 타고난 지적 능력과 자질은 후천적인 요인, 즉 가정환경, 교육환경, 문화적, 시대적 배경 등에 의해 배양된다. 우리는 미원이 어떤 유전적 요인을 가지고 태어났는지 알 길은 없다. 다만 그가 전 생애에 걸쳐 이룩한 업적으로 보아 비범한 지적 능력과 자질을 가지고 태어났을 것으로 추정한다.

미원은 1921년 11월 22일에 아버지인 조만덕과 어머니인 강국수 사이에 1남 1녀 중 맏아들로 태어나 평안북도 운산에서 자랐다. 아버지 조만덕은 광산업을 하였고 두 번의 실패 끝에 금광을 일군 사업가였다. 그는 어린 미원에게 실패하지 않기 위해서는 생각하고 또 생각해야 한다고 가르쳤다.[1] 가정환경으로 보아 미원의 어린 시절은 유복하였을 것이라 추정된다. 미원은 어린 시절 병약하였다고 전해진다. 그 이유는 알 수 없으나 이렇다 보니 부모의 자상한 보살핌 속에서 성장하였을 것이다.

미원은 6세 때부터 서당을 다니며 논어, 맹자, 대학, 중용 등 유교 경전을 공부하였다고 그의 저서에서 밝히고 있다.[2] 그리고 기독교도인 부모의 영향으로 일찍이 기독교 신앙에 눈을 떴을 것이다. 이러한 사실에서 추정할 수 있는 것은 미원이 어린 시절부터 유교적 가치관과 기독교적 가치관에 노출되었다는 것이다. 비범한 지적 능력이 있었던 미원에게 이 두 개의 가치관은 서로 상충하였을 것이다. 유교의 가르침은 기본적으로 인간이 어떻게 살아야 하는가 하는 문제이다. 기독교 성경의 가르침은 인간과 신(神)의 관계에 대한 문제이다. 물론 이 두 가치관의 바탕은 인간에 대한 자비와 사랑이다. 그러나 본질상 다른 측면이 있다. 유교적 가치관은 현세에 어떻게 살아야 하는가 하는 문제이지만, 기독교는 신을 믿어 내세에 구원을 받을 수 있는가 하는 문제이다.

미원이 어린 시절 유교 경전을 얼마나 이해하고 체득하였는지는 알 수가 없다. 그러나 그가 어린 시절부터 접한 유교 경전은 그의 사유능력 형성에 큰 영향을 미쳤을 것이다. 유교 경전은 기본적으로 우주의 본질과 인간의 윤리가 무엇이냐 하는 문제를 다룬다. 신이 7일 만에 세상을 창조하였다고 설명하는 성경의 창세기와는 다른 이야기다. 미원은 성장하면서 두 개의 가치관과 논리가 충돌함을 발견하고 고뇌에 빠졌을 것이다. 결국 '우주의 본질이 무엇인가?,' '신이란 과연 무엇인가?' 하는 근원적인 의문이 일찍이 그의 머릿속에 자리 잡기 시작했을 것이다. 그리고 미원은 인간으로서 '값있게' 살기 위해 무엇을 해야 하는가를 고민하기 시작했을 것이다. 이러한 과정에서 인간은 어떻게 살아야 한다는 규범의식이 내면에 형성되었을 것이다.

미원은 운산에 있는 북진공립보통학교를 거쳐 1936년에 5년제 숭실중학에 입학했다.[3] 숭실중학은 평양 경창리에 있었다. 그 당시에 숭실중학은 합격자 명단이 신문에 발표될 정도로 서북지방의 명문 학교였다.[4] 민족지도자 조만식(曺晩植: 1883~1950), 정치인 조병옥(趙炳玉: 1894~1960), 소설가 주요섭(朱耀燮: 1902~1972)과 황순원(黃順元: 1915~2000), 시인 윤동주(尹東柱: 1917~1945), 음악가 안익태(安益泰: 1906~1965)와 김동진(金東振: 1913~2009), 독립운동가 장준하(張俊河:

1918~1975), 목사 문익환(文益煥: 1918~1994), 철학자 김형석(金亨錫: 1920~), 군인이자 육영사업가 백인엽(白仁燁: 1923~2013) 등이 이 학교를 졸업하였다.

평양 제3중 시절의 미원

기독교 재단이었던 이 학교는 일제강점기에 저항정신의 산실이었다. 일본은 1935년에 신사참배를 강요하였다. 당시 교장이었던 선교사 조지 맥쿤(George S. McCune: 1872~1941)은 이에 저항을 하다 해임되어 전교생 500명 앞에서 눈물을 흘리며 고별연설을 하였다.[5] 그리고 학교를 떠날 수밖에 없는 이유를 설명하고, "하라"(DO IT)라고 외쳤다고 한다. 이 당시 미원은 14세로 한창 감수성이 민감한 소년이었다. 미원은 학생들 틈에서 이 광경을 바라보면서 나라를 빼앗긴 설움을 뼈저리게 느꼈을 것이다. 그리고 맥쿤의 감동적인 고별연설에서 깊은 인상을 받았을 것이다. 미원이 전 생애에 걸쳐 보여준 불굴의 투지와 나라에 대한 사랑이 여기에서부터 시작되었는지 모를 일이다. 어떤 사건이나 인물과의 조우가 청소년기의 기질과 성격

형성에 결정적으로 작용하기 때문이다. 그리고 이러한 청소년기의 경험과 기억은 향후 전개되는 생애에 중요한 요인으로 각인된다. 숭실중학은 1938년 3월 일제에 의해 결국 폐교되었고, 다시 1년 후인 1939년에 평양 제3 공립보통학교가 된다. 미원은 평양 제3중이라 불렸던 이 학교를 1941년에 졸업하였다.

청장년기(1942~1946)

이 시기 미원에게 일어났던 일련의 사건들은 미원의 생애와 사상의 출발점이 된다. 미원은 평양 제3중을 졸업하고, 1942년에 일본 체육전문학교로 유학을 떠났다.[6] 미원은 청소년기에 체육에 남다른 재능을 발휘하여 장대높이뛰기 조선반도 대표로 전국체전에 출전하였다고 전해진다. 이 당시 단련한 체력이 평생 많은 업적을 성취할 수 있었던 원동력이 되었을 것이다. 미원은 일본체육전문학교를 졸업하고 일본중앙대학 법학부에 편입시험을 보아 합격하였다. 법학이 그가 공부하고 싶었던 학문이었던 것 같다. 그러면 왜 법학을 선택했을까 라는 의문이 생긴다. 법학을 전공하여 법조계나 정계로의 진출을 계획했는지 모른다. 그러나 합격통지서를 받은 미원은 아버지로부터 귀국하여 결혼하라는 연락을 받게 된다.

미원은 1943년 11월에 오정명(吳貞明: 1921~2008)과 결혼한 후 얼마 되지 않은 1944년 1월 20일에 학도병 징집 통고서를 받고 제48 공병부대에 입대하게 된다. 미원은 전세가 일본에 불리하게 돌아가고 있음을 알게 되고, 일본의 패망이 멀지 않았음을 직감하게 된다. 미원은 동료들과 모의하여 1945년 1월 2일에 의거 사건을 일으켰다. 그러나 의거는 사전에 발각되고 미원과 동료들은 일본 헌병대에 연행되었다. 미원은 이때 몇 개월 동안 영창에서 모진 고초를 당하였다. 미원은 이 당시의 상황을 『조선인학도병 운명의 악몽』이라는 책자에 수기로 자세히 남겨놓았다. 1945년 5월 18일 군사재판에서 기소유예를 판결받은 미원은 48부대로 복귀하였다. 그러나 미원은 1945년 8월 17일에 동료들과 함께 군부대를 탈출하였다.

　미원의 수기를 보면 그의 영창생활은 그야말로 생지옥과 같은 것이었다. 이때 그는 한창 혈기왕성한 24세였다. 그리고 일본 유학까지 다녀온 청년 지식인이었다. 생사의 기로를 알 수 없는 절망적인 상황에서 미원은 무엇을 생각하였을까? 여러 가지를 추측해 볼 수 있다. 우선 자신의 앞날이 어떻게 될 것인가에 대해 생각하며 불안에 가득 찼을 것이다. 그리고 절대자인 신에게 기도도 하였을 것이다. 그리고 자신의 행동이 옳은 것이었나 되돌아보기도 했을 것이다. 미원은 이때 희망을 잃지 않고 같이 수감된 동료들과 여러 가지 주제를 놓고 토론을 하였다고 한다. 나라의 앞날에 관해 토론도 하였을 것이다. 그리고 일본으로부터 해방되면 무엇을 할 것인가 고민도 하였을 것이다. 미원은 이 시기에 '3차원적 우주관'에 대한 발상을 얻었다고 수기에 쓰고 있다. 우리는 여기에서 미원사상의 출발점에 대한 실마리를 발견하게 된다.[7]

　그는 수기에서 다음과 같이 쓰고 있다.

"바로 이때, 나는 우주와 삼라만상의 변화 속에서 인생을 명상하고 사색하는 가운데, 즉 Idos와 Hule 아니 그 통합과 조화라는 삼차원적 나의 우주관, 유기적 통일체관을 발견하게 되었는데 이러한 의미를 지닌 미원(美源)이라는 아호를 지어 사용하게 되었다. 결론지어 말하면, 이러한 공통의 학습을 진행하는 동안에 나의 가슴속에는 '인생을 값있게 살자, 그리고 우리의 민족적 거사 모의는 조국과 겨레를 위한 정의의 길이 틀림없는 것을 몇 번이고 재확인하게 되었다. 혹시, 우리가 별탈 없이 출옥하게 된다면 또 다시 민족적 의거를 계획하여 반드시 실현하고야 말 것이다'라는 새로운 결의로 가득 차게 되었다."

그리고 수기는 다음과 같이 맺고 있다.

"따라서 그 후에 나는 사지에서 다시 얻은 목숨이라고 생각하며 일생을 나라 사랑과 겨레 사랑, 그리고 나라의 번영과 영원한 발전에 기여할 것을 마음에 되뇌며 살아왔다. 또 앞으로의 여생도 후회 없이 그렇게 살아갈 것을 오늘도 다짐하며 살아가고 있다."

위 내용으로 짐작할 수 있는 것은 미원이 이 당시 새로운 삶을 얻게 되었다고 생각했고, 인생의 방향을 결정했다는 것이다. 이것은 대단히 중요한 의미가 있다. 보통 사람이 죽음과 같은 절망적인 상황에 빠지게 되면 "만약 저를 구해주시면 평생 신의 뜻대로 살겠습니다"라고 신과 계약을 맺는다. 그러나 미원은 만약 내가 여기서 살아나가면 민족을 위해 살겠다고 결심한 듯 보인다. 이러한 경우의 결심은 보통 일생의 방향을 결정하곤 한다.

미원은 이 당시 깊은 철학적 사색에 몰입했다고 한다. 그가 이 시기에 '3차원적 우주관'을 떠올렸다면 그것은 동양사상의 핵심 원리인 '천지인(天地人) 3재(三才)'와 관련이 있을 것이다. 미원은 이미 어린 시절에 유교 경전을 배운 바가 있다. 그리고 성장하면서 어느 시점에 『주역』(周易)이나 『도덕경』(道德經)을 접했을 가능성이 있다. 미원은 이러한 원리에 바탕을 두고 자신에게 왜 이러한 사건이 일어났는가를 생각하였을 것이다. 그는 '운명이란 무엇인가?'라는 의문을 떠올렸을 것이다. 그는 자신을 둘러싼 상황과 시대의 변화 속에서 자신이 역사의 한 부분임을 깨달았을 것이다.

미원은 또한 학도병 의거 사건을 통해 조국과 겨레에 대한 뜨거운 애국심을 품게 되었다고 수기에 기록하였다. 청소년기에 나라 잃은 설움을 처절하게 겪은 미원에게 이것은 당연하였다. 그는 다시는 나라를 빼앗기는 수모를 겪지 않도록 나라를 번영시키고 발전시키겠다는 결심을 하였을 것이다. 당시에 그의 사고는 인류 차원으로 확대되지는 않았다.

미원이 1945년 8월 17일에 군부대를 탈출한 뒤 열흘 후인 1945년 8월 26일에 소련군이 평양에 입성하였다. 소련군은 지프에 나눠 타고 평양시민의 환영을 받으며 중심가를 행진했다. 그리고 약식이나마 평양공설운동장에서 '환영대회'를 가졌다. 이날 밤 치스차코프(Ivan Chistyakov) 사령관[8]은 평양 철도호텔에서 후루카와 가네히데(古

川兼秀) 평안남도 도지사와 만나 항복 절차를 밟았고, 평안남도 건국준비위원회 조만식 위원장과 현준혁 조선공산당 평남지구 위원장을 만나 행정권 이양에 합의했다. 그리고 9월 19일에 김일성이 평양에 입성했다. 그는 10월 14일에 평양공설운동장에서 '조선 인민의 영웅'으로 소개되었다. 소련군을 등에 업은 김일성이 북조선 공산당을 조직하여 북한 장악을 시작한 것이다. 민족진영의 지도자 조만식은 이에 대항하기 위하여 1945년 11월 3일에 평양에서 우파 기독정당인 조선민주당을 창당하였다.[9]

미원은 조만식이 창당한 조선민주당에 창당발기인으로 참여하였다. 미원은 그 당시의 정국의 상황을 잘 알고 있었을 것이다. 그리고 소련군과 김일성이 표방하는 공산주의가 무엇을 의미하는지도 잘 알고 있었을 것이다. 미원은 공산주의가 북한을 장악하는 것을 막기 위해 민족진영이 창당한 조선민주당에 참여한 것이다. 조만식은 당시 민족지도자로 추앙받는 인물이었고, 기독교인이었으며, 숭실중학의 선배였다. 미원은 이러한 점을 또한 고려하였을 것이다. 그러나 1945년 12월에 모스크바 3상 회의에서 한반도에 대한 신탁통치가 결정되자, 1946년 1월에 조선민주당은 반탁을 결의하게 된다. 조만식은 결국 김일성에 의해 연금되고 당수직에서 파면된다.

이런 상황 속에서 북한에서는 인민위원회가 설치되었고 1946년에 토지개혁이 이루어졌다. 인민위원회는 사유재산을 무상으로 몰수하였다. 이 과정에서 미원의 아버지가 소유하고 있었던 금광도 당연히 몰수되었다. 미원의 아버지는 화병으로 세상을 하직한다. 당시 미원은 평양에 있는 여자상업고등학교와 대동전문학교에서 잠시 교편을 잡고 있었다.[10] 그에게 선택의 여지는 없었다. 자유를 찾아서 38선을 넘는 것이 유일한 길이었다. 미원은 마침내 태백산맥의 준령을 타고 혈혈단신 남북의 경계선, 이념의 경계선을 넘는다.[11]

당시 일어났던 사건들은 미원의 사상 형성에 큰 영향을 미치게 된다. 그는 북한에서 공산주의의 실체를 경험하면서 자유가 인간에게 가장 소중한 가치임을 깨달았다. 그에게 자유는 관념의 문제가 아니라 생존의 문제였다. 자유는 마치 공기와 같은 것이다. 우리는 매 순간 공기를 호흡하지 않고는 살 수 없다. 우리는 공기를 호흡할 수 없는 상황이 와야 공기의 소중함을 알게 된다. 미원에게 자유는 그런 것이었다.

생애의 전환점(1946~1951)

미원이 가까스로 서울에 정착한 후에 무엇을 하였을까 궁금해지는 대목이다. 당시 서울에는 이미 북한에서 월남한 수십만의 출향민들이 있었다. 서울에서 연고가 없었던 그들은 출신 지역을 기반으로 단체들을 조직하여 모이고 있었다. 미원은 아마도 그들을 수소문하여 찾아갔으리라 짐작된다. 이 중 이윤영(李允榮: 1890~1975)이 가장 유력한 인물이다.[12] 이윤영은 1946년 2월 월남하기 전까지 조만식이 창당한 조선민주당의 부당수를 지냈다. 이윤영은 평북 영변군 출신으로 숭실학교 사범과를 나왔다. 그리고 감리교 협성신학교를 나와 북한에서 목사와 교육자로 활동하였다. 학연 및 지연, 그리고 조선민주당과의 관련성으로 미루어 미원은 북한에서 이윤영을 이미 알고 있었을 것으로 추정된다. 이윤영은 월남하여 '평안청년회'라는 청년단체를 조직하였다. 이러한 군소 청년단체는 1947년 9월 '대동청년단'으로 통합된다. 이 단체는 광복군 총사령관인 지청천(池靑天: 1888~1957)이 32개의 청년단체를 통합하여 결성한 것이다.[13] 미원은 이 단체에 가입한 것으로 보인다.

해방공간의 남한에는 좌우익 이념대립이 격화되고 있었다. 그리고 수많은 좌우 단체들이 우후죽순 난립하고 있었다. 미원이 대동청년단과 인연을 맺었다는 것은 이념적으로 우익을 선택했다는 것을 의미한다. 미원에게 이것은 자연스러운 선택이었다. 미원은 자신이 선택한 자유의 땅 남한에서 무엇인가 나라를 위해 할 수 있는 일을 찾았을 것이다.

미원은 이 시기에 서울고등학교에서 교사로서 수년간 체육과 윤리를 가르쳤다.[14] 그리고 교사로 재임하고 있는 기간 동안 서울법대에 편입학하였다.[15] 교사로서의 일과 학업을 동시에 진행한 것이다. 그는 서울법대 재학 중인 1948년 10월 15일에 첫 저서 『민주주의 자유론』을 출판하였다.[16] 그가 27세 때였다. 미원은 1950년 5월에 서울법대를 졸업했다. 그리고 목사가 되기 위해 미국 신학대 유학을 준비하였다. 그러나 유학자금을 사기당하는 바람에 목회자의 길을 포기하게 되었다고 전해진다.

1950년 6월 25일 전쟁이 발발하면서 시국은 다시 격랑 속으로 빠져들게 되었다. 정부는 8월 18일 부산으로 피난을 하여 임시정부를 수립하게 된다. 미원은 바로 이 시기에 대한청년단 선전부 부국장,

국회 민정동지회 사무국 차장, 국회 신정동지회 조사국장, 공화민정회 조사국장 겸 법제사법 전문위원으로 정치 활동을 하였다.[17] 대한청년단은 대동청년단의 후신으로 1948년 12월 19일에 결성되었다. 이 단체는 이승만을 지지하기 위해 결성된 단체로 회원만 200만 명에 이르는 최대 청년단체였다. 1950년 당시 안호상(安浩相: 1902~1999)이 대한청년단 단장을 맡고 있었다. 미원은 이때 이후로 안호상과 인연을 맺었다.[18] 공화민정회는 자유당의 전신으로 1951년 5월 29일에 조직된 원내교섭단체이다.[19]

여기서 우리가 주목해야 하는 것은 미원의 선택이다. 서울고등학교 재직과 서울법대 재학시절 미원은 광범위한 독서를 하였다고 한다.[20] 그것도 주로 정치철학에 관한 것이었다. 이것은 그가 『민주주의 자유론』을 집필하기 위한 것이었다. 서울에서 미원이 목격한 사회와 정치 상황은 무질서 그 자체였다. 이런 상황에서 책을 저술한 이유는 무엇일까? 아마도 그는 새롭게 건설될 대한민국의 민주주의를 이론적으로 정립하고 싶었던 것 같다. 그리고 그는 서울법대 졸업 후 목회자의 길을 가고자 했으나 포기하고 정계로 진출을 하였다. 인생의 갈림길에서 방향이 바뀐 것이다.

미원은 왜 목회자의 길을 포기하였을까? 그는 다양한 철학 서적을 섭렵하면서 보다 근원적인 문제에 대해 의문을 품었던 것 같다. 그것은 우주의 궁극적인 실재인 신에 관한 문제였다. 미원은 기독교 가정에 태어나 10여 년 동안 종교 생활을 하였다. 우주의 궁극적 실재에 대한 지적 호기심이 가득 찬 청소년기에 교회를 다니며 성경을 읽고 목사의 설교를 들었을 것이다. 그리하여 신의 존재를 이성적으로 이해해 보려 하였을 것이다. 그는 이 문제를 해결하기 위해 모든 신학 서적을 찾아 읽고 목사들을 찾아다니며 해답을 구하고자 했다. 그리고 신학교 진학까지 생각하였다.[21] 그리고 목회자의 길을 선택하기까지 수많은 고뇌를 거듭했을 것이다. 그러나 결국 목회자의 길을 포기한 것은 유학자금의 문제가 아니었을 것이다. 후일 미원은 "목회자의 길을 가고자 했으나 결국 신을 만나지 못했다"라고 술회한 적이 있다.

그렇다면 미원은 왜 정계로 진출했던 것일까? 그에게는 큰 포부가 있었을 것이다. 그는 새로운 나라를 만드는 데 정치가 가장 중요하다고 판단했을 것이다. 29세의 나이에 주류 정치세력에 몸담고 있으면서 새로운 나라 건설을 꿈꾸었을 것이다. 그러면 미원은 왜 정치의 꿈을 버렸을까? 그가 경험한 정치 현실은 실망을 넘어 좌절에 가까운 것이었기 때문이었다. 그 당시의 정치는 음모와 부정부패가 난무하고, 정파의 이익에 따라 이합집산을 거듭하는 혼란 그 자체였다. 그리고 미원이 대한청년단과 공화민정회에 몸담고 있었던 시기에 결정적인 사건이 발생한다. 그것은 국민방위군 사건과 거창 양민학살 사건이다.

국민방위군 사건은 1951년 1.4후퇴 때 방위군 예산을 국민방위군 간부들이 착복함으로써 방위군 수만여 명의 아사자와 환자가 발생한 사건이다. 그 당시에 국민방위군 간부는 대체로 대한청년단 간부로 구성되어 있었고, 결국 주요 간부 5명이 사형선고 되었다. 미원은 당시 대한청년단 선전부 부국장이었다. 거창 양민학살 사건은 1951년 2월 지리산 일대에서 인민군과 빨치산을 토벌하던 육군이 적과 내통했다는 혐의로 무고한 양민을 대량 학살한 사건이다. 이 두 사건을 지켜본 미원의 심정을 상상하는 것은 어렵지 않다. 당시 이 두 사건의 처리를 놓고 원내 민주공화당계와 민주국민당계가 이 전투구에 가까운 정쟁을 하고 있었다. 이런 이유로 그 당시 민주국민당계 부통령이었던 이시영(李始榮: 1868~1953)이 불만의 표시로 사임을 하였다.

미원은 이 무렵 두 번째 저서인 『문화세계의 창조』를 구상하고 집필에 몰두하고 있었다. 이즈음 당시 부통령이었던 이시영으로부터 뜻밖의 제의를 받게 된다. 그것은 신흥초급대학을 인수해 달라는 것이었다.[22] 당시 신흥초급대학은 급히 부산에 피난을 내려온 상태였고, 심각한 재정위기에 빠져 있었다. 이러한 상황에서 설립자인 이시영은 이 학교를 인수해 줄 인물을 물색하던 중에 미원이 대안으로 떠올랐을 것이다. 미원을 이시영에게 연결해 준 인물은 신흥초급대학에서 법대학장을 하고 있었던 최태영(崔泰永: 1900~2005)이었다. 그는 미원이 서울법대 재학 당시 서울대학교 법대학장을 했었다. 그는 이시영과 매우 가까운 친분이 있었다.[23] 이렇듯 운명은 예상치 않은 길목에서 우연한 인연으로 결정된다. 이렇게 하여 미원은 1951년 5월 18일에 신흥초급대학을 인수하여 육영사업가의 길로 접어들게 된 것이다.[24] 그의 인생의 방향이 이렇게 하여 결정되었다.

미원이 약관 30의 나이에 부실대학을 인수하기로 한 것은 무모해 보이기까지 한 일이었다. 미원은 전쟁의 와중에 막대한 빚을 떠안은 채 교육 사업을 결심하기까지 많은 고민이 있었을 것이다. 미원은 정치에 환멸을 느끼고 있었고 당시 나라의 상황으로 보아 교육을 통해 인재를 양성하는 것이 가장 시급하다고 판단했을 것이다. 미원은 교육이 본인이 가장 잘할 수 있고 뜻을 펼칠 수 있는 길이라고 생각했다. 그는 『문화세계의 창조』를 저술하면서 원대한 미래 비전을 이미 정립한 상태였다.

『문화세계의 창조』는 미원사상의 거의 모든 내용이 담겨져 있는 역작이다. 미원은 이 책을 한국전쟁이 발발하기 2개월 전부터 집필하기 시작하여 피난을 수차례 반복하는 와중에 폭격 소리를 들으며 썼다고 밝히고 있다. 1차 피난 때는 괴뢰 군에게 납치되어 끌려가는 바람에 원고를 숨기기도 하였고 1.4 후퇴 때는 부산으로 피난가는 도중 원고가 들어있는 가방을 도난당하여 3개월에 걸쳐 다시쓰기도 하였다. 이렇게 미원이 목숨을 걸고 거의 1년 만에 완성한 『문화세계의 창조』는 1951년 6월 30일에 출판되었다.[25] 이 책은 총 360여 페이지에 달한다.

이렇듯 미원의 앞에는 목회자의 길과 정치가의 길이 놓여 있었으나 운명의 여신은 그를 교육자의 길로 인도한 것이다. 이것이 과연 운명인지 아니면 그가 주장하듯이 '의식적 지도성'인지 판단하기 어렵다. 그러나 그의 앞길은 순탄치 않았다. 예상치 못한 수많은 역경이 그를 기다리고 있었다.

역경 속의 창학(1951~1960)

미원은 자신이 인수한 학교의 교시를 '문화세계의 창조'로 정하였다. 그러나 미원이 학교를 열기 위해서는 재원을 확보하는 일, 교사를 신축하는 일, 학생을 모집하는 일, 교원을 확보하는 일 등 해결해야 할 일이 산적해 있었다.[26] 그는 우선 부산시 동광동에 교사 두 채를 건축했고 1951년 8월에 수업을 시작하였다. 1952년 2월에 신흥초급대학은 문교부로부터 정식 인가를 받았다. 그리고 1952년 10월에 4년제 대학 설립인가를 받게 되어 신흥초급대학은 신흥대학교로 변신하게 된다.

그러나 미원은 어렵게 신축한 교사 두 채에 1953년 2월에 화재가 발생해 전소되는 불운을 겪고 절망적인 상황에 빠지게 되었다.[27] 하지만 그는 여기에 굴하지 않고 부산시 동대신동에 학교 터를 다시 매입했고 불과 3개월 만인 1953년 5월에 새 교사를 건축하였다. 그리고 교문에는 '학원의 민주화', '사상의 민주화', '생활의 민주화'를 교훈으로 새겨 넣었다. 1953년 12월 1일 졸업식에서 그는 다음과 같이 말한다.

> "오늘 이 자리에서부터 제2의 인생을 출발한다고 할 것 같으면 어떠한 고난과 역경이 내 앞에 닥쳐온다 해도 나는 이것을 능히 극복할 수 있다는 운명의 창조자로서의 지각을 잃어서는 아니 될 것입니다. 또 그것으로써 제군들이 앞으로 나가는 여러 가지 난문제를 해결하는 데 큰 도움이 될 수 있는 실력이 생기는 게 아닐까 생각이 됩니다."

> "인간으로서 생각해서 윤리적으로 생각해서 세계인으로서 생

각해서 내가 이것을 으레 단행해야 한다는 이런 정의에 입각한 신념을 가지고 옳은 것을 위해서 옳은 것을 지탱하기 위해서 굳은 마음을 가지고 운명의 창조자가 되어 주기를 바랍니다."

피난지 부산 동대신동 임시 가교사(1953년)

이 대목에서 우리는 '운명의 창조자'라는 단어에 주목해야 한다. 미원의 전 생애와 사상을 관통하는 키워드이기 때문이다. 그는 '인간이 운명을 창조할 수 있는 존재'라고 확신하고 있었다.

1953년 7월 27일에 휴전협정이 체결되고 부산 임시정부가 서울로 환도를 하자 신흥대학교는 서울로 돌아와야 했다. 그러나 갈 곳이 없었다. 미원은 처음부터 다시 시작해야 했다. 미원은 가까스로 현재 경희대학교 서울캠퍼스가 있는 회기동 일대의 부지를 확보하게 된다. 당시 천장산(天藏山)이라 불렸던 산자락 일대의 땅은 폐광이 있었던 지역으로 그야말로 황무지였다.[28] 여기에 그가 30세 때 수립한 '문화세계의 창조'라는 비전을 실현하기 위한 학원 건설을 시작

한 것이다.[29]

1954년 5월 20일 건설공사가 진행 중인 와중에 미원은 신흥대학교 제4대 학장에 취임하며 다음과 같이 말했다.

"끝으로 하나 더 이야기하자는 것은 저로서는 너무도 지나친 욕심일지는 모르겠습니다마는 한국에 있어서 유일한 대학, 한국의 어떠한 특정 대학을 상대로 해서 그와 같은 대학을 만들고 싶다 하는 심정은 없습니다. 우리가 상대해야 할 것은 한국의 어느 대학보다도 동양적이요, 세계적으로 내놔서 굴지 가는 그 대학과 경쟁해야 한다. 그러기 위해서는 우리처럼 빈한하고 국가 경제를 위시해서 모든 점이 약한 이러한 환경에 있는 사람으로서는 저 사람들에 비해 백 배, 천 배의 노력과 정성을 바치지 않고서는 아니 될 줄 생각합니다.

그러나 작년도 졸업식에도 잠깐 얘기한 바와 마찬가지로 운명이라고 하는 것은 스스로 우리 손에 의해 결정되는 것이고, 우리 손에 의해 개척되는 것이기 때문에 우리가 한사코 열과 정성으로서 단합이 되어서 우리의 목표를 지향해서 매진한다고 할 것 같으면 이루어지지 못하는 일이 없으리라는 것을 새삼스럽게 한 번 더 기억하면서 여러분에게 부탁합니다."

미원은 여기서 다시 운명은 개척되는 것이라 강조한다. 그러나 이러한 대역사가 순조롭게 진행되지 않았다. 천문학적인 비용이 필요했던 이 건설공사는 수많은 난관에 봉착했다. 그는 건설공사 대금

▲ 건설 중인 본관을 둘러보는 미원(1955년)
▼ 완공 직후의 등용문 전경(1955년)

과 인건비를 제때 지불하지 못하여 빚쟁이들에게 시달리기도 했다.[30] 공사대금을 마련하기 위해 살던 집을 처분하고 살 곳이 없어서 친구에게 단칸방을 얻어 신세를 지기도 하였다.

이렇게 모든 난관을 극복한 끝에 신흥대학교는 마침내 1955년 2월 28일에 종합대학교로 승격한다. 그러나 미원이 출판한『문화세

계의 창조』 일부가 보안법 위반으로 고발되어 현직 대학 총장인 그
가 1955년 7월 31일에 전격적으로 구속되는 고초를 겪게 된다. 이
필화사건은 결국 학술원의 검증으로 무고임이 밝혀졌다.[31]

1960년 3월 1일에 미원은 신흥대학교를 오늘날의 경희대학교로 교
명을 바꾼다. 새로운 역사가 시작된 것이다. 미원이 육영사업가로서
의 생애를 시작하여 경희학원을 건설하기까지 10여 년의 기간은 그
야말로 무에서 유를 창조한 시기였다. 그가 세웠던 원대한 비전과 불
굴의 의지 그리고 그의 비범한 능력과 지도력이 있었기에 가능했다.

사회운동의 창시(1960~1979)

이 기간은 미원의 생애에 있어서 가장 창조적인 시기였다고 볼 수
있다. 그러나 이 기간에 박정희 정권하에서 수많은 시련을 극복해
야만 했다. 미원은 1965년 세계대학총장회의(IAUP) 창설을 주도하
여 그의 사상과 비전을 세계화하기 위한 기반을 만들었다. 그리고
『인류사회의 재건』(1975)과 『오토피아』(1979)를 출간하여 자신의 사상
과 비전을 완성하였다. 그는 이러한 사상과 비전을 실천하기 위해
두 개의 사회운동을 창시하였다. '잘살기운동'과[32] '밝은사회운동'이
었다. 미원이 수원에 경희대학교 제2 캠퍼스 건설을 시작한 것도 바
로 1979년이었다.

미원에게 1960년대는 시련으로 시작되었다. 1961년 5월 16일에
군사 쿠데타로 정권을 장악한 박정희(朴正熙: 1917~1979)는 사회의 혼

란을 막고, 반공을 강화하며, 경제를 되살린다는 명분 아래 강력한
규제와 통제정책을 추진하였다. 특히 대학사회가 사회 혼란의 근원
지라는 부정적 인식이 있었기 때문에 대학을 통제하고자 했다. 그
러자 전국에서 시대착오적 교육정책에 반대하는 여론이 들끓기 시
작했고 대학가는 긴장감이 높아지고 있었다.

이러한 상황 속에서 1961년 5월에 '5월 동지회' 회원 3명이 미원을
찾아왔다.[33] 오월동지회의 창립을 준비하고 있었던 이들은 당시 대
학 총장으로 명망이 높았던 미원을 이 조직의 회장으로 추대하기
위해 찾아온 것이었다. 미원은 "5.16에 참여한 바도 없거니와 정치
에 뜻이 없다"라는 입장을 분명히 밝혔다. 계속된 요청에도 불구하
고 미원이 끝내 거절하자 얼마 뒤 '교육에 관한 임시특례법'에 따라
총장승인을 취소하겠다는 통고를 하였다. 이것은 미원을 압박하기
위한 수단이었다.

미원은 자택에서 긴급 이사회를 개최하고 폐교 결의를 한 후 당시
문교부 장관에게 강력하게 항의하였다. 그러나 문교부는 이렇다 할
해명도 없이 총장승인을 취소하였다. 문교부 장관은 수일 후 미원
의 명륜동 자택으로 찾아와 "군사정부의 정통성 확립을 위한 조치
이니 잠시 총장에서 물러나면 곧 복귀될 것이다. 총장이 아니라도
학원장의 직함으로 학교를 운영하면 되지 않겠는가"라며 사과와 위
로를 하였다고 한다.[34] 미원은 결국 1961년 6월 26일에 총장직에서
물러나고 경희학원의 학원장으로 취임하게 된다. 미원은 제3공화국
이 출발하던 1963년 5월 8일에 제3대 총장으로 재취임하였다.

1964년에 일어난 6.3한일회담 반대시위로[35] 인해 학원가에 한차

1963년의 미원

레 회오리가 휩쓸고 간 이후 미원은 중대 결심을 하였다. 미원은
1965년에 동양의학과 서양의학을 접목하여 제3 의학을 창시하였
다. 이것은 의학으로 인류사회의 문화 복리를 증진 시키겠다는 획
기적인 발상이었다. 당시로는 세계의학 사상 처음 있는 일이었다.
미원이 이와 같은 발상을 하게 된 것은 그의 사유체계에 기인한다.
동양의학은 음양오행과 기의 순환과 같은 원리체계에 기반을 두고
있는 동양 정신문화의 결정체이다. 반면에 서양의학은 인체에 관한
과학적 연구의 결정체이다. 따라서 동양의학과 서양의학을 접목하
면 새로운 제3 의학이 탄생할 것으로 생각했다. 이러한 발상의 기원
은 나중에 설명할 그의 3차원적 우주관과 관련이 있다.

같은 해인 1965년에 미원의 생애에 있어서 중요한 사건이 일어난
다. 미원이 주도하여 1965년 6월 29일에 영국 옥스퍼드에서 세계대
학총장회의(The International Association of University Presidents: IAUP)를

창립한 일이다. 그는 세계지성들이 참여하는 이 단체를 통하여 자신의 비전을 전 세계에 알렸다. 미원은 자신이 IAUP를 창설하게 된 배경을『우리도 잘살 수 있다』에서 다음과 같이 밝히고 있다.

"나는 수년 전부터 아시아대학총장회의를 결성할 것을 계획하고 준비를 진행해오던 중 작년(1964년) 6월에 미국을 방문하였을 때 페어리 디킨슨대학 총장 삼마르티노(Peter Sammartino) 박사와 우연히 이런 말을 주고받다가 아시아대학총장회의를 추진할 것이 아니라 세계대학총장회의를 결성하자는 데 피차간에 합의를 보았습니다. 그리하여 단시일 내에 이 회의를 결성하기 위한 준비를 진행시키기로 약속한 지 불과 1년 수개월 만에 264개 대학의 가입을 보았으며, 또 1965년 6월 29일 영국 옥스퍼드대학에서 제1차 총회를 개최하였을 때는 182개 대학의 기관장과 기타 옵저버들과 함께 본인은 발기인의 한 사람으로서 참여할 기회를 갖게 되었습니다."

미원은 미국 페어리 디킨슨대학의 피터 삼마르티노 총장, 유엔총회 의장을 지낸 필리핀 국립대학의 칼로스 로물로 총장, 미국 상원의원을 지낸 푸에트리코대학의 제임 베니테즈 총장, 라이베리아의 외상을 지낸 아프리카 라이베리아대학 로체폴테 윅스총장과 함께 IAUP 창립의 공동발기인으로 참여했다. 이 회의에는 21개국에서 150여 명의 대학 총장들이 참여하였다. 미원은 창립총회에서 옥스퍼드대학의 아더 로링톤 총장, 영국의 세계적인 역사학자 토인비(Arnold Toynbee) 박사, 필리핀의 로물로 총장 등과 함께 기조연설을 하였다.

미원이 옥스퍼드 창립총회에서 한 기조연설의 제목은 '평화를 위한 기도'(A Plea for Peace)였다. 그는 '계몽된 자기 이익(enlightened self-interests)을 통해 공동번영을 위한 협력의 시대'를 열어가야 한다고 강조하면서 자신의 비전인 '문화세계의 창조'를 다음과 같이 역설했다.

> "이러한 소망이 상호 간 자비와 신뢰, 박애 정신에 의해 성취될 수 있다면 인간 정신은 과학기술을 통제할 수 있으며 과학과 기술은 온전히 인류의 이익을 위해 사용될 수 있을 것입니다. 그리고 인류는 새로운 차원으로 진입할 수 있을 것입니다. 우리는 세계의 문제들을 해결할 수 있으며, 고도로 발전된 정신문명 위에 '문화세계'(Palace of Culture)를 창조할 수 있을 것입니다. 그리고 고도로 발전된 과학 문명 위에 과학의 왕국(Kingdom of Science)을 건설할 수 있을 것입니다. 이 두 가지의 결합이 바로 새로운 문명입니다. 이것이 바로 우리 대학인들이 추구해야 할 지상과제가 아니겠습니까?"[36]

미원은 3년 뒤인 1968년 6월 18일에 경희대학교에서 IAUP 제2차 총회를 개최하였다.[37] 이 총회의 제1차 회의는 '동서양문화의 융화와 세계평화의 증진'이었다. 당시 중국을 대표하는 지성인 임어당(林語堂: 1895~1976)은 '인류 공동자산을 찾아서'라는 제목의 기조연설을 했다.[38]

▲ 제2차 세계대학총장회의를 주재하는 미원(1968)
▼ 제2차 세계대학총장회의에서 축사 후 퇴장하는 박정희 대통령과 미원(1968)

　　그는 "고도로 발전된 문화로 피차간의 거리가 좁아진 오늘날의 세
계에 있어서 우리는 미래를 위한 공동의 유산을 찾아야 한다"라고
전제하고 "동서 문화의 차이점은 서양의 분석적 이론적 사유와 동
양의 직관적인 통찰력과 현실에 대한 전체적인 반응에서 찾아볼 수
있는데, 서양 철학자들의 인생관 및 우주관은 너무 국부적인 것으

로 흘러서 숲을 보지 못하고 나무만을 보고, 나무를 보지 못하고 가지만을 보며, 드디어 나뭇잎의 모세관만을 보는 상태에 이르렀다"고 역설하였다. 또한 "철학이란 인생과 관련되어야 한다. 생각하건대 동양 사람들이 과학적 가치와 민주주의의 참뜻을 배우고, 서양 철학자들이 자기도취의 어둠침침한 이론의 성벽을 부수고 인간사회로, 그리고 인생의 투기장으로 들어올 때 평화스럽고 도리에 어긋나지 않게 삶을 영위할 수 있는 보다 좋은 사회가 건설될 수 있을 것이다"라고 설파하였다.[39] 임어당의 이 같은 통찰은 촌철살인과 같은 것이며 미원의 생각과 정확하게 같았다.

이 회의는 박정희 대통령이 직접 축사를 할 만큼 국내외의 높은 관심 속에서 개최되었다.[40] 이 회의의 성공적인 개최는 경희대학교의 위상을 극적으로 높이는 계기가 되었다. 여기서 잠시 박정희 정권 치하에서 미원에게 일어났던 사건들을 언급할 필요가 있다. 미원이 제2차 IAUP 총회라는 국제적 규모의 행사를 서울에서 개최한 후 국내외에서 그의 지명도와 인기가 급상승하였다. 당시 미원은 앞으로 한국을 이끌고 갈 3인의 지도자 중의 한 명으로 거론되기도 했다. 이렇게 되자 정치권에서 미원을 견제하기 위한 계획을 꾸미게 된다.

그것은 다름 아닌 국회 특별감사였다. 1969년 1월에 국회 사무직원이 미원을 찾아와 사학발전을 논의하고자 하니 국회 문화공보위원회에 참석해 달라고 요청을 하였다. 미원은 의구심을 품은 채 문공위에 참석했고 한 의원이 "왜 대학총장들은 얼굴 한번 안 내미느냐"고 힐난을 하였다. 심지어 "왜 세계대학총장회의를 열어 야단이냐”며 생트집을 잡기 시작했다. 특별감사를 이유로 다음 날도 참석할 것을 요구하였다. 미원은 다음 날도 참석하였는데 정책토의와는 거리가 먼 정치공세를 이어갈 뿐이었다.

모종의 계략이 숨어 있음을 직감한 미원은 특별감사에 대한 종합 대책을 논의하기 위해 경희대학교 재단이사회를 소집하였다. 이사회에서 미원은 최후의 경우 경희대학교의 문을 닫는다는 비상한 각오로 “경희대학교를 국립대학으로 받아 운영을 해 줄 것을 정부에 요구하자”는 제안을 하였다. 그 다음 날 아침 열린 문공위는 예정보다 1시간 30분이 지나서야 열렸다. 문공위 위원장은 하루 전과는 달리 “세계적으로 널리 알려진 교육자로서 신명을 걸고 이 나라의 교육 발전을 위해 수고해 오셨음을 우리는 잘 압니다. 그러나 교육을 더 잘해보자는 뜻에서 말씀드리노라 했는데 그것이 총장님께 오히려 무례함이 되었던 것을 깊은 마음으로 헤아려 주시기 바랍니다”라고 말했다.[41] 미원은 이에 사학 운영에 대한 평소의 소신을 당당히 밝히고 부당한 압력에 대해 강력히 항의하였다.

국회 문화공보위원회 위원장의 태도가 표변한 것은 경희대학교 특별감사에 대한 사회여론이 불리하게 돌아갔기 때문이었다. 이날 그는 박정희 대통령에게 불려가 힐책을 들었다는 것이다. 그래서 국회 문공위원회가 늦게 시작된 것이었다. 이러한 상황을 종합해 볼 때 경희대학교에 대한 특별감사는 박정희의 장기집권을 획책하고 있던 정치세력의 과잉 충성으로 인해 벌어진 일로 추정된다. 미원의 잠재적 정치 가능성을 사전에 차단하려는 시도였을 것이다.[42]

1970년대에 박정희 정권은 미원을 정치권에 끌어들이기 위해 회유를 계속하였다. 미원이 새마을 운동의 이론과 실천적 토대를 박정희 대통령에게 제공하였고, 대학 총장으로서 국내외에 명망이 높았기 때문이었다. 박정희는 미원에게 국회의원 출마를 권유하기도 하였고 입각을 요청하기도 하였다. 그리고 세계반공연맹 총재 취임을 요청하기도 하였다. 1970년에 박정희는 장기집권을 계획하며 유신학술원을 설립하고 미원을 후계자의 한 사람으로 생각한다며 총재를 맡아줄 것을 제안하였다. 그러나 미원은 모두 사양하였다. 1972년 10월에 유신헌법이 선포된 후에는 유신 3주년 기념식에서 특별 강연을 해달라는 요청을 하였다. 미원은 이것마저 거절하기는 힘들었다. 그러나 한편으로는 대한교육연합회 회장 선거에서 만장일치로 미원이 회장에 당선될 기미를 보이자 박정희 정권은 사퇴를 종용하기도 하였다.[43]

1970년대 초 박정희의 장기집권 계획이 노골화되자 야당은 윤보선(尹潽善: 1897~1990)을 중심으로 당을 통합하였다. 윤보선은 1971년 1월 6일에 여당인 민주공화당과 야당인 신민당을 비판하며 국민당을 발족시킨다. 1970년에 주요 야당이었던 신민당에 40대 기수론을 내세운 김대중(金大中: 1924~2009)이 신민당의 단일후보로 선출되었다.[44] 이에 불만을 품은 윤보선과 그의 지지 세력이 탈당해 신당을 결성하였다. 윤보선은 미원에게 국민당 대선후보로 출마할 것을 간곡히 요청하였다. 왜 윤보선은 미원에게 대통령 후보로 출마해달라고 요청했을까 궁금해지는 대목이다. 윤보선은 이미 박정희와의 선거에서 두 차례 패배한 경험이 있었다. 당시에 그는 이미 71세였다. 그런데 김대중, 김영삼, 이철승 등이 40대 기수론을 외치며 세대

교체의 바람을 일으켰다. 미원은 당시 50세로 이들에 맞설 수 있는 적임자로 판단되었을 것이다.

박정희 정부는 이러한 사실을 알게 되고 즉각 문교부 장관을 보냈다. 문교부 장관은 미원에게 "대통령 후보를 수락한다면 당신과 경희대학교가 위험한 상태에 놓이게 될 것이다"라고 통보하였다. 미원은 그에게 "나는 평생의 사업으로 경희대학교를 택한 만큼 인재육성에만 전념하고 대통령 후보로 출마하지 않겠다"라고 대답하였다. 문교부 장관은 원하던 답을 듣고 즉각 돌아갔다고 한다.

1972년 10월에 유신이 반포되기 전인 5월 영부인인 육영수(陸英修: 1925~1974) 여사가 경희대학교를 방문하였다. 육영수는 교직원 및 학생들과 환담을 하고 학교의 발전상을 둘러보기도 하였다. 그리고 총장과 교수, 학생 대표를 청와대에 초청하여 대학교육에 대한 의견을 나누고 치하하기도 하였다. 1972년 5월 경희대학교 23주년 개교 기념일에는 집권당인 민주공화당 명의로 축하광고를 대학주보에 게재하기도 하였다.[45] 이러한 사실들로 미루어 볼 때 박정희 정권과 미원은 애증 관계에 있었다고 볼 수 있다. 박정희는 미원의 교육자로서의 경륜을 높이 샀으나 박정희 주변의 인물들은 미원의 사회적, 정치적 영향력이 커지는 것을 달가워하지 않았을 것이다.

1971년 10월에 박정희는 서울 일원에 위수령을 내리고 대학가에 무장군인을 진주시켰다. 12월 27일에는 국가보위법을 변칙 통과시켜 근로자들의 단체행동을 막았다. 그리고 1972년 10월 17일에 전국에 비상계엄을 선포하여 국회를 해산하고 대학에 휴교령을 내렸다. 10월 27일에는 '유신헌법'을 공포하고 국민투표를 거쳐 확정하였다. 이로써 박정희는 장기집권의 서막을 열었다. 이 무렵 이후 대학가는 유신독재 타도를 위한 학생시위가 끊이질 않았다. 경희대학교도 예외는 아니었다. 바로 이 시기에 경희대학교에 입학했던 사람이 19대 대통령이었던 문재인(文在寅: 1953~)이다.[46]

미원이 1960년대 중반부터 시작한 잘살기운동은 1950년대 말 학생들을 중심으로 시작한 농촌계몽운동에서 시작되었다. 미원은 1958년부터 4차에 걸친 해외 순방을 통해 선진국과 후진국 80여 나라들을 방문하고 잘사는 나라와 못사는 나라를 자세히 관찰하였다. 미원은 1965년에 『우리도 잘살 수 있다』라는 책을 발간하고 다음과 같이 말하였다.

> "우리가 못사는 중대한 이유는 앞서 말한 바와 같은 여러 가지의 이유도 있겠지만 그중에서도 결정적인 이유는 전술한 그런 이유보다는 오히려 '우리가 못 산다고 생각하는 바로 그 마음속에 있다'는 것을 명심해야 하겠습니다. 우리가 잘살기 위해서는 우리 마음속에서 먼저 못산다는 패배의식 그 자체부터 없애버려야 합니다. 아무리 생각해 보아도 백 불 미만의 국민소득이라면 확실히 세계에서도 가난하게 사는 국민의 하나에는 틀림이 없습니다. 그러나 우리나라 지성인들은 앞장서서 현하의 위기의식을 전환시켜야 합니다. 마치 토인비(Toynbee) 교수가 '인간은 역경에 굴하지 않고 용감하게 응전할 때만이 새로운 역사를 창조할 수 있다'라고 한 것처럼 우리 앞에 놓여 있는 국난을 우리의 예지로써 물리칠 수 있을 때 우리는 이 나라의 새 역사를 창조할 수 있

을 것입니다."[47]

미원은 이 저서에서 경희대학교 가족이 앞장설 테니 동포들이 잘살기 운동에 동참해 달라고 호소했다. 이 책은 1965년까지 15판을 찍었을 만큼 큰 반향을 불러일으켰고, 영문판과 중국어판으로 번역되어 전 세계에 보급이 되었다. 미원은 1966년에 경희대학교 개교기념일을 맞이하여 '잘살기운동헌장'을 제정 공포하였다. 미원은 또한 잘살기운동 노래를 제작하여 보급하는 등 적극적으로 이 운동에 앞장섰다. 미원이 제창한 잘살기운동은 정신혁명 운동인 동시에 생활혁명 운동이었다.

경희대학교로부터 시작된 잘살기운동은 결국 박정희 대통령에게 알려진다. 박정희는 미원의 저서를 읽고 1966년 11월 말에 장문의 친서를 보냈다. 미원은 박정희의 초청으로 청와대를 방문하여 장시간 면담을 하였다. 이때 미원은 박정희에게 정부 차원에서 잘살기운동을 펼칠 것을 권고하였다. 이것이 바로 새마을 운동의 효시였다. 박정희는 1970년대 초반부터 새마을 운동을 범국민적 운동으로 전개하기 시작하였다. 1972년 4월 26일에 박정희는 춘천에서 열린 새마을 운동 촉진대회에서 "새마을운동은 쉽게 말하자면 잘살기운동이다"라고 언급하였다.[48] 박정희가 새마을운동이 잘살기운동에서 시작되었음을 확인한 것이다. 우리나라의 근대화에 중요한 역할을 하였던 새마을운동이 1950년대 후반 미원이 고황산 자락에서 시작한 농촌계몽운동과 잘살기운동에서 시작되었다는 것은 매우 큰 의미가 있다. 미원이 당시 잘살기운동을 시작했던 것은 인류의 문화 복리를 걱정하기에 앞서 조국의 근대화가 시급하다고 판단하였기 때문이었다.

1970년대 초부터 미원은 두 차례의 세계대학총장회의를 통해 세계 지성인들에게 던졌던 자신의 비전을 어떻게 구현할 수 있을까 고민하였다. 미원은 비록 세계지성인들에게 자신의 비전을 발표하였으나 그것만으로는 충분하지 않다고 생각하였다. 그래서 그는 범세계적인 사회운동을 조직할 것을 결심했다. 이렇게 하여 시작된 것이 밝은사회운동이다.

미원은 1970년대 초부터 밝은사회운동을 구상했다고 밝힌 적이 있다. 1970년대에 이르러 경제발전과 성장 지상주의로 인해 물질문명이 급격하게 발전하면서 인간 경시와 인간 소외 현상이 일어났다. 국내뿐만 아니라 국제적으로도 인간성 상실 등 인류사회의 위기가 깊어졌다. 미원은 이런 상황에 대해 경종을 울릴 필요가 있었다. 그는 1974년 8월 27일에 미국 애틀란타 시에서 개최된 세계인류학대회에 참석하여 '교육을 통한 인류사회의 재건'이라는 주제의 연설을 하였다. 미원은 여기서 인간중심주의와 세계평화를 내용으로 하는 '인류사회의 신 선언'(New Declaration of Human Society)을 채택하였다. 그러면 미원이 생각하는 '인간중심주의'란 무엇일까? 미원은 위 연설문에서 다음과 같이 설명했다.

"우리에게 가장 시급한 인류적 과제는 과학기술의 인간화, 기계의 인간화, 정치 권력의 인간화, 관료기구의 인간화, 사회조직의 인간화를 통하여 인권복원을 하는 일이라고 나는 믿습니다. 주객

이 전도된 정치혁명, 경제혁명, 사회혁명, 문화혁명 등을 들고 나왔지만 그 무엇보다도 가장 중요한 자기 자신의 마음혁명, 즉 정신혁명을 아직 이루지 못하고 있는데 오늘의 난제가 있다고 보아야겠습니다."

미원은 인간이 인간답게 살 수 있는 보람된 인류사회를 건설하는 길이 정신혁명이라고 진단했다. 그는 이것을 실현하는 것이 교육의 역할이라고 보았다. 이런 이유로 그는 '세계시민교육'의 필요성을 강조하였다. "세계시민으로서 바른 교양과 폭넓은 인생관 그리고 올바른 세계관과 민주관을 가지고 어떻게 행동해야 할 것인지 똑바로 가르치는 일이 '하나의 인류사회'를 이루는 데 필요불가결하다"라고 역설했다.

밝은사회운동은 미원의 사상과 비전이 함축된 의식개혁 운동이었다. 미원은 선의(Good Will), 협동(Cooperation), 봉사-기여(Service)를 의식개혁을 위한 세 가지 주요 가치로 설정하였다. 미원은 본격적으로 밝은사회운동을 펼치기 위해 1975년 10월 28일에 경희학원 전체 교직원과 학생 1만 5천여 명이 모인 가운데 밝은사회운동을 결성하였다. 그리고 밝은사회운동헌장을 채택하고 밝은사회연구소를 설립하였다.[49]

미원은 밝은사회운동을 창시할 무렵 초대 문교부장관을 역임한 안호상과 교감을 나누었다. 안호상은 당시 상고사와 국조 단군연구의 최고 권위자였다. 그는 한국배달문화원 원장(1964~1999)을 지내면서 민족사상 고취에 힘썼다. 그는 또한 밝은사회운동의 한국본부

밝은사회운동 결성식(1975)

초대 총재(1978~1987)를 맡았고 1993년에는 경희학원 재단 이사장을 역임하였다. 이런 사실로 미루어 볼 때 미원은 안호상과의 사상적 교류를 통하여 한국 상고사에 대한 식견을 가지고 있었던 것으로 추정된다. 미원이 청년 시절부터 나누었던 안호상과의 정신적 교감은 미원의 사상에도 영향을 미쳤을 것이다.

국민가곡으로 알려진 '목련화'가 만들어진 것도 이 무렵이었다. 미원은 1970년 5월 18일에 목련화를 경희대학교 교화(敎花)로 제정하였다. 그리고 미원은 1973년 「선구자의 꽃 목련화」라는 제목의 시를 썼다. 이 시는 1974년 경희대학교 개교 25주년을 기념하기 위하여 작곡가 겸 경희대 음대 교수였던 김동진에 의해 작곡되었다. 그리고 같은 음대 교수였던 테너 엄정행이 불러 국민가곡이 되었다. 제3장에서 후술하는 것처럼 이 시에는 미원사상을 상징하는 코드가 담겨있다.

미원은 IAUP라는 세계지성인들의 모임을 통해 밝은사회운동의 필요성을 널리 알리기 시작했다. 미원은 마침내 1975년 11월 11일 IAUP 보스턴 선언과[50] 1978년 6월 24일 IAUP 테헤란 선언을[51] 통해 밝은사회운동에 대한 국제적 지지를 끌어냈다.

미원은 1975년 2월 25일에 『인류사회의 재건』을 출판했다. 미원은 밝은사회운동을 구상하면서 이 책에서 인류가 당면한 문제를 진단하고 그 해법을 제시했다. 330여 페이지에 이르는 이 책은 '전환기에 처한 오늘의 세계', '인간 역사의 회고와 그 진로', '현대문명의 난제들과 미래 개발', '인간의 구명과 인류의 사명', '더 밝은 인류사회'라는 5개의 장으로 구성되어 있다. 미원은 정치, 경제, 역사, 문화, 사회, 종교 등 여러 분야의 학문적 경계를 넘나들며 현대문명의 난제들을 성찰했다. 그는 그 시대를 '전환기'라고 진단하고 새로운 문명의 전환을 위해 새로운 인류사회를 위한 선언이 필요하다고 강조했다. 그는 새로운 인류사회를 위해서 지구 전체가 하나의 공동체라는 의식을 가져야 한다고 말했다. 이를 위해 미원은 1976년 3월에 경희대학교에 인류사회재건연구원을 설립하였다. 이 시기부터 미원의 사상이 본격적으로 인류 차원으로 확대되기 시작했다.

1976년 초에 이란의 황제 샤(Shah)는 미원에게 테헤란을 방문할 것을 요청하였다. 이것은 이란이 세계대학총장회의를 테헤란에 유치하기 위한 것이었다. 미원은 이란에 가는 길에 불교 최고의 성지인 인도 북동부 비하르 지방의 작은 마을인 부다가야를 방문하였다.[52] 석가모니가 보리수나무 밑에서 깨달음을 얻었던 곳이다. 미원일행이 부다가야에 도착한 날은 우연히도 석가모니가 깨달음을 얻었던 12월 8일이었다.

미원은 샛별이 움직이는 것을 바라보며 다음과 같이 말을 하였다고 일행 중 한 명이 기록을 남겼다.

"세상에 … 시간이 저렇게 빠르게 흐르는구나!" "사람은 시간 속에서 태어나 환류 속에서 살고 결국 시간 속에서 죽는 시공 차원의 존재이지 … 역사의 흐름은 시간, 공간 속에서 실체와 환경, 여건이 상관관계를 지으며 인생의 역정을 창조하지! 이 세상에서 고된 삶의 여정을 통해 나는 어떻게 살아야 할까? '싯달타는 제행이 무상하다고 하여 해탈하였고, 예수께서는 천국은 인간의 마음속에 있다고 하였거늘 인간은 어찌하여 부질없이 탐욕에 허덕이고, 이기와 쾌락에만 집념할까? 아니다. 우리는 감성적 욕구와 본능적인 욕망에서 일어나는 허망한 탐욕을 버려야 한다. 현세에서의 부귀영화와 쾌락이 결코 우리를 낙원으로 안내하지 못한다는 것을 알아야 한다. 그렇다면 인간이 이 세상에서 바로 살기 위해서는 먼저 평화를 이루어야 한다. 서로가 사랑하고 아끼며, 행동하여 문명 유산을 향상시켜야 한다. 그리고 값있고, 보람 있게 살기 위해서 인간적인 인간사회의 건설을 지향하며, 자아발견, 자아완성, 자아실현을 해야 한다. 그래, 평화! 인간적인 인간사회 건설, 즉 당위적 요청사회-오토피아(Oughtopia)의 건설이지! 그 밖에 또 무엇이 있나?"[53]

미원은 자문하고 또 일행에게 묻기도 하였다고 한다. 미원의 말 속에는 『오토피아』의 핵심적인 내용이 모두 포함되어 있다. 미원은 이 무렵에 이미 오토피아 철학을 완성하였던 것으로 보인다. 미원은 석가모니가 깨달음을 얻은 부다가야에서 자신의 철학에 대한 확신을 얻었을 것이다

미원은 1979년 10월 8일에 밝은사회클럽국제본부를 창설하였다. 13명으로 구성된 창립준비위원회가 경희대학교 총장 공관에서 국제본부 창설과 임원 구성을 위해 협의를 했다. 당시 미원을 비롯하여 마카파칼(Diosdado Macapagal) 필리핀 전 대통령, 페체이(Aurelio Peccei) 로마클럽 회장, 왓슨(James D. Watson) 노벨상 수상자, 길레민(Roger C.L. Guillemin) 노벨상 수상자, 푸야트(Gil J. Puyat) 필리핀 상원의장, 화테미(Nasrollah S. Fatemi) 전 이란 유엔대사, 샤마(G.D. Shama) 인도대학연합회 사무총장, 라즐로(Ervin Laszlo) 유니타(UNITAR) 연구부장, 안호상 밝은사회한국본부 총재, 이원설 IAUP 사무총장, 김기형 인류사회재건연구원 원장이 참석하였다.

그리고 1979년 10월 28일~31일에는 로마클럽(Club of Rome)과 합동으로 '21세기의 전망과 문제점'(Prospects and Problems of Human Society in the 21st Century)이라는 주제의 국제회의를 경희대학교에서 개최하였다. 이것은 세계의 지식공동체와 연대하기 위한 것이었다.[54] 미원은 이 두 행사에 라즐로(Ervin Laszlo: 1932~)를 초청하였다. 라즐로는 밝은사회국제클럽 발기인으로 합류하였고 로마클럽과의 합동 국제학술회의에 참석하였다.

라즐로는 헝가리 출신으로 5세 때부터 피아노를 배워서 9세 때

부다페스트 심포니 오케스트라와 협연을 할 만큼 음악에 천부적인 재능을 보였다. 그는 피아노를 연주하는 중에 우주와 하나가 되는 경지를 체험하고 진리탐구의 길로 전향했다.[55] 그는 시스템 이론과 진화론을 연구하면서 세계질서의 변화를 이론적으로 예측하기도 하였다. 로마클럽의 회원이었던 그는 연구결과를 로마클럽 명의로 발표하기도 하였다. 또한 1970년대 말 발트하임(Kurt Waldheim: 1918~2007) 유엔 사무총장이 요청하여 제네바에 있는 '유엔 훈련 및 연구원'(United Nations Institute for Training and Research: UNITAR)에서 지구적 문제에 관한 프로젝트를 수행하였다.

라즐로는 이 연구의 결과로 '아카식 필드'(Akashic Field)라는 개념을 발견했다. '아카식 필드'란 우주 탄생 이래 발생한 모든 사건의 기억과 기록이 영구적으로 보존되고 관계를 맺으며 미래에 발생할 사건과 연결된다는 개념이다. 이 개념은 양자물리학(Quantum Physics)에서 도출된 개념이다. 우주에 실재하는 모든 실체는 파장이라는 양자 상태로 연결되기 때문에 분리될 수 없다는 이론이다. 따라서 모든 실체는 양자의식(quantum consciousness) 상태로 연결된다. 라즐로는 1993년에 '부다페스트 클럽'(Club of Budapest)을 창립하였다. 로마클럽과 유사한 국제적 조직인 이 단체는 현재 인류가 당면하고 있는 모든 문제는 상호 연결되어 있기에 '지구적 의식'의 전환 없이는 해결할 수 없다고 주장하였다.

이 시기에 미원과 라즐로의 만남은 미원사상을 이해하는 데 중요한 의미가 있다. 당시 미원은 라즐로와 시스템 이론과 양자물리학 이론 등에 대해 교감을 나누었을 것이다. 미원이 동양철학에서 자신의 사상과 이론의 토대를 마련했다면 라즐로는 서양의 과학에 그 근거를 두고 있다. 즉 미원이 동양철학에서 출발하여 서양의 철학과 과학을 두루 섭렵했다면 라즐로는 서양의 철학과 과학에서 출발하여 동양의 사상과 철학에 접근하였다. 그들의 사상적 경로는 다르지만 둘 다 현대 인류문명이 위기라는 같은 결론에 도달하였다. 그들은 지구적 의식개혁을 통해서 이 위기를 극복해야 한다고 주장하였다. 미원과 라즐로의 사상적 만남은 동서양 사상의 융합이었다. 미원과 라즐로의 인연은 현재까지 이어지고 있다. 라즐로는 2021년 9월에 미원 탄생 100주년을 기념하여 열린 행사에 초청되어 온라인으로 강연을 하였다.

1979년은 미원의 생애에 있어서 기념비적인 해였다. 밝은사회운동을 국제화하였고, 그의 사상을 정립한 『오토피아』가 출판되었기 때문이다. 미원이 30여 년 이상 사색한 결과가 이 책에서 하나의 철학 체계로 완성되었다. '주리생성론'(主理生成論)과 '전승화론'(全乘和論)이 그것이다. 그의 나이 58세 때였다.

미원은 잘살기운동을 물질혁명 운동, 밝은사회운동을 정신혁명 운동이라고 생각했다. 이것은 인간이 물질적 존재이자 정신적 존재라는 미원의 철학에서 기인한 것이다. 잘살기운동과 밝은사회운동은 미원이 추구했던 인류사회재건을 위한 양대 축이었다. 이 두 운동은 1980년대의 세계평화 운동, 1990년대 중반의 도덕과 인간성 회복을 위한 '제2 르네상스 운동'으로 이어졌다. 미원은 1979년에 IAUP 부설 국제평화연구소를 설립하고 본격적으로 세계평화를 연구하기 시작하였다.

세계 평화운동의 전개(1980~1993)

1980년 신군부의 등장으로 미원은 부당하게 총장직에서 강제 사퇴 당하는 시련을 맞이하였다. 신군부는 '80년 서울의 봄'이 대학에서 시작되었다고 생각했고 그 책임을 대학에 덮어씌우려 하였다. 권력 탈취의 명분이 필요했던 신군부는 사학비리 척결이라는 이유로 경희대학교를 희생양으로 삼으려 했다. 이들은 사학의 상징이었던 경희대학교 총장을 강제 퇴진시키기 위해 '데모 장기화와 학원 비리'라는 누명을 씌웠다. 미원은 결국 다른 대학교 총장들은 손대지 말라는 조건을 내걸고 총장직에서 사임했다. 하지만 1981년 전두환 정권은 미원이 신군부에 협조하도록 회유와 압박을 계속하였다. 미원이 이것을 거절하자 신군부는 경희대학교를 대상으로 특별감사를 했다. 그러나 그들은 아무런 비리의 혐의점도 찾지 못하자 결국 수사를 종결했다.[56] 정권에 의한 부당한 탄압을 다시 겪은 미원은 본격적으로 세계 평화운동을 전개하기 시작하였다.

1980년대 초에는 미·소 간에 가열된 핵 군비 경쟁으로 인해 제3차 핵전쟁의 위험성이 높아지고 있었다. 미원에게 평화는 그 무엇보다 소중한 가치였다. 평화가 없이는 그가 추구하는 문화세계의 창조, 인류사회의 재건, 혹은 지구공동사회인 '오토피아'는 물거품에 불과했다.

1981년은 미원의 평화운동에 있어서 분수령이 되는 해였다. 1981년 IAUP 제6차 총회가 코스타리카 산호세에서 열리자 미원은 '긴급한 요청: 평화는 개선보다 귀하다'(The Great Imperative: Peace is more Pre-

미국 뉴욕 유엔본부 배경의 미원과 오정명 여사(1981)

cious than Triumph)라는 제목의 기조연설을 하고 유엔이 세계평화의 날과 평화의 해를 제정 공포케 하자고 제안했다. 이 결의안은 만장일치로 채택되고 유엔 코스타리카 대사를 통해 유엔총회 의안으로 제출되었다. 당시는 한국이 유엔의 회원국이 아니었기 때문에 코스타리카가 대신 발의한 것이다. 미원은 1개월 이상을 뉴욕에 체류하면서 각국 대사들을 설득하였다. 미원은 당시 가족에게 유서를 써놓을 정도로 비장한 각오로 의안을 통과시키기 위해 사력을 다하였다고 한다. 마침내 1981년 11월 30일에 유엔총회에서 세계평화의 날과 평화의 해 의안이 만장일치로 통과되었다.[57]

이러한 노력의 결과로 유엔총회는 총회가 시작하는 9월 세 번째 화요일(이후 9월 21일로 변경)을 유엔이 제정한 '세계평화의 날'로 선포하였다. 그리고 1982년 5월 4일에 54개 회원국 전원일치로 통과된 유엔 경제사회이사회 결의안과 그해 11월 16일에 총회에서 채택된 결의문에 따라 1986년을 '세계평화의 해'로 제정 선포하게 되었다.

미원의 제안에 따라 유엔이 제정 공포한 '세계평화의 날'과 '세계평화의 해'는 미원의 생애에 있어서 금자탑과 같은 것이었다. 이것은 그의 사상과 비전이 세계를 움직였다는 것을 의미하는 것이었다. 이때부터 미원은 매년 세계평화의 날을 기념하는 국제학술회의를 개최하고 자신의 사상과 비전을 전 세계적으로 확산시켰다. 그리고 『문화세계의 창조』에서 구상한 팩스 유엔 이론을 전파하기 시작하였다.

미원은 1980년대 초반부터 '동북아 시대'가 도래한다고 역설하기 시작했다. 그 당시에 중국은 개방개혁을 통해 급속한 경제성장을 이루기 시작했다. 그리고 아시아의 네 마리 용으로 비유되는 한국, 대만, 홍콩, 싱가포르가 아시아·태평양 지역의 경제부흥을 이끌고 있었다. 바야흐로 세계 경제의 중심축이 아시아 지역으로 넘어오고 있었다. 1986년 7월에 고르바쵸프가 '블라디보스톡 선언'을 한 것은 소련이 아시아 국가의 일원임을 천명하기 위한 것이었다. 그래서 미원은 1986년 10월에 동북아연구소를 설립하여 동북아 시대를 맞이할 준비를 하였다. 이 연구소는 이후 동북아연구원, 아태지역연구원으로 개칭되었다. 아태지역연구원은 1992년부터 수년간 중국 요녕성과 광동성 정부의 경제부처 고위 공무원들을 경희대학교로 초청하여 시장경제 연수를 실시하였다. 당시 중국 고위 공무원들이 한국에서 시장경제교육을 받았다는 것은 획기적인 일이었다. 미원이 품었던 동북아 시대 비전은 그의 사상의 기원과 깊은 관련이 있다. 이에 대해서는 제3장에서 설명하겠다.

　1981년에 케야르(Javier Perez de Cuellar: 1920~2020)가 유엔 사무총장에 취임하자 미원은 그를 방문하여 팩스 유엔을 통한 세계평화를 호소하였다. 그리고 1984년에는 팩스 유엔 이론을 개발하여 유엔 측에 전달하기도 하였다.[58] 1984년에는 미국의 레이건(Ronald Reagan: 1911~2004) 대통령에게 '강한 미국'이 아니라 전 세계의 평화를 위한 '위대한 미국' 정책을 펼쳐 달라고 호소하였다. 레이건은 1985년 제네바 미·소 정상회담을 개최하여 냉전 종식의 물꼬를 텄고 1987년 미·소 간 INF 조약을 체결하였다.[59] 1989년에는 걸프전에서 승리한 부시(George H.W. Bush: 1924~2018) 미국 대통령에게 팩스 아메리카나가 아니라 '위대한 미국' 정신으로 온 인류를 대표하는 유엔과 함께 평화를 이루어 달라고 호소하였다. 미원이 전쟁의 인도화(人道化)를 위한 '제2 적십자 운동'을 발의한 것도 이때였다.

　미원은 같은 해에 평화 지향적 미래지도자 양성을 위해 우리나라 최초의 국제대학원인 평화복지대학원(The Graduate Institute of Peace Studies)을 설립하였다. 이 대학원은 경희대학교 제3 캠퍼스로서 경기도 남양주시 광릉 수목원 언저리에 조성되었다. 미원에게 평화복지대학원은 특별한 의미가 있는 대학원이었다. 미원은 전 세계에서 직접 선발한 학생들에게 학비와 생활비를 포함하는 전액 장학금을 지급하였다. 그리고 미원은 자주 학생들과 만나 토론하곤 하였다. 그는 이 대학원이 '오토피아'의 산실이 되길 원했다. 그는 "단 한 한 명의 학생이 남더라도 이 교육을 포기하지 않겠다"라고 말할 정도로 이 대학원에 열정을 기울였다. 이 대학원은 평화교육에 공헌한 공로를 인정받아 1993년에 유네스코로부터 교육기관으로는 세계 처음으로 '평화 교육상'을 수상하였다.

경희대학교 평화복지대학원 유네스코 평화교육상 수상(1993)

미원은 또한 1986년 세계평화의 해를 맞이하면서 '총성 없는 평화의 해' 캠페인을 벌였다. 1986년 9월 16일에 세계평화의 해를 기념하는 횃불봉송 세계 일주대회(First Earth Run)가 시작되었다. 유엔 광장에서 출발한 평화의 횃불은 미원에 의해 주자에게 전달되고 전 세계를 일주했다. 이 횃불은 1986년 핵 군축을 위해 미·소 정상회담이 열렸던 아이슬란드 레이캬비크까지 도달하였다. 그리고 이 횃불은 두 달 후 1986년 11월 16일에 경희대학교 평화복지대학원에 도착하여 평화의 탑 봉화대에 점화되었다.

이 무렵 고르바쵸프(Mikhail Gorvachev: 1931~)가 소련의 재건(페레스트로이카)과 개방(글라스노스트)을 시작하자 미원은 1990년에 소련학술원의 초청으로 모스크바를 방문하여 '제3 민주혁명과 신국제질서'

▲ 평화의 횃불 봉송 세계일주(1986)
▼ 경희대학교 광릉캠퍼스 평화의 탑 봉화대 횃불 점화(1990)

라는 주제로 연설을 하였다. 고르바쵸프는 이 연설문이 페레스트로 이카의 지침이 될 수 있다고 여기서 무려 35만 부를 배포하였다. 이 연설문은 소련 연방 내의 당과 각 정무 기관에서 선풍을 일으키기 도 하였다.

1987년에 미원은 기존의 평화이론을 정리하고 보완하기 위해 역사상 최초로 『세계평화대백과사전(World Encyclopedia of Peace)』을 편찬하기에 이른다. 이 백과 대사전은 4년에 걸친 노력의 결실이었다. 전 세계의 저명한 평화학자들이 참여한 이 대사전은 총 5권으로 방대한 분량이었다. 이 백과 대사전은 1999년에 총 8권으로 증보 개정되어 다시 발간되었다.

미원은 1988년 1월 13일에 경희대학교 총장에 다시 취임하였다.[60] 그리고 그는 1991년에 세계평화의 날 10주년을 기념하여 모스크바에서 '2+4'회의를 개최하였다. 이것은 미국, 소련, 중국, 일본과 남·북한이 참여한 회의로 동북아의 냉전을 종식하기 위한 평화회의였다. 이 회의에서 세계 영구평화정착 결의안이 만장일치로 통과되었다. 이것은 갈리(Boutros Boutros Ghali: 1922~2016) 유엔 사무총장의 『평화를 위한 과제(Agenda for Peace)』에 반영되기도 하였다.[61]

미원은 1993년부터 남북 이산가족 재회 추진을 촉구하기 위한 범세계적 서명운동을 전개하는 등 남북문제 해결에도 깊은 관심을 보였다. 이것은 미원이 실향민으로서 이산가족의 아픔을 누구보다도 잘 이해하고 있었기 때문이었다. 미원은 세계적 차원의 평화운동뿐만 아니라 한반도의 평화에도 깊은 관심이 있었다. 미원은 1993년 8월 15일에 개최된 남북 인간띠잇기 대회에서 다음과 같이 말하였다.

"바야흐로 세계는 신 화해시대를 맞아 지구촌, 인류 가족, 세계 공동체를 지향하고 있습니다. 어서 속히 구시대의 이념적 대결주의의 굴레에서 벗어나 하나의 민족애로 돌아가 세계 문명의 중심이 동북아지역으로 이동해오는 때에 우리는 통일 한국을 이루어 시대변화에 공동대처하며 선도적 역할을 다해야 합니다."[62]

미원은 한민족에 대한 뜨거운 사랑을 가슴에 품었고, 통일 한국을 간절히 염원했으며, 통일 한반도가 새로운 인류문명을 선도해야 한다고 역설하였다.

제2 르네상스 운동의 전개(1994~2004)

미원은 1994년부터 제2 르네상스 운동을 본격 추진하기 시작했다. 1995년 9월에 유엔창설 50주년 '유엔 관용의 해' 및 제14회 세계평화의 날을 기념하여 국제회의가 열렸다. 미원은 여기에서 '관용, 도덕과 인간성을 회복해서, 제2의 르네상스로 인류사회 재건하자-새로운 천년을 향한 일류사회의 대 구상'이라는 주제의 기조연설을 하였다. 미원은 이 연설에서 다음과 같이 말하였다.

"우리는 다시 태어나는 각오로 의식전환을 하여 새로운 시각으로 세계를 바라보아야 합니다. 마음이 변하면 모든 것이 변하고 생각이 바뀌면 인간의 행동도 달라집니다. 어서 인간 본연의 자세로 돌아가 도덕과 인간성을 회복하여 인간답게 살아야 합니다. 평화로운 인류의 문화복지사회를 바라보며 제2 르네상스(Renaissance)의 불을 높이 추켜들고 새로운 역사를 꾸며야 합니다."[63]

미원은 왜 이 시기에 제2 르네상스 운동을 추진했던 것일까? 르네상스는 중세적 정신문명의 한계에서 이성적 인간성 발견을 통해 찬란한 현대문명 건설에 이바지한 정신운동이었다. 그 결과로 현대 물질문명 사회가 발달함에 따라 인간은 물질적 풍요 속에서 정신적 빈곤을 느끼게 되었고 인간경시, 인간소외, 인간 부재 현상이 사회에 만연하게 되었다. 미원은 인간이 물질적, 정신적 존재라고 생각했다. 따라서 그는 물질과 정신이 조화를 이루지 않으면 현대문명이 위기를 맞을 것이라 확신하였다. 이러한 이유로 그는 제2의 르네상스 운동을 통해 인간 본연의 도덕과 인간성을 회복해야 한다고 역설한 것이다. 미원이 이렇게 생각한 근거가 그의 저서 『인류사회의 재건』에서 발견된다.

"정신계와 물질계 사이에는 서로를 끌어당기면서 동시에 밀어내는 인력(引力)과 척력(斥力)이 함께 작동한다. 음과 양의 관계처럼 정신계와 물질계는 서로 상극이지만 동시에 서로 조화를 이루어 교호한다. 서로 다르면서도 균형을 이뤄 발전한다. 오늘날 수많은 문명의 병폐는 바로 이러한 균형이 깨짐으로써 생겨난 것이라고 할 수 있다. 진보와 과학기술을 맹신하고 양적 발전만을 성장이라고 착각하면서 물질계와 정신계 사이에 불균형이 발생한 것이다."[64]

미원은 위 연설을 기점으로 '도덕과 인간성 회복을 위한 제2 르네상스 운동'을 본격적으로 펼치기 시작했다. 그는 이 운동을 후원하기 위해 세계 저명 지도자들을 중심으로 국제단체(Global Initiative)를 조직하였다.[65] 미원은 이때부터 전 세계를 누비며 다가오는 새천년의 비전을 제시하기 시작하였다.

미원은 1996년 경희대학교 수원 캠퍼스의 '사색의 광장'에 타고르 (Rabindranath Tagore: 1861~1941)의 시와 사진이 담긴 기념비를 건립하였다. 타고르는 1929년 4월 2일 동아일보에 '동방의 등불'이라는 시를 게재하였다. 이 시에서 타고르는 "한국은 동방의 밝은 빛이 되리라"라고 예언하였다. 미원은 타고르의 영감을 한국 국민의 가슴 속에 심어주기 위해 이 시비를 건립했다고 말했다.[66]

미원은 자신의 비전을 구체화하여 1998년 9월 24일에 열린 제17차 세계평화의 날 기념 국제학술회의에서 '지구공동사회대헌장-새로운 천년을 향한 인류사회의 대 구상'을 발표하였다. 이 연설문은 모두 18,000부가 인쇄되어 전 세계 각국의 지도자, 석학, 언론기관 등에 배포되었다. 지구공동사회대헌장은 케야르 전 유엔 사무총장 등 국내외 인사 2,000인의 만장일치의 찬성을 받아 채택되었다. 지구공동사회대헌장은 주로 세계 지도급 인사들의 동의를 받기 위한 것이었다.

미원은 제2의 르네상스 운동을 풀뿌리 차원으로 확대할 필요성을 느꼈다. 그래서 그는 1999년 10월 10일~15일 새천년을 목전에 둔 시점에서 서울 NGO 세계대회를 개최했다. 미원은 21세기가 모든 시민이 중심이 되는 시민사회가 될 것이라 예측하고 시민사회를 주도할 각종 NGO(시민단체)가 참여하는 세계대회를 개최한 것이다. 이 대회는 '21세기 NGO의 역할'이라는 주제로 '뜻을 세우고, 힘을 모아, 행동하자!'라는 구호와 함께 열렸다. 전 세계 107개국에서 1,360개의 NGO가 참여한 대규모 국제회의였다.[67] 미원은 이 회의를 통해서 제2 르네상스 운동을 전 세계 NGO에게 알렸다.

서울 NGO 세계대회 개막식 전경(1999)

　미원에게 1999년은 큰 의미가 있는 해였다. 미원은 새로운 밀레니엄을 내다보며 인류가 나아가야 할 방향을 제시하였을 뿐만 아니라, 그가 설립한 경희대학교가 50주년을 맞는 해였기 때문이다. 미원은 이것을 기념하기 위해 수원에 있는 경희대학교 국제캠퍼스 중앙도서관 앞에 '사색의 광장'(Pensée Plaza)을 만들고 거대한 두 개의 오벨리스크를 세웠다. 그리고 오벨리스크의 앞면에는 "제2 르네상스 횃불 들어 온 누리 밝히는 등불 되자", 그리고 뒷면에는 "사색은 진리를 뚫어보고 의지는 대망을 성취한다"라는 문구를 새겨 넣었다. 여기에 새겨진 '사색'과 '의지' 두 글자는 미원의 생애와 사상을 핵심적으로 보여주고 있다. 미원은 사색의 광장에 28개의 주제를 석판에 새겼다. 이 주제는 미원이 평생 사색했던 내용이다. 이 중 2개는 무제라고 되어 있다. 이것은 학생들이 자유롭게 생각해 보라는 의미였다.

미원은 2001년 4월 21일에 인도 닐기리(Nilgiri)에서 행한 연설에서 인도 시인 타고르의 시 '동방의 등불'을 언급하였다. 그리고 다음과 같이 말하였다.

> "라빈드라나쓰 타고르가 예견했던 그 등불이 새천년을 맞이하는 이 역사적 시점에서 인도와 한국에서 다시 불붙기 시작했습니다. 그것은 바로 지구공동사회 건설을 위한 우리 네오 르네상스 (Neo-Renaissance) 운동의 햇불입니다. 나는 동양에서 가장 오래된 문명의 발상지인 인도가 한국과 함께 우리 밝은사회운동과 네오 르네상스운동을 통해 이 새로운 천년에 보다 밝은 미래를 열수 있다고 확신합니다. 그렇게 함으로써 우리 양국은 인류 역사를 올바른 방향으로 인도하고 지구공동사회 건설이라고 하는 신이 부여한 임무를 완수한 주역들로 인류 역사에 영원히 기억될 것입니다."[68]

미원은 2001년 9월 27일에 열린 유엔 세계평화의 날 제20주년 기념식에서 다시 '준비 없는 새천년 이대로 좋은가'라는 주제의 기조연설을 하였다. 그리고 그는 지구공동사회 건설을 내다보며 '인류공동사회선언'(Universal Declaration of Global Common Society)을 제안했다. 미원은 위와 같은 선언문을 채택하고 다음 날인 2001년 9월 28일에 경희대학교 국제캠퍼스의 정문인 '새천년 기념탑-네오 르네상스 (Neo-Renaissance)문'을 준공하였다.[69] 미원은 이날 기념사에서 다음과 같이 말하였다.

> "이제 새로운 천년을 맞이하여 우리가 추구할 것은 인간의 삶을 풍요롭게 함과 동시에 인간다운 삶을 살도록 인류화합과 평화의 바탕 위에 진리를 탐구하는 일이다."[70]

미원이 여기서 마지막으로 '진리탐구'를 언급했다는 것은 의미심장하다. 미원은 교수들과 함께 한 목요세미나에서도 종종 "우리가 지금 하는 것은 진리탐구일 뿐"이라고 언급하곤 했다. 목요세미나는 1976년부터 2004년까지 매주 목요일에 미원의 주재로 열렸다. 이 세미나에서는 교내외 교수 약 40여 명이 참여하여 주로 미원의 사상과 이론을 토론했다.

미원은 2004년에 과로로 인해 뇌출혈로 쓰러졌다. 그리고 8년간의 투병 생활 끝에 2012년 2월 18일에 선구자의 삶을 마감하였다. 그는 세계평화에 공헌한 공로로 전 세계에서 34개의 명예박사학위를 받았으며, 아인슈타인 평화상, 비폭력을 위한 마하트마 간디상 등 67개의 상훈을 받았다. 그는 수년간 노벨 평화상 후보에 오르기도 했다.

미원의 삶을 인도하였던 근원적인 힘은 바로 진리탐구에 대한 끊

1999년의 미원

임없는 열정이었다. 그가 아호를 미원(美源)이라 지었던 것도 궁극적 진리는 아름다운 것이라는 의미가 아니었을까 한다. 아니면 진리의 근원을 뚫어보겠다는 의지의 표현일 수도 있다. 미원은 끊임없는 진리탐구를 통해 미래를 예견할 수 있었다. 그가 미래를 예견할 수 있었기에 확고한 신념을 가지고 자신의 비전을 실천에 옮길 수 있었다. 그는 미래를 먼저 산 선각자였다. 이제 다음 장에서는 미원이 진리를 탐구하기 위해 평생 골몰했던 주제를 중심으로 그와 함께 사색의 여정을 떠나기로 한다.

1 조영식은 소년 시절 아버지로부터 '생각해야 실패하지 않는다'는 교훈을 배웠
   다. 조영식은 다음과 같이 회고했다. "십 대의 어느 여름날이었습니다. 아버지
   와 함께 집으로 가다 큰 강가에서 쌓아 올린 탑을 보았습니다. 아버지가 쌓
   은 돌탑이었습니다. '저게 뭔지 알겠니?'라는 물음에 '돌탑입니다'라고 대답했
   더니, 아버지는 '보통 돌탑이 아니란다. 생각하는 돌탑이란다'라고 하셨습니
   다. '생각해야 한다. 왜 실패했는가? 어떻게 하면 실패하지 않을까? 이것을 생
   각하며 사는 사람은 성공한단다'라고 말씀하셨습니다." 이케다 다이사쿠, 『내
   가 만난 세계 명사들』(서울: 월간중앙, 2020), p. 142.

2 조영식, 『오토피아』 (서울: 경희대학교 출판국, 1979), p. 23.

3 숭실학교는 1897년에 미국 북장로교 선교사인 베어드(W.M. Baird)에 의해
   '숭실학당'이란 이름으로 시작되었다. 숭실은 1900년에 수업연한을 5년으로
   하는 정식 중학교의 교과과정을 운영하였고 마침내 1904년 세 명의 졸업생
   을 배출하게 된다. 1906년 10월에 대학부를 설치하여 숭실대학이 되었으나,
   일제의 탄압으로 1925년에 숭실전문학교로 개편되었다.

4 조선중앙일보 1936년 3월 28일자에 합격자 명단이 발표되었다.

5 조지 맥쿤(1872~1941)은 평북 선천 및 평양에서 교육 선교사로 활동하며 복
   음과 민족의 독립을 위해 헌신한 대표 선교사이다. 선천 신성중학교와 평양
   숭실전문학교 교장으로 26년간 활동하며 3.1운동에 협력하였고, 특히 신사참
   배 반대 운동에 앞장선 한국 교회사의 중요한 인물이다.

6 일본체육전문학교는 1949년에 인가된 일본체육대학의 전신으로 독일 퀼른
   체육대학교와 함께 세계 체육교육을 대표하고 있었다. 조영식은 이 학교에서
   두각을 나타내 차석으로 졸업을 하였다. 원래는 수석이었으나 조선인이기 때
   문에 수석 졸업을 할 수 없었다고 이 학교 관계자가 후일 증언하였다.

7 조영식은 26세 때 '주리생성의 원리'를 착상했다고 『오토피아』, p. 4에서 쓰고
   있다. 그는 24세~26세에 '3차원적 우주관'에 대해 사색을 시작한 것으로 보인
   다.

8 이반 미하일로비치 치스차코프는 소련의 군인으로 1945년 8월 북조선을 점

령한 소련 제25군의 사령관이었으며, 평양 소련군정의 최고 사령관이었다.

9   조선민주당 당수는 조만식, 부당수는 이윤영과 최용건, 정치부장은 김책이었다. 조만식은 김일성의 동참을 요구했으나 김일성은 대신 최용건을 보냈다. 최용건은 조만식이 오산학교 교장이었을 때 학생이었던 인연이 있었다.

10 대동전문학교는 당시 대동사업체를 경영하고 있던 이종만(1885~1977)이 신사참배 거부로 폐교된 숭실전문학교를 재단법인 대동학원의 이름으로 인수하여 1939년에 설립하였다. 이종만은 일제강점기 금광왕으로 불리었던 인물로 금광개발에 성공하여 부를 축적한 뒤 일부를 처분한 돈으로 노동자들과 농민들을 위한 광산, 학교, 공동농장 등의 대동기업체를 운영하였다. 한 연구자는 대동기업체가 식민체제를 극복하고 새로운 국가 건설을 모색하던 진보적 민족주의 계열이었다고 평가한다. 이종만은 해방 이후 자진 월북하여 북한에서 1~2기 최고인민회의 대의원, 광업부 고문 등을 지냈다. 사후 북한 애국열사능에 안장되었는데 이는 북한에서 자본가 출신으로 유일한 인물로 알려져 있다. 당시 대동전문학교는 교수 8명이 재직하였고 학생은 159명이었다, 1944년에 평양공업전문학교로 개칭되었다가 1946년 10월에 김일성종합대학이 설립되면서 그 일부로 통합되었다. 조영식이 대동전문학교에서 교편을 잡게 된 것은 이 학교가 자신이 다녔던 숭실학교의 후신이었기 때문이 아닐까 추정된다.

11 조영식은 이 당시를 회고하며 1997년 11월에 이케다 다이사쿠 일본 소카대학 설립자와의 대담에서 월남 경위를 아래와 같이 밝힌 바 있다. "평양에서 원산을 거쳐 태백산맥을 넘었습니다. 나침반 하나만을 갖고 오로지 남쪽으로 갔습니다. 아내는 임신 중이라 나중에 어머니와 함께 내려왔습니다. '뱃속에 남한에 있는 남편의 아이가 있다'고 하면 무사히 올 수 있을 것이라 생각했습니다. 그런데 아내는 38선에서 제지당해 돌아가도록 권고받았습니다. 그때 우연히 지인의 도움으로 개성에 있는 미군의 보호시설로 갈 수 있었습니다. 연락을 받고 제가 마중 나가 겨우 만날 수 있었습니다." 이케다 다이사쿠, 『내가 만난 세계 명사들』(서울: 월간중앙, 2020), pp. 143-144. 정확한 월남 시점에 대해서는 몇 가지 설이 있다. 1954년 5월 20일 신흥대학교 제4대 학장 취임식 때의 약력 소개에는 1946년 2월에 월남했다고 되어 있으나 1947년 6월이라는 설도 있다.

12 이윤영은 월남해서 이승만의 단독정부 수립을 지지하였고, 조선민주당을 재건하여 수석 최고위원이 되었다. 이윤영은 서울에서 조선민주당 산하에 '평안청년회'를 조직하고 월남한 청년들을 규합하였다. 이 시기에 조영식은 월남 후 이윤영과 재회하였던 것으로 보인다. 이윤영은 제헌국회 개원식에서 기도를 집도했을 정도로 이승만과 각별한 관계에 있었다. 1948년 이승만 초대내각에서 국무총리로 지명되었으나 야당의 반대로 부결되었다. 이후 이윤영은 국무총리서리, 제2대 사회부장관, 제1~4대 무임소장관을 지냈으며 조영식과 다시 인연이 되어 1953년 3월에 신흥초급대학의 학장을 맡게 된다. 조영식은 1951년 5월에 신흥초급대학을 인수한 후 월남 이전부터 인연이 있었고 국무총리서리를 역임한 이윤영을 학장으로 영입했다. 이러한 사실로 미루어 볼 때 월남 이전과 이후 조영식의 행적에 이윤영과의 관계가 직간접적으로 작용했을 것이라 추정된다.

13 대동청년단은 1947년 9월에 상해 임시정부의 광복군 총사령관을 지낸 지청천이 당시 32개 청년운동단체들을 통합하여 대동단결을 이룩한다는 명분으로 결성한 우익성향의 사회운동단체이다. 준비위원회 임원으로는 이선근, 유진산, 이성주, 선우기성 등이었다. 이렇게 결성된 대동청년단은 지청천의 개인적인 인기와 더불어 막강한 조직을 갖추게 되었으나 반공 및 단독정부 수립을 주장하는 이승만과 민족통일 및 남북협상을 주장하는 김구로 민족 노선이 갈라지자 주로 이승만 노선에 따라 활동하였다. 1948년 정부 수립 후 조직적인 지지기반이 필요했던 이승만은 12월 19일 대동청년단을 중심으로 서북청년회 등 전국 20여 개 청년단체를 흡수 통합하여 또 하나의 통합청년운동단체인 대한청년단을 조직하였다. 대한청년단은 200만 명의 단원을 가진 거대 청년조직이 되었으나 일련의 사태를 겪으며 1953년 해체되었다.

14 조영식은 신흥대학교 총장 시절 서울고등학교 교지 『경희』에 '경희 학우들에게 일언(一言)'이라는 제목으로 기고하였고 5년간 교사로 재직하였다고 썼다. 당시 서울고등학교에는 소설가 황순원(전 경희대 교수), 시인 조병화(전 경희대 교수), 고전문학연구가 양주동(전 동국대 교수), 철학자 안병욱(전 숭실대 교수) 등 쟁쟁한 교사들이 많았다. 조영식은 이런 인연으로 훗날 서울 환도 후 대학 모습을 갖춘 신흥대학교(경희대 전신)에 서울고 출신 교사들을 대거 교수로 초빙했다. 이 중에는 양주동(국문학), 고한권(화학), 시인 조병화, 소설

가 주요섭, 소설가 황순원을 비롯해 양병택(영어), 박노식(지리), 엄영식(역사) 등이 있었다.

15 조영식은 1947년 서울고 재직 중 서울대 법학과 편입시험에 합격한다. 국립서울대가 창설된 것은 1946년 8월 22일이었다. 조영식은 건국을 전후한 해방공간에서 벌어지고 있었던 극도의 혼란한 정치사회 상황을 경험하였다. 아마도 이 시기에 가장 필요한 공부가 법이라고 판단하였는지 모른다. 일본 유학 시절 중앙대 법대에 합격하였으나 이루지 못한 법학도로서의 꿈을 먼저 이루어야겠다고 결심한 듯하다.

16 이 책이 출판되자 《동아일보》(1948년 12월 26일자)에서는 '現下思想界의 혈청체가 되기에 넉넉한 양서'라고 평가하였다.

17 1954년 5월 20일 신흥대학교 제4대 학장 취임식 때의 약력 소개에 따랐다.

18 안호상(1902~1999)은 독일 국립예나 대학교에서 철학과 법학을 전공하였으며 광복 후 서울대 문리과대학 교수, 이승만 정부 초대 문교부장관(1948~1950), 1993년 경희학원 재단 이사장을 역임하였다. 안호상은 1920년 국조 단군을 숭상하는 대종교에 입교하여 대동교 14대 총전교(1992~1997)를 역임하며 단군 민족주의를 실천하였다. 문교부장관 시절 홍익인간 이념을 근간으로 하는 교육이념을 토대로 한국교육의 방향을 설정했으며 국민교육헌장을 기초하였다. 그는 특히 이승만이 1949년에 공산주의에 맞서는 국가 정책의 기본 방침으로 내세운 '일민(一民)주의'의 이론체계를 제공하였다. 즉 하나의 국민으로의 통합을 강조하며 '한 핏줄, 한 운명', '흩어지면 죽고, 뭉치면 산다'는 슬로건을 제창하며 대한국민당이나 대한청년단 같은 친 이승만 계열의 정당과 단체들을 통하여 일민주의를 확산시키는 데 기여하였다. 조영식은 그 당시 대동청년단과 대한청년단의 선전부 부국장으로 활동하며 안호상과 친분을 유지한 것으로 추정한다.

19 1951년 3월 4일에 원내교섭단체가 정식으로 구성된다. 민정동지회와 국민구락부를 통합하여 발족된 신정동지회가 70명의 의원을 확보했으며, 민주국민당은 40명, 공화구락부(무소속구락부를 개칭)가 40명, 민정동지회와 무소속구락부의 이탈과 의원들로 구성된 민우회가 20명을 확보한다. 공화구락부가 국민방위군 사건에서 군간부들이 착복한 금품이 신정동지회의 정치자금으로 유용되었음을 폭로하자 정국이 수습할 수 없는 상황에 빠지게 되었고 5월 9

일에 이시영 부통령이 사임을 발표하게 된다. 이에 후임 부통령 선거에서 신정동지회 소속 이갑성 의원을 지명하였으나 민주국민당 최고위원 김성수가 부통령에 당선된다. 이로써 민주국민당에서 국회의장, 부통령직 등 요직을 차지하자, 원내 다수 석을 포섭하여 당 건설을 준비하려는 공화구락부와 반이승만 세력과 제휴를 통해 대외적으로 이미지를 개선하려는 신정동지회가 결합하여 5월 29일 공화민정회를 발족한다. 이로써 원내는 민주국민당계와 공화민정계가 국민방위군사건과 거창양민학살사건을 둘러싸고 5개월간 대립하였다. 이 사태에 불만을 가진 공화민정회 내 의원들이 이탈하자 이승만은 1951년 8월 15일 신당 창당을 선언하고 12월 23일 창당대회를 개최하여 자유당을 발족시킨다.

20 당시 거의 같은 시기에 학교를 다녔던 이태영(1914~1998, 대한민국 최초 여성 변호사), 심태식(1923~2015, 전 경희대 총장), 김용철(1924~ , 전 대법원장, 전 경희학원 이사장), 문인구(1924~2013, 전 한국변호사협회 회장) 등에 따르면 조영식은 법학책보다는 주로 철학책을 가지고 다니며 공부를 하였다고 한다. 일반적으로 법학도들이 사법고시를 통하여 법조계로 진출했던 것과는 달리 그는 근원적인 정치·사회 문제에 관해 탐구하고 싶은 열망이 컸던 것으로 보인다. 그가 주로 철학책을 탐독하였던 것은 북한과 남한에서 체험한 '민주주의와 자유'의 정체를 탐구하기 위한 것이었다.

21 조영식, 『문화세계의 창조』 (서울: 경희대학교 출판문화원, 2014), p. 53.

22 이시영(1868~1953)은 조선 대부호 집안에서 태어나 과거에 급제하여 구한말 평안남도 관찰사와 한성고등법원 판사 등을 지냈다. 1910년 국권 피탈 후 일제의 회유를 뿌리치고 넷째 형 이회영 등 6형제와 함께 전 재산을 팔고 만주로 이주하여 신흥무관학교를 설립하고 독립군 양성에 힘썼다. 1945년 광복 후 신흥무관학교를 재건하기 위해 노력한 끝에 1947년 2월, 신흥전문학원을 설립하였다. 이후 신흥전문학원은 1949년 2월 15일, 재단법인 성재학원 신흥초급대학으로 가인가 받고 졸업생을 배출하였다. 조영식은 1951년 5월 18일 신흥초급대학을 인수하게 된다.

23 최태영은 1960년까지 경희대학교 법학과에서 교수로 재직하였다. 최태영은 말년에 한국 고대사연구에 관심을 가져 단군에 대한 활발한 연구를 하였다. 그는 1989년에 이병도와 공저로 『한국상고사입문』을 출판하였고, 이 책에서

이병도는 단군이 실재하였다는 것을 인정하였다.

24 조영식은 1951년 3월 초 공화민정회 사무실이 있었던 부산 중구 중앙동 삼우장과 건물 2층에서 학교 인수를 위한 서류 일체를 넘겨받았다. 두 달 뒤 5월 18일에 이사회가 개최되었고 상업은행 빚 1,500만원과 교직원 밀린 봉급, 그리고 부채를 떠안는 조건으로 신흥초급대학을 인수하였다. 이날 조영식과 김인선이 이사로 선임되었다. 김인선(1922~2013)은 대한청년단 제주도 단장을 지냈던 인물로 당시 국회의원이었다. 바로 이날은 조영식이 『문화세계의 창조』를 탈고했던 날이기도 했다. 조영식은 1951년 7월 23일 성재학원 이사에 공식적으로 취임하였다.

25 출판기념회에 이철원 공보처장(재임 1950년~1953년 1월)이 참석하여 축사를 하였다.

26 당장 급한 것은 학교 부지였다. 당시 학생들은 영도에 있는 부산 전시연합대학에서 수업을 받고 있었다. 전시연합대학은 전쟁으로 인해 수업이 어려워지자 31개의 공사립대학을 망라하여 1950년 11월 2일에 만들어진 단일연합대학이었다. 당시 신흥초급대학도 부산의 단일연합대학에 참여하고 있었다. 그 당시 학장이 유진오(1905~1987) 전 고려대 총장이었다. 유진오는 1948년 6월에 대한민국 헌법 기초위원으로 헌법 초안을 작성하였고 1948년 8월에 초대 정부에서 법제처장을 맡았다. 유진오는 부산 피난 시절 조영식과 인연이 되어 1954년 5월 20일에 조영식의 신흥대학교 제4대 학장 취임식에 고려대 총장의 자격으로 참석했다.

27 이 사건은 세계적인 대학 건설의 꿈을 불태우던 조영식과 신흥대학교 교직원들, 그리고 학생들의 열망을 하루아침에 꺾어 놓은 절망 그 자체였다. 전쟁 중에 전황마저 크게 불리한 상황에서 막대한 은행 빚을 안고 학교를 인수한 터라 언론과 학부모, 또 일반인조차 "이제 조영식과 신흥대학교는 망했구나"라고 수군거리는 소리가 들릴 만큼 큰 타격을 받았다. 화재 이후 이사장인 이연재와 학장인 이윤영은 더는 희망이 없다고 판단하고 사표를 제출하였다. 조영식은 결국 이 대학의 이사장과 학장직을 겸임하게 되었다.

28 천장산의 천장(天藏)은 '하늘이 숨겨놓은 곳'이라는 뜻이다. 풍수지리상 명당이어서 조선 왕실에서는 20대 왕인 경종과 경종의 두 번째 왕비인 선의왕후를 모신 의릉이 자리 잡고 있다. 천장산은 후일 고황산(高凰山)으로 이름이

바뀐다. 산의 모양이 마치 봉황새가 날개를 펴고 날아가는 형상이라 하여 개
명을 했다고 한다.

29 조영식은 우선 25만 평의 허허벌판에 본관인 석조전을 건축했다. 본관은
1953년 11월 30일 기공식 후 12월 20일 착공되었다. 본관은 고대 그리스 신
전을 연상케 하는 모양의 4개 층, 높이 18.2 미터, 연 면적 3,800평 규모로 당
시에는 대규모 석조건물이었다. 그 당시 이와 같은 규모의 건물을 우리나라
사람의 힘만으로 지은 적이 없었다. 설계는 물론 고황산 중턱에서 채취한 화
강암을 다듬어 운반하는 과정은 큰 도전이 아닐 수 없었다. 그러나 조영식은
이 본관이 대학을 상징하고 그가 구상하는 문화세계를 상징하는 건물이어
야 했다. 그리하여 14개의 코린트 양식 기둥을 배치했다. 이것은 우리나라 행
정구역을 상징한다. 14개 도에서 우리나라를 이끌어 갈 인재를 육성하겠다는
의지의 표현이었다. 건물 상단의 박공벽 부조상에는 교시 '문화세계의 창조'
가 상징적으로 표현되어 있다. 우측은 물질문명을, 좌측은 정신문명을 상징적
으로 표현하여 문화세계가 물질문명과 정신문명이 조화롭게 통합되는 종합
문명임을 암시하였다.

30 조영식은 공사를 계속하기 위해 당장 채권자들을 설득해야만 했다. 그는 채
권자들을 집으로 불러 모아 원금의 5~6%의 이자를 약속하는 어음을 나누
어 주고 그들을 안심시켰다. 그리하여 공사는 재개될 수 있었다. 본관은 1956
년 7월 30일 1차로 완공되었고, 양 날개 부분은 당시 열악한 재정 상황으로
완공하지 못하다가 1973년 6월에 착공하여 1975년 2월에 2차로 완공되었다.
이 건물의 중앙부는 2018년 12월 31일부로 국가등록문화재 제741호로 지정
되었다. 오늘날 경희대 서울캠퍼스에 있는 본관 건물에는 조영식의 피와 눈
물과 땀이 고스란히 배어 있다.

31 촉망받는 현직 대학 총장이 보안법위반으로 구속되자 사회적으로 큰 파장을
일으켰다. 언론에서도 이 사건을 대서특필하며 조영식의 과거 행적을 추적하
기도 하였다. 조영식과 부산 피난 시절부터 인연이 있었던 당시 고려대학교
유진오 총장은 "5년 전에 발간된 저서를 지금에 와서 문제 삼아 형사사건으
로 다루려고 하는 것은 상식에 벗어나는 일이다. 이렇게 되면 학자들이 겁이
나서 저서를 낼 수 없을뿐더러 학문연구는 불가능하다. 저자는 현직 대학 총
장이다. 만약 불온한 점이 있다고 하면 판매 중지 처분을 하고 재판을 거쳐

법적인 판결 후에도 구속할 수 있는 것인데 먼저 구속한 것은 부당하다"라고 하였다. 국회의 조경규 부의장은 "진정한 교육자의 저서 중 한 구절을 과장 해석하여 죄를 뒤집어씌우는 것은 개인의 명예를 그르치게 했다는 것보다 그를 매장하여 한 것이니 부당하다. 검찰은 조 총장이 결백하다는 것이 밝혀 지면 모략자들을 무고죄로 입건해야 한다"고 하였다. 이 사건은 급기야 이승 만 대통령에게 보고되었고 긴급 국무회의가 열려 세 차례나 논의되었다. 당 시 문교부 장관은 이선근, 법무부 장관은 이호였다. 이선근은 대한청년단 시 절부터 미원을 잘 알고 있었고 캠퍼스 공사가 한창 진행될 때 공사현장을 방 문하기도 하였다. 이들은 조영식의 무고함을 잘 알고 있었다. 조영식은 구속 적부심사를 거쳐 6일 만에 석방되었다. 석방 후 조영식의 저서는 우리나라 최 고의 학술기관인 대한민국학술원에 의해 검증을 받게 된다. 학술원은 1954 년 7월 17일 각계 최고의 석학 50명을 위원으로 구성되어 막 개원을 한 상태 였다. 학술원은 오랜 시간 검증 끝에 조영식의 저서『문화세계의 창조』가 용 공 사상이 없고 진정한 민주주의를 추구한 양서라는 판결을 내리게 된다. 이 렇게 하여 필화사건은 김모 이사가 재단을 탈취하기 위한 모략이었음이 밝 혀지고 1957년 6월 13일에야 무혐의 불기소 처분으로 종결되었다. 경희학원, 『경희오십년』(서울: 경희대학교 출판국), p. 439.

32 1959년도부터 조영식은 학생들을 중심으로 농촌계몽 운동을 시작하였다. 이 것은 전란으로 인해 피폐해진 국토와 가난한 농촌을 돕기 위한 사회운동의 일환이었다. 학생들은 조영식의 교육이념에 호응하여 국토의 녹화나 녹색혁 명운동, 사회 봉사활동에 참여하였다. 방학이 되면 학생들은 농촌으로 내려 가 농촌계몽운동을 벌이기도 하였다. 당시에 발간되었던『신흥대학보』는 학 생들의 헌신적 활동을 집중적으로 소개하고 있다. 조영식은 1966년 10월 11 일 대학주보를 통해 다음과 같이 잘살기운동의 의미를 설명하고 호소한다. "잘살기운동은 달리 바꾸어 말씀드리면 교육을 통한 구국운동이라고도 할 수 있겠습니다. 이 나라의 소망은 역시 교육에 있기 때문입니다. 이 나라를 구할 수 있는 길이 오직 교육을 받은 여러분의 건전한 지성과 인격 그리고 각 종 기술 또 박력 있는 실천력, 강한 단결력이 얼마나 우리들의 밝은 장래를 약속하는 힘이 되며 자산이 된다고 하겠습니다. 잘살기운동을 벌인지 일 년 이 되는 오늘 이 자리에서 거듭 여러분께 강조하고 싶은 것은 우리 학원의 이

러한 운동이 결코 하루 이틀이나 일이 년에 끝날 수 있는 애국애족 운동이 아님을 명심해야 할 것입니다. 경이와 비약 그리고 창의, 협동, 진취의 경희와 함께 해를 거듭하면서, 우리 국민 모두가 한결같이 안정된 사회에서 세계 속의 한국민으로 잘살 수 있는 그 날이 올 때 가지 모든 국민이 자발적으로 협조하여 줄 것을 바라는 것입니다."

33 오월동지회는 군사혁명에 참여한 군 장교들과 일부 민간인들이 1963년 5월에 조직한 정치결사체이다. 당시 김종필은 육사 8기로 공화당을 조직하여 이를 장악하자 김종필에 반대하는 혁명 주체세력들의 불만이 높아지고 있었다. 이에 박정희는 비 8기 주체의 정당 참여를 지시하게 된다. 그러나 이들은 공화당에 참여하지 않고 공화당에 대항할 조직결성에 착수하였다. 이들은 1963년 5월 15일에 창립대회를 열고 각계인사 1000여 명 정도가 참여하는 가칭 '5월동지회'를 발족시켰다. 이에 박정희는 5월동지회 간부들에게 '교양단체로 잘 키워보라'고 힘을 실어 주었다. 그러나 박정희는 민정 이양이 눈앞에 닥치자 공화당을 중심으로 선거를 치를 결심을 하고 1963년 9월에 5월동지회 해산을 결정하였다.

34 경희학원, 『경희오십년』, p. 458.

35 1964년 3월 24일 개학과 더불어 학생들의 한일회담 반대시위가 시작되었고 전국적인 규모로 확대되었다. 경희대학교에서도 수천명의 학생들이 시위에 동참함으로써 학교 수업이 제대로 진행되기 어려웠다. '대일 굴욕외교 결사반대', '평화선 양보 결사반대'를 외치며 시작된 학생시위는 6월 3일에 전국적인 규모로 확대되었고 정권 퇴진 운동으로 이어졌다. 4.19 이후 최대 규모의 학생시위였다. 박정희 정권은 비상계엄령을 선포하고 휴교령을 내리게 된다. 6월 5일에 한일회담의 협상을 주도했던 김종필은 공화당 의장직을 사퇴하고 미국으로 외유를 떠나게 된다. 휴교 조치는 8월 15일 비상계엄의 해제에 따라 종식되었다. 1965년 6월에 국민의 강력한 저항에도 불구하고 한일협정이 조인되자 다시 학생시위가 불붙기 시작하였다. 경희대학교에서도 수십 명의 학생이 연행되는 등 학생들이 시위에 동참하였다. 정부의 강경한 방침에도 불구하고 시위가 그치지 않자 8월 26일에는 서울에 위수령이 내려지고 무장 군인들이 대학교 내에 진주하였다. 이 당시 시위에 참여했던 대학생들을 '6.3 세대'라 부른다.

36 Peter Sammartino, ed. *The Fairleigh Dickinson International Conference on Higher Education* (Rutherford: Fairleigh Dickinson University Press, 1965), p. 114.

37 조영식은 창립총회에서 제2차 세계대학총장회의를 서울에서 개최할 것을 제안했다. 그러나 참석자들은 이 제안에 대해 반신반의하였다. 그때만 해도 한국이 아시아의 어느 곳에 있는 나라인지도 모를 때였다. 그들은 "서울에도 수도가 있습니까? 극장은 있습니까? 우리가 묵을 호텔은 있나요?" 하고 물을 정도였다. 당시 국민소득 200불을 넘지 못했던 최빈국 중의 하나였던 한국에서 세계적인 규모의 지성인 회의를 열겠다는 것은 무모한 것으로 보였다. 이것은 조영식이 아니면 도무지 생각하기 어려운 것이었다. 당시 IAUP 회장이었던 피터 삼마르티노는 대회 2일째 되던 전체회의에서 다음과 같이 말했다. "한국의 기적의 나라입니다. 그러나 한국에서 가장 큰 기적이라고 하면 곧 조영식 총장 자신과 그가 경희대학교에서 성취한 엄청난 업적인 것입니다. 지난번 본인은 이 대학교에 수일 전에 먼저 도착하여 보았습니다. 여러분께서 개회식에 앉아 있었던 그 건물을 방문했을 때 그 회의장으로 통하는 복도는 아직 미완성이었습니다. 〈중략〉 그래서 조영식 총장에게 "대회 전까지 모든 준비를 갖추는 것은 불가능하겠군요"라고 말하자 조영식 총장은 "틀림없이 가능합니다"라고 대답했습니다. 그 말이 사실로 판명되었습니다. 본인이 생각하기에 약 130여 명의 일꾼들이 밤낮을 가리지 않고 쉼 없이 일했던 것 같습니다. 아마 우리들은 아무도 조영식 박사가 경희대학교에서 성취한 일을 능히 해낼 수 없었을 것입니다. 그는 경희대학교의 모든 건물을 손수 설계했으며 사무집기 등 모든 것을 마련하여 그가 이 학교를 시작했을 때에는 아무것도 없었던 이 산등성이를 불과 14년이라는 짧은 세월 동안에 이렇게 아름다운 학원으로 바꾸어 놓았던 것입니다."

38 임어당은 당시 중국을 대표하는 지성인이었다. 독일 예나대학과 리이프치히 대학에서 언어학을 전공하고 철학 박사학위를 받은 후 북경대학 교수를 지냈다. 1936년 뉴욕에 건너가 외국 독자들에게 중국을 소개하는 『생활의 예술』을 출간하였다. 이 책은 『생활의 발견』이라는 책으로 널리 알려져 있다. 임어당은 1965년 이후 대만에 정착한 후 1976년에 홍콩에서 생을 마감하였다.

39 경희학원, 『경희오십년』, p. 502.

40 박정희도 회의장까지 찾아와 다음과 같이 치사를 하였다. "세계의 여러 고명

한 석학과 대학 총장들이 자리를 같이한 뜻깊은 모임을 갖게 된 것은 근자에 없는 경사로서 우리 국민의 커다란 기쁨"이라고 전제하고, "고금동서를 막론하고 교육은 인류의 제반 사업 중 가장 귀중하고 숭고한 것이므로 모든 문제의 궁극적인 해결의 열쇠를 교육에서 구해야 한다"라고 강조하였다. 이것은 매우 이례적인 일이었다. 정부에도 그만큼 이 회의가 중요했다는 의미이다. 체신부에서는 이 회의를 기념하여 기념 우표를 발행하기도 하였다. 정부는 이 행사를 그해 10대 업적의 하나로 선정하여 발표하기도 하였다.

41　경희학원, 『경희오십년』, pp. 510-513.

42　그 당시 공화당 내에서는 주류와 비주류 간에 1971년도 대통령선거의 후계자 지명을 둘러싸고 치열한 경쟁이 진행 중이었다. 1968년 5월 24일에 박정희를 위한 3선개헌을 막아야 된다는 의견을 개진한 '국민복지연구회' 관련자가 항명으로 제명 처분되는 사건이 발생했다, 국민복지회는 김종필의 측근인 김용태(1926~2005)가 1971년 대선에서 김종필을 대통령으로 만들기 위한 사조직이었다. 이 사건으로 결국 김종필은 공화당을 탈당하고 모든 공직을 떠나 정계에서 은퇴하겠다는 뜻을 밝혔다. 그 뒤 김종필은 박정희의 설득으로 결국 3선 개헌을 지지하고 1969년 10월 17일에 국민투표를 통해 개헌이 확정되자 1971년 6월에 국무총리에 임명되었다. 3선 개헌은 1972년 10월 유신의 서곡이었다.

43　경희학원, 『경희오십년』, p. 532.

44　김대중은 1967년에 경희대 산업경영대학원 최고지도자과정을 수료하였다. 장남 홍일, 차남 홍업은 각각 정외과와 경영학과를 졸업하였고 두 며느리는 사범대학을 졸업하였다. 김대중은 1998년 대통령 당선자 신분으로 경희대학교에서 명예 경제학 박사학위를 받았다.

45　경희학원, 『경희오십년』, p. 541.

46　문재인은 1972년 4년간 전액 장학금을 약속받으며 경희대 법대에 수석으로 입학하였다. 문재인은 "자신의 아버지처럼 북한에서 남하하여 경희대를 일으킨 조영식 박사의 권유로 경희대에 입학했다"고 밝혔다.

47　조영식, 『창조의 의지』 (서울: 을유문고, 1976), p. 154.

48　경희학원, 『경희오십년』, p. 183.

49　박정희는 밝은사회운동이 전국적으로 확산되자 1976년 6월 4일에 밝은사회

운동을 격려한다는 서한과 함께 '경희대격려'(慶熙大激勵)라는 친필서한을 보내오기도 하였다.

50 보스턴 회의는 세계대학총장회의 역사에서 또 하나의 뚜렷한 이정표가 되었다. 발트하임 유엔 사무총장, 와인버거 국방부 장관, 두카키스 매사추세츠 주지사, 화이트 보스턴 시장 등 600여 명의 거물급 인사들이 참여했다. 한국에서도 단국대 장충식 총장을 비롯한 여러 명의 총장들이 참여하였다. 필리핀의 전 대통령 디오스다도 마카파갈, 전 유엔총회 의장인 칼로스 로믈로, 그리고 케네디 대통령의 친동생 에드워드 케네디 상원의원 등이 기조연설을 하였다. 그리고 조영식은 회장으로서 '고등교육에 있어서 인류사회의 미래 지표'라는 주제로 연설을 하였다.

51 테헤란 회의에는 샤한샤 이란 국왕 내외, 전 영국 수상 윌슨, 페쩨이 로마클럽 회장 등이 귀빈으로 참석하였다. 이란 국왕은 단상에 앉기를 거부하고 회의장 바닥에 놓인 의자에 앉았다. 이것은 조영식을 위한 특별한 국왕의 배려였다. 조영식은 이 회의에서 '교육개혁을 통한 밝은 사회의 구현'이라는 주제로 연설을 하였다.

52 부다가야는 석가모니의 탄생지인 룸비니, 최초의 설법지인 녹야원(사르나트), 열반지 구시나가라와 함께 불교의 4대 성지이다.

53 이원설, '세계대학총장회의와 조박사,' 『인간조영식박사 101인집』 (서울: 인간조영식박사 101인집출간위원회, 1994), p. 146.

54 조영식이 로마클럽과 만나게 된 계기는 테헤란에서 열렸던 제5차 세계대학총장회의였다. 이 회의에 참석한 로마클럽 회장 오렐리오 페체이가 경희대학교 개교 30주년을 기념하여 합동 국제학술회의를 개최하자고 제안했다. 조영식은 경희대학교가 '세계 속의 경희'로 자리매김하기 위해 세계 최고의 지성인들과 교류할 필요성을 느꼈다. 그래서 1979년 10월 28일~31일에 경희대학교와 로마클럽은 합동으로 '21세기의 전망과 문제점'(Prospects and Problems of Human Society in the 21st Century)이라는 주제의 국제회의를 경희대학교 중앙도서관에서 열었다. 이 회의에는 국내외 저명학자 300여 명이 참석하였다.

55 라즐로는 1970년 파리 소르본대학에서 박사학위를 취득한 후 미국으로 건너가 자연과학과 인문과학의 경계를 넘나드는 학문에 몰두하였고, 예일대, 프

린스턴대 등 미국 유수의 대학에서 강의하였다. 그는 현재까지 100여 권이 넘는 책을 출판하고 세계적인 저술가와 사상가로 명성을 날리고 있다. 그는 우주, 생명, 의식에 대한 새로운 이해를 시도하고 철학, 과학 등 분야를 넘나드는 연구를 통해 시스템 철학과 일반진화론의 기초를 세운 대표적인 학자로 평가된다. 2001년 일본 고이 평화상을 받았고, 2004~2005년 노벨 평화상 후보에 이름이 올랐다. 그의 대표적 저술은 『과학, 우주에 마법을 걸다』, 『의식혁명』, 『근원에의 재연결』, 『현실은 무엇인가?』 등이 있다.

56 경희학원, 『경희오십년』, pp. 622-629.

57 당시에 반기문 전 유엔 사무총장이 외교부 UN과장으로 근무하였다. 그때 조영식은 반기문과 인연을 맺었고 그 인연은 오래도록 이어졌다.

58 케야르는 1998년 오토피아 평화재단이 수여하는 제2회 오토피아 평화대상을 수여하였다.

59 레이건과 고르바쵸프는 2001년에 오토피아 평화재단이 수여하는 오토피아 세계평화 대상을 받았다.

60 이 취임식에 윤보선 전 대통령이 직접 참석하였다.

61 갈리는 1996년 3월에 경희대학교가 수여한 제1회 오토피아 세계평화 대상을 받았고 수상 직후 유엔 세계평화의 해 10주년을 기념하기 위해 '평화나무'를 경희대학교 서울캠퍼스에 식수하였다.

62 조영식, 『아름답고 풍요하고 보람 있는 사회』 (서울: 경희대학교 출판국, 2003), p. 1157.

63 조영식, 『아름답고 풍요하고 보람 있는 사회』 (서울: 경희대학교 출판국, 2003), pp. 167-168.

64 조영식, 『인류사회의 재건』 (서울: 경희대학교 출판문화원, 2021), p. 136.

65 공동발기인에는 전 유엔 사무총장, 전 현직 대통령 및 수상, 노벨상 수상자, 세계 저명대학 총장 및 학자, 세계적으로 유명한 사회 종교지도자들이 포함되어 있다. 처음에는 50명이었으나 나중에는 100명으로 늘어났다.

66 조영식, 『아름답고 풍요하고 보람 있는 사회』 (서울: 경희대학교 출판국, 2003), p. 1001.

67 서울NGO세계대회는 유엔경제사회이사회 NGO 협의회(CONGO: Conference of NGOs)와 NGO/DPI 집행위원회가 공동으로 주최하였다.

68 조영식, 『아름답고 풍요하고 보람 있는 사회』 (서울: 경희대학교 출판국, 2003), p. 997.

69 이 준공식에는 1981년 유엔 세계평화의 날 제정에 결정적 도움을 카라조 오디오(Rodrigo Carazo Odio) 전 코스타리카 대통령, 리드(Joseph Reed) 유엔 사무차장 등이 참석하였다.

70 경희학원, 『경희오십년』, 하권, p. 354.

제2장 사색의 여정

> "
> **사색은 진리를 뚫어보고**
> **이상은 천국을 낳는다**
> "

미원 조영식

눈을 들어 하늘을 보라, 땅을 보라

끝없는 저 하늘

하늘 뒤에는 하늘이

그 뒤에 또 아득한 하늘이 이어진다.

아, 무한한 우주의 대 공간이여!

우리 인간의 삶이

오직 한 찰라 속에 있거늘

어제도 그제도, 그 그제도

아니 내일도, 모래도, 글피도

한없이 흐르는

영원한 순간순간 속의 삶이여!

그 속에

나도 있고, 너도 있고,

나와 남이 아닌 만물이 함께 있네

저 현묘한 우주원리와

삼라만상의 얼굴을 가진

삼라만상 현상변화와 무상함을 보라!

그 속에 있는 나는 누구이고

또 무엇인가?

아, 내가 누구이길래

어떻게 여기 존재하며

어디서 왔다 어디로 가고 있는가?

눈을 들어 하늘을 보라

땅을 보라!

이 세상에 까닭이 없는 것 없고

이 세상에 홀로 있는 것 없다

모든 실체는 특성과 속성 지니고

만물은 서로 유관하여 생성전화이루니

그 안에 새로운 시작이 있고 끝이 있다

조화와 상극 속에

현상변화의 원리가 있고

유기적 통일체관 속에

전승화(全乘和)있다

눈을 들어 하늘을 보라

땅을 보라!

그 속에

너와 나의 참 인생이 있고

삶의 의의와 목표가 있다

우리의 당위적인 목표

오토피아(Oughtopia)가 있다

이 시는 미원의 사상을 집약하여 표현하고 있다. 그는 늘 시간을 내 명상을 하며 우주 삼라만상과 인간 세상의 변화원리를 사색하곤 하였다. 그리고 인간이 어떻게 살아야 하는가를 고민하였다. 미원은 '문화세계'와 '오토피아'라는 인류사회의 비전을 제시하면서 수많은 주제에 대해 생각을 하였다. 그 주제를 크게 분류하면 '우주', '인간', '사회와 국가'였다. 그는 동서고금의 모든 사상과 철학, 종교, 과학이론을 섭렵한 끝에 자신의 사상을 정립하였다. 그가 한 사색의 여정을 따라가기가 쉽지 않을 수도 있다. 하지만 매우 의미 있는 일이다. 그의 사상을 이해하는 것은 인간과 세상을 들여다보는 창이 되기 때문이다.

자유란 무엇인가?

미원이 38선을 넘어 자유의 땅 남한에 도착한 이후 경험하게 된 정치사회상은 혼란의 도가니였다. 해방공간에서 나라건설을 둘러싸고 서로 다른 이념이 충돌하였다. 우익은 우익대로, 좌익은 좌익대로 단체를 결성하고 대립하고 있었다. 이러한 상황에서 좌우 합작운동을 벌이고 있던 여운형(呂運亨: 1886~1947)이 1947년 7월 19일에 혜화동 로터리에서 극우파로 추정되는 인물에 의해 암살되었다. 1947년 12월 2일에는 한민당의 장덕수(張德秀: 1894~1947)가 암살되었다. 1947년 말 남한만의 단독정부 수립이 가시화되면서 이에 반대했던 김구(金九: 1876~1949)와 이승만(李承晩: 1875~1965)은 미군정과 갈등을 겪었다. 미 군정이 장덕수를 한국 정책의 파트너로 선택하자 이를 반대했던 세력이 그를 암살했다. 이 두 사건은 미원이 그의 첫 저서 『민주주의 자유론』을 집필하던 중에 일어났다.

『민주주의 자유론』은 자유와 민주주의에 대한 광범위한 정치철학 이론을 바탕으로 기술되었다. 미원이 서울대 법대에 재학 중 정치철학에 대한 독서에 몰두했음을 엿볼 수 있다. 일 만여 시간을 목표로 독서에 매진했다고 한다. 미원은 이 책의 서론에서 다음과 같이 밝히고 있다.

> "한국의 근현대사에서 잔학한 일제강점기만큼 강렬하게 자유의 소중함을 느꼈던 때는 없을 것이다. 또 강권 침략주의가 패망하고 8.15 직후처럼 자유에 대한 갈망이 컸던 때도 없다. 그 당시 자유는 곧 해방이요, 독립이며 인간의 행복이었다."[1]

미원은 가장 먼저 자유가 무엇인가에 대해 고민을 시작했다. 그는 이 책의 서문 '자유 정체의 탐구'에서 아래와 같이 쓰고 있다.

"자유에 대해 바로 아는 것은 인간의 진리를 깨닫는 것이다. 인간의 삶이란 궁극적으로 자유에 대한 추구라고도 말할 수 있다. 즉, 인류의 장구한 역사는 자유에 대한 쟁투 과정이다. 개인이건 집단이건, 권력자이건 아니건 모든 인간에게는 자유를 꿈꾸고 또 유지하려는 의지가 존재한다. 〔중략〕 그렇다면 자유란 무엇인가. 막연하고 경솔하게 자유를 논해서는 안 될 것이다. 진정으로 뜻 깊은 삶을 영위하고 가치 있는 국민의 의무를 다하기 위해서는 자유의 참뜻을 되새길 필요가 있다. 자유의 참뜻을 알고 난 후에야 비로소 인간은 완전한 행복을 향유할 수 있다."[2]

미원은 자유가 가장 소중한 가치라고 생각한 것 같다. 그는 인간의 가장 기본적인 속성을 자유라고 파악했다. 인간은 누구나 자유를 추구한다. 자유에 대한 욕망은 인간의 권력의지와 직결된다. 인간은 더 많은 자유를 얻기 위해 권력을 추구한다. 권력은 타인에게 자신의 의지를 요구하는 힘이다. 권력을 많이 가질수록 자유의 영역이 확대된다. 권력은 타인의 자유를 제한한다. 따라서 자유와 권력은 언제나 갈등 관계를 유지한다. 독일의 철학자 헤겔(Georg Wilhelm Friedrich Hegel: 1770~1831)은 인류의 역사를 인간의 자유가 확장되는 과정이라고 설명하였다. 개인과 권력자와의 갈등 관계 속에서 개인의 자유가 확장되는 과정이 인류 역사의 발전과정이었다는 말이다.

미원은 진정한 자유에 대한 깨달음이 완전한 행복에 이르는 길이라고 전제하였다. 미원이 생각하는 진정한 자유란 무엇일까? 미원은 다음과 같이 설명하였다.

> "자유는 소수 몇몇 사람의 소유물이 될 수 없다. 인간의 자유는 역설적으로 만인의 평등을 부르짖는다. 내가 남보다 잘살겠다고 외치는 것은 자유가 아니다. 나도 남도 다 함께 잘사는 사회가 진정으로 자유로운 사회다. 어느 누구도 자유를 독점할 수 없다. 모든 인간은 본디부터 자유를 향유할 수 있는 권리를 가진 평등한 존재다."[3]

미원은 인간이 자유롭고 평등한 존재로 태어났다는 관점에서 사색을 시작했다. 자유와 평등이 인간의 기본적 권리라는 의미이다. 신이 보기에 인간은 태어나면서부터 자유롭고 평등한 존재이다. 인간은 누구나 평등하게 자신에게 부여된 자유를 누리고 추구할 권리를 갖는다. 인간은 자신의 욕망을 충족시키기 위해 더 많은 부와 권력을 추구하게 된다. 그러나 모든 인간이 제한 없이 자신의 자유를 추구하게 되면 타인의 자유와 충돌하게 되고 갈등을 일으키게 된다. 그 결과로 타인의 자유를 침범하게 되고 불평등한 관계를 발생시킨다. 모든 불평등이 제한 없는 자유의 추구에서 비롯된다. 자유와 평등의 모순을 해결하기 위해 인간은 법을 만들어 개인의 자유를 제한하기 시작했다. 미원은 자유와 평등이 조화를 이루기 위해서는 개인의 자유가 제한될 필요성이 있다고 보았다. 미원은 제한받지 않는 자유는 진정한 자유가 아니라고 단호하게 선을 긋는다.

"따라서 강제가 없는 무한한 자유는 자유라 말할 수 없다. 진정한 자유는 타자 관계적 행위는 물론 자기 관계적 제한이 존재하며, 자유와 제한은 생성적 관계로 구성된다. 인간의 진정한 자유란 제한 속에서 자유를 추구하는 것이다. 더 나은 자유, 더 큰 자유, 더 필요한 자유를 얻기 위해 제한을 취하는 것이다. 이것이 이 세상에 있는 자유의 정체이며 또 발전 형태임을 알아야 하겠다."[4]

우리는 위에서 '자유와 제한은 생성 관계'라는 대목에 주목할 필요가 있다. 자유는 자율적으로 혹은 타율적으로 제한될 수 있다. 자유가 자율적으로 제한될 때는 무언가를 발전시킬 힘을 갖게 된다. 자유가 타율에 의해 구속될 때는 발전시킬 수 있는 생명력을 잃게 된다. 자유가 제한 없이 주어지고 소모될 때 발전보다는 파멸로 인도된다. 그러나 자유를 스스로 제한할 때 자유는 내적 생성의 에너지로 바뀌게 된다. 또 다른 의미로는 자유와 제한이 절대적 관계가 아니라 상대적 관계라는 것이다. 자유와 제한의 관계는 상황, 위치, 시대에 따라 변화한다는 것이다. 미원은 불과 27세의 나이에 상대적 생성변화의 원리를 파악하고 있었다. 이때부터 '생성(生成)'이라는 개념이 그의 사유 속에 자리 잡기 시작했다.

미원은 이러한 관점에서 '함께 잘 사는 사회'가 진정으로 자유로운 사회라고 진단하였다. 어떤 특정 계층이나 계급이 자유를 독점하고 부와 권력 등 사회적 자산을 독점하게 되면 필연적으로 사회적 불평등이 발생한다. 불평등 사회에서 사는 인간은 진정한 행복을 누릴 수 없다고 보았다. 미원은 평생 '함께 잘 사는 사회'를 어떻게 만들 수 있을까 고민하였다. 함께 잘 사는 사회가 되기 위해서는 자유와 평등의 가치가 조화를 이루는 공영(共榮)의 사회가 되어야 했다.

미원은 자유의 종류에 대해 구체적으로 설명한다. 영국의 철학자 밀(John Stuart Mill: 1806~1873)의 자유론을 비판하며 자유방임적 자유를 '본능적 자유'라 규정한다. 그리고 이것이 무정부주의를 초래할 수 있음을 상기시킨다. 미원은 영국의 철학자 벤덤(Jeremy Bentham: 1748~1832)의 공리주의적 자유, 즉 개인적 자유와 사회적 자유가 적절하게 조화를 이루는 자유를 '인격적 자유'라고 불렀다. 그는 인격적 자유가 지나치게 평면적이고 발전을 지향하기에는 한계가 있다고 지적한다. 이런 의미에서 그는 '발전적 자유'를 제안한다. 발전적 자유란 개인의 자유와 사회 공동선이 동시에 실현되는 자유다. 이렇게 될 때 인간은 개체로서의 자유와 공동체로서의 자유를 완전하게 누릴 수 있으며 발전을 꾀할 수 있다는 것이다. 미원은 발전적 자유가 부분과 전체의 유기체적 관계 속에서 형성되고 구현된다고 보았다.

미원은 개인과 사회의 관계를 하나의 체계(시스템)로 이해했다. 체계는 부분과 전체가 하나의 유기적 통일성을 가지고 연결되는 전체를 말한다. 예컨대 사회체계는 부분인 개인으로 구성된 사회 전체이다. 사회체계 내에서 개인 사이의 복잡한 상호작용이 발생하고 이 상호작용의 결과로 사회의 특성이 결정된다. 이런 사회의 특성이

다시 개인에게 영향을 미치게 된다. 체계 내에서 개인의 발전과 사회의 발전은 밀접하게 연결된다. 개인의 발전이 없는 사회의 발전이 있을 수 없다. 사회의 발전이 없으면 개인의 발전도 기대하기 어렵다. 미원은 이에 대해 다음과 같이 말했다.

> "현대사회는 작은 하부조직을 무수히 거느린 거대한 시스템이다. 사회를 전체 목적을 위해 부분들을 움직이는 합리적인 시스템으로 재조직한다. 내부 기관들이 상호 관련성을 맺고 계속해서 움직이는 유기적 생명체처럼 작동한다. 이 기관들은 이를테면 원료를 처리하고 생산하고 소비하는 소화기계통과 같은 서브시스템(subsystem)이다. 여기서 생산품을 각 지방에 공급하는 혈관계통과 같은 교통조직망이 형성된다. 모든 정보를 민첩하게 전달하는 신경계통 같은 기능조직도 갖추어져 있다."[5]

이와 같은 미원의 사상을 잘 이해하기 위해 우리는 여기서 사회과학에서 발전해 온 사회체계이론에 대해서 살펴볼 필요가 있다. 18세기 이후 사회학자들은 사회를 마치 시계와 같이 복잡한 인위적 메커니즘을 가지고 있는 체계로 이해하기 시작했다. 19세기에는 다윈의 진화론의 영향으로 사회제도를 인체를 구성하는 기관에 비유하는 유기체론이 등장하기 시작했다. 제2차 세계대전이 종식된 이후에는 동물과 기계에 존재하는 통제(control)와 통신(communication) 메커니즘을 주로 연구하는 '사이버네틱스'(cybernetics)의 영향으로 사회를 구조-기능론적 차원에서 파악하기 시작하였다.

1960년대와 1970년대에 이르러 학문의 모든 영역에서 위와 같은 체계이론과 방법론을 적용하는 일반체계이론이 풍미하였다. 일반체계이론은 버탈란피(Ludwig von Bertalanffy: 1901~1972), 밀러(James Grier Millar: 1916~2002), 카우프만(Stuart A. Kauffman: 1939~) 등에 의해 발전되었다.

오스트리아의 생물학자로서 일반체계이론을 확립한 버탈란피는 전통적 의미의 조직이론에 대한 대안으로 전일적이며 유기체적 관점에서 체계모델을 제시하였다. 일반체계이론은 기계론과 생기론을 종합한 '조직화된 복잡성' 이론으로서 기계, 유기체, 심리체계, 사회체계라는 주요 영역을 포괄한다. 이 중 유기체, 심리체계, 사회체계는 '자기 조직성'을 발휘한다는 점에, 심리체계, 사회체계는 '의미'를 매개로 한다는 점에 특징이 있다. 그는 특히 '고립계'(closed system)와 '열린계'(open system)를 구별하였다. 고립계는 전통적 물리법칙으로 설명되며 "엔트로피(무질서)의 변화는 항상 증가하거나 일정하며 절대로 감소하지 않는다"는 열역학 제2 법칙이 적용된다. 그러나 열린계는 이러한 법칙이 일반적으로 적용되지 않는다. 버탈란피의 일반체계이론은 사회학, 인류학, 경제학, 정치학, 심리학 등 다양한 분야에 적용되었다.[6] 일반체계이론의 관점에서 '사회는 개인들이 상호간에 연결된 복잡한 체계'라는 것이다.[7] 미원은 바로 이러한 관점에서 인류사회를 바라보았다.

초기 사회체계이론은 사이버네틱스와 정보이론의 영향을 받은 미국의 사회학자 파슨스(Talcott Parsons: 1902~1979)가 주도하였다. 그는 『사회적 행위의 구조(The Structure of Social Action)』(1937)와 『사회체계

(The Social System)』(1951)를 저술하였다. 파슨스는 구조로서의 체계는 위계질서가 있고 서로 연결되는 것으로 보았다. 그에 의하면 체계를 구성하고 있는 부분은 개별적 원칙에 따라 작동한다. 체계는 오직 외부로부터만 영향을 받는다. 그리고 체계를 구성하고 있는 부분의 특성이나 작용은 내재적으로 결정되어 있다. 체계가 어떻게 조직되느냐 하는 것이 체계 전체의 기능을 결정한다.[8] 구조적 기능주의로 불리었던 파슨스의 이론은 외부로부터의 새로운 투입이 없는 한 사회체계는 평형(equilibrium)을 이룬다고 보았다. 미원 역시 전체를 구성하는 부분은 개별적 특성과 원리에 의해 작용한다고 생각하였다.

미국의 생물학자 밀러는 일반체계이론을 살아있는 모든 체계(생물체계)에 적용하여 이론을 발전시켰다. 그의 이론에서 생물체계란 환경과 상호작용하며 자기 조직화하는 생명의 형태가 있는 체계를 의미한다. 따라서 생물체계는 단일세포와 같이 단순한 체계로부터 유럽연합(EU)과 같이 복잡한 초국가적 조직을 모두 포함하는 개념이다. 그에 의하면 모든 체계는 세포, 기관, 유기체, 집단, 조직, 공동체, 사회, 초국가적 체계라는 8개의 위계적 수준에서 존재한다. 각 수준에서의 체계는 20개의 중요한 하위체계로 구성된 열린 체계이다.[9]

그는 공간, 시간, 물질, 에너지, 정보라는 핵심적 개념을 사용하여 생물체계의 구조, 상호작용, 행위, 발전을 설명하였다. 여기서 공간은 물리적 혹은 지리적 공간과 개념적 혹은 추상적 공간으로 구분된다. 시간은 4차원적인 물리적 시공간에서 발생하는 변화를 설명하는 요소이다. 물질은 질량을 가지고 물리적 공간을 차지하며 질량과 에너지는 같은 것으로 여긴다. 정보는 주어진 상황에서 전달되는 신호, 상징, 메시지를 의미한다. 이러한 관점에서 보았을 때 생물체계는 공간 속에 존재하며 정보에 의해 조직된 물질과 에너지로 구성된다는 것이다.[10] 그의 이론은 사회체계와 생물체계가 어떻게 연계되는지를 보여줌으로써 사회체계이론의 발전에 크게 공헌하였다. 그러나 그의 이론은 주관적, 심리적 현상에 대한 분석을 간과하였다는 평가를 받고 있다. 후술하는 바와 같이 밀러와는 달리 미원은 인간의 '의식적 지도성'을 체계의 중요한 요소로 보았다.

미국의 이론 생물학자 카우프만은 진화론적 관점에서 생물학적 체계와 유기체를 연구하였다. 그는 다윈의 자연선택이론을 수용하면서 진화론자들이 간과했던 체계의 자기 조직성을 이해하려고 하였다. 그는 자연선택과 자기조직의 특성이 진화론적으로 결합되며 일정한 법칙의 지배를 받는다고 보았다. 그는 질서와 혼돈의 경계에 있는 복잡계는 자연선택을 통해 발생하고 유지된다고 설명하였다. 여기에서 '복잡'은 체계를 구성하는 부분들 간의 긴밀한 상호작용의 결과로 나타난 질서 있는 현상을 의미한다. 반면 '혼돈'은 요동치는 상태로서 원인과 결과로 설명되지 않고 예측 불가능한 현상을 의미한다.

위와 같은 일반체계이론은 루만(Niklas Luhmann: 1927~1998), 버클리(Walter F. Buckley: 1921~2006) 등의 사회체계이론에 영향을 끼쳤다. 독일의 사회학자 루만은 사회체계를 의사소통 체계로 규정하였다. 그는 체계의 외부와 내부를 구분 짓는 경계가 있다고 보았다. 체계의 외부는 무한히 복잡하고 혼란스러운 환경이며 내부는 외부로부터 유입된 정보가 제한적으로 선택되고 소통되는 영역이다. 외부로부터 오는 정보를 선택하고 소통하는 기준은 '의미'(meaning)이다. 이것은 의미 있는 정보만 선택된다는 뜻이다. 따라서 사회체계나 심리체계 모두 의미를 전달하기 위해 소통함으로써 작동한다. 그리고 각 체계는 소통을 통하여 끊임없이 재생산된 의미를 바탕으로 고유의 정체성을 갖게 된다. 만일 체계가 정체성을 상실하게 되면 혼돈의 환경 상태가 된다.

루만은 이와 같은 재생산의 과정을 '오토포이에시스'(autopoiesis), 즉 '자기 창조'라 불렀다.[11] 루만의 '오토포이에시스'는 미원의 '주리생성'과 일맥상통한다. 이에 대해서는 후술하도록 하겠다. 그는 파슨스와 달리 사회체계를 '작용상 고립된'(operationally closed) 체계로 보았다. 이것은 사회체계가 외부 환경에서 오는 정보를 사용하기는 하나 그 정보가 체계를 작동시키는 것이 아니라는 뜻이다. 사회체계에서는 인간의 행위보다 소통이 중요하다. 인간의 소통행위는 사회에 의해 구성되며 사회는 인간의 소통행위로 구성된다. 이것은 인간과 사회는 구조적으로 연결(structural coupling)되어 있다는 뜻이다.[12]

미국의 사회학자 버클리는 평형(equilibrium) 개념을 복잡계에 적용하여 '복잡 적응계'(complex adaptive system) 이론 정립에 선구적 역할을 하였다. 평형 모델은 일찍이 이탈리아의 경제학자 파레토(Vilfredo Pareto: 1848~1923)에 의해 이론화되었다. 평형 모델은 사회체계 내의 주요 변수에서 어떤 변화가 발생하더라도 자동으로 본래의 상태로 돌아가려는 경향을 설명한다.[13] 평형 체계는 변화를 일으키는 과정 (morphogenesis)과 안정을 유지하는 과정(morphostasis) 사이의 상호작용 으로 결정된다. 버클리는 사회 혹은 사회문화체계를 기계론적 평형 혹은 생리학적 항상(恒常, homeostatic) 체계가 아니라 복잡 적응계라고 보았다. 복잡 적응계는 피드백 과정을 통해 체계의 생존 혹은 존속 을 위해 환경의 변화에 적응하면서 변화하는 체계를 뜻한다. 따라 서 복잡 적응계는 고립된 체계가 아닌 에너지와 정보가 교환되는 열린 체계이다. 이러한 관점에서 버클리는 복잡 적응계로서 사회문 화체계를 이해하기 위한 이론을 제시하였다. 그는 사회적 긴장 혹 은 갈등을 사회체계를 유지하기 위한 필요조건으로 보았으며, 사회 체계를 지속하기 위해서는 구조화(structuring), 비구조화 (destructuring), 재구조화(restructuring) 등의 구조적 변화가 필요하다고 보았다.

미원은 그의 초기 저술에서 위에서 언급한 학자들을 일일이 거론 하지는 않았다. 그러나 그의 기본적 관점은 일반체계이론에 바탕을 두고 있음을 알 수 있다. 그는 체계 내에서 일어나는 생성 메커니즘 을 주목하였다. 이에 대해서는 '주리생성론'과 '전승화론'에서 후술하 기로 하겠다. 그는 개인과 사회를 유기적 체계로 파악하고 개인과 사회의 발전이 상호 밀접히 연관되어 있다고 본 것이다. 그리고 개 인과 사회의 발전을 위해서 자유가 필수적이라고 생각했다.

미원은 이러한 이론적 논의를 바탕으로 민주주의 정치를 설명했 다. 미원이 보기에 민주주의란 자유와 평등의 가치가 양립하여 공 존 공영하는 정치체제이다. 미원은 이것을 '제3의 민주주의' 혹은 '보편적 민주주의'라고 불렀다. 미원은 다음과 같이 설명하였다.

"자유와 평등 어느 하나만을 추구하는 혁명은 실패할 수밖에 없다. 그러므로 앞으로의 혁명은 공영을 위한 진정한 민주혁명으로 나아가지 않으면 안 된다. 공영은 자유와 평등을 기반으로 하되 우리 모두 함께 번영할 수 있는 민주주의를 추구하고 실천하는 것을 의미한다."[14]

미원이 보기에 인류의 역사에 존재해 왔던 민주주의는 불완전한 것이었다. 프랑스 대혁명도, 볼셰비키 혁명도 모두 반쪽 민주주의라고 보았다. 따라서 완전한 민주주의를 위해 제3의 민주혁명이 필요하다고 주장하였다. 미원이 1940년대에 이러한 주장을 했다는 것은 매우 놀랍다. 미원이 『민주주의 자유론』을 집필했던 1948년은 한반도가 외세에 의해 남북으로 분단된 시기였다. 자유와 평등이라는 기본 가치가 정치세력에 의해 극렬하게 충돌하고 있었던 시기였다. 이러한 이유로 미원은 진정한 민주주의가 무엇인가를 깊이 고민하였다. 미원은 자신의 경험으로부터 자유와 민주주의의 본질을 파악하고 대안인 제3의 민주혁명을 제시했다. 미원은 불과 3년 후인 1951년에 『문화세계의 창조』를 저술하면서 그의 생각을 구체적으로 발전시켰다. 제3의 민주혁명에 대한 관점은 그의 전 생애를 통해서 변함없이 지속되었다.

인간에게 자유의지가 있는가?

　인간의 행동과 삶은 자유의지에 의해 결정되는가? 이 질문은 오랫동안 철학자들이 논쟁해 왔던 주제이다. 그러나 여전히 명확한 결론에 도달하지 못한 상태에 있다. 인간에게 자유의지가 있다면 우리는 모든 선택을 자신의 결정에 따라 할 수 있다. 자신의 선택은 자신의 운명을 결정지을 것이다. 우리는 어떤 선택을 한 사람에게 그것이 자신의 자유의지에 의한 것인가 묻는다. 사람들은 대부분 그것이 자신의 선택이었다고 자신 있게 대답한다. 사람들은 대부분 자신의 자유의지에 의해 어떤 선택을 하였다고 생각한다.

　그러면 과연 인간에게 자유의지가 있는 것일까? 자유의지란 자연의 인과 필연에 의해서가 아니라 인간이 자발적으로 행동하는 능력을 뜻한다. 우리는 이러한 능력을 선택의 자유 또는 의지 결정의 자유라고 생각한다.

　네덜란드의 철학자 스피노자(Baruch de Spinoza: 1632~1677)는 인간이 자유의지를 가지고 있다고 생각하는 것은 인간 행위의 참된 원인을 모르기 때문이라고 하였다. 그는 인간의 의지나 행위는 모두 인과적 필연에 의해 결정된다고 보았다. 독일의 철학자 칸트(Immanuel Kant: 1724~1804)는 우리가 인과율이 지배하는 현상만을 이론적으로 검증할 수 있기 때문에 자유의지의 존재는 이론적으로 증명할 수 없다고 보았다. 따라서 그는 자연법칙이 적용되는 현상과 인간의 자유의지가 적용되는 현상을 구별하였다. 영국의 철학자 흄(David Hume: 1711~1776)은 우리의 행동은 사전에 결정되어 있거나 무작위로 발생한다고 보았다. 그렇기 때문에 우리가 할 수 있는 일은 아무것도 없다고 보았다. 이렇듯 일부 철학자들은 인간에게 자유의지가 없다고 주장한다.

위에서 보듯 인간에게 자유의지가 없다는 주장은 어느 정도 일리가 있다. 우리의 선택은 이미 가지고 있는 기질적 선호(preference)의 영향을 받는다. 사람마다 기질적 선호가 다르기에 원하는 것이 다르다. 예를 들면 어떤 사람은 돈을 선호하고, 또 어떤 사람은 권력을 선호한다. 이렇게 서로 다른 선호에 따라 다른 선택을 하게 되고 다른 인생을 살게 된다. 선호는 보통 선천적 요인과 후천적 요인에 의해 결정된다. 선천적 요인은 부모로부터 물려받은 유전자다. 후천적 요인은 태어난 후 주어지는 모든 환경적 요인이다. 선천적 요인과 후천적 요인이 복합적으로 작용하여 한 사람의 인격이 형성된다. 어떤 사람이 자유의지로 어떤 선택을 하기 전에 이미 그 사람의 선호는 결정된다. 그 선호는 그 사람의 자유의지에 의해 형성된 것이 아니다.

우리의 선택은 또한 과거로부터 일어난 사건의 연속 선상에서 이루어진다. 그 선택은 미래에 발생할 결과에 대한 기대를 반영한다. 따라서 현재 우리가 하는 선택은 과거에 일어난 사건의 필연적 결과이며 아직 결정되지 않은 미래에 대한 기대가 반영된 것이다.

한편 우리는 종종 "나는 선택의 여지가 없었다"라고 말한다. 이러한 경우는 필연인가? 우리는 또 "내 지내온 인생을 돌이켜보니 나의 의지대로 살아온 것이 아니라 무언가 보이지 않는 섭리가 있는 것 같다"라고 말한다. 그렇다면 우리의 인생은 숙명인가? 나의 자유의지와 관계없이 우리의 인생은 이미 결정된 것인가? 우리의 인생이 이미 결정된 것이라면 자유의지가 개입할 수 있는 여지는 전혀 없게 된다. 이런 이유로 우리는 숙명론을 거부한다.

그렇다고 숙명론을 미신처럼 치부하기에도 한계가 있다. 예컨대 용을 태몽으로 꾸고 태어난 사람이 있다. 용은 큰 성공을 상징한다. 태몽이 현실로 나타난 사례는 얼마든지 있다. 그렇다면 이 사람의 운명은 이미 태어나기 전부터 결정되었다고 추론할 수 있다. 예지몽도 마찬가지이다. 꿈에서 예고한 일이 현실로 나타나는 경우도 얼마든지 있다. 그리고 예언이 현실로 성취된 수많은 사례가 있다. 이러한 사례는 미래가 이미 정해져 있다는 해석을 가능하게 한다. 아니면 미래에 일어날 사건의 정보가 미래에서 현재로 전달되었다는 것을 뜻한다.

이렇듯이 인간의 자유의지 문제는 그리 간단하게 설명되지 않는다. 미원도 이러한 문제들에 대해 고민을 하였을 것이다. 도대체 운명이란 무엇인가? 인간은 자유의지로 운명을 개척할 수 있는 것인가? 아니면 이미 결정된 것인가? 미원은 이러한 질문에 대한 해답을 구하기 위해 먼저 '의지 자유론'과 '의지 필연론'으로 나누어 설명한다.

의지 자유론은 인간이 감정이나 충동에 따라 마음대로 행동하는 것을 의지라고 본다. 의지 자유론에 의하면 인간의 의지와 활동은 어떤 근거나 법칙에 따르는 것이 아니라 오로지 인간의 욕구를 충족하기 위한 결과다. 공리주의는 의지 자유론의 관점을 취한다. 영국의 철학자 밀이나 벤덤과 같은 공리주의자들은 인간은 고통을 피하고 쾌락을 추구하기 위해 행동할 뿐이라고 설명한다. 밀은 벤덤과 달리 인간은 쾌락이 아니라 행복을 추구하는 존재라고 설명한다. 그리고 '최대 다수의 최대 행복'을 추구하는 것이 선(善)이라고 간단명료하게 정리하였다.

반면 의지 필연론은 절대적인 존재가 주재하는 어떤 계획에 따라 인간이 의지를 갖게 된다는 관점이다. 이것은 인간의 의지가 절대자로부터 나왔다는 뜻이다. 따라서 인간에게 자유의지는 없으며 이 세상의 모든 것이 자연법칙의 인과율에 따라 움직이듯이 인간도 마찬가지라는 것이다. 여기서 절대자는 신일 수도 있고 자연의 법칙일 수 있다. 절대자를 신이라고 보는 것은 종교적 관점이다. 기독교에서는 역사의 흐름이 신의 섭리에 따라 이미 정해져 있다고 본다. 절대자를 자연의 법칙이라고 보는 것은 이신론(理神論)이나 동양철학의 관점이다. 동양철학, 예컨대 『주역』에서는 우주 삼라만상을 주관하는 자연의 법칙이 있고, 여기에 순응할 때 인간은 행복해질 수 있다고 본다. '역천자(逆天者) 망(亡), 순천자(順天者) 흥(興)'이 그것이다. 미원은 이 두 관점을 모두 거부한다. 그는 이렇게 말하였다.

"따라서 의지 자유론과 의지 필연론 중 어느 시각도 인간의 자유의지를 명확하게 설명해주지 못한다. 이에 우리는 어느 한쪽에 치우쳐 인간의 의지를 규정하지 않으려 한다. 인간의 의지 활동은 이 두 활동의 긴장이다. 인간의 의지란 어떤 차원에서는 인간 자신의 의식에 의해 유발되고 또 어떤 차원에서는 원인과 결과라는 필연적 구도에 따라 지배받는다. 의지란 인간의 인격적 소행

이자 절대자의 법칙에 의한 행위를 의미한다. 인간의 의지 활동
은 필연적이고 무한한 진리와 유한한 경험 사이에 존재하는 긴장
의 체현이다. 주어진 자연법칙에 따라 살아감과 동시에 자신의
의지를 바탕으로 자유롭게 살아갈 수 있다."[15]

미원은 "인간이 거스를 수 없는 자연의 법칙이 존재한다"라는 사
실을 인정한다. 예컨대 "태어난 인간은 반드시 죽는다"라는 자연의
법칙은 그 누구도 거스를 수 없는 것이다. 그는 이러한 사실을 인정
함과 동시에 인간은 자유의지에 의해 개인의 운명을 결정할 수 있
고 역사를 창조할 수 있다고 본다. 미원은 역사를 '인간이 필연적
법칙에서 벗어나 자신의 의지에 따라 활동한 결과'라고 본다. 그는
역사적 현실을 '과거의 필연과 미래의 가능성이 결합하는 영원한 현
재'라고 파악한다. 이것을 다시 말하면 '우리가 사는 현재는 과거와
미래가 결합한 순간'이라는 것이다.[16]

미원의 역사관은 그리스 철학자 아리스토텔레스(Aristotle: BC
384~322)의 인과론을 수용한 결과로 보인다. 아리스토텔레스는 우
주 삼라만상의 변화를 일으키는 원인을 질료인(質料因, material cause),
형상인(形相因, formal cause), 동력인(動力因, efficient cause), 목적인(目的因, fi-
nal cause)으로 설명하였다. 질료인이란 사물 안에 원인이 내재되어
있고 이 원인에서 어떤 결과가 나오는 것을 뜻한다. 예를 들어 콩
안에 들어있는 유전자가 원인이 되어 '콩을 심으면 콩이 난다'라는
원리다. 형상인은 질료 안에 내재 되어 있는 잠재성이 표현된 모습
이다. 예를 들어 콩 속에는 이미 미래의 콩 모습이 잠재되어 있고

자라나면서 펼쳐진다. 동력인은 사물과 현상의 발생이나 변화를 일으키는 외부적인 요인이다. 예를 들어 콩에 비료를 주면 콩은 더 잘 자라나게 된다. 목적인은 사물이 본래부터 가지고 있는 목적을 뜻한다. 모든 사물은 본래부터 가지고 있는 목적을 향해 변화해 간다는 뜻이다. 이것을 '목적론'(teleology)이라 한다. 예를 들어 콩이 가지고 있는 본래의 목적은 씨앗을 발아하여 열매를 맺고 번식하는 것이다.

아리스토텔레스가 설명한 네 개의 원인을 인간에 적용하면 다음과 같이 설명할 수 있다. 질료인은 한 인간이 가지고 태어나는 유전적 특성과 자질이다. 형상인은 부모의 유전적 형질에 의해 나타나는 외양적 모습이다. 동력인은 한 인간에게 후천적으로 작용하는 외부적 요인이다. 목적인은 한 인간이 지향하는 인생의 목적이다. 이와 같은 네 가지 원인이 복합적으로 작용하여 한 사람의 인생이 결정된다.

역사도 마찬가지다. 민족마다 고유의 특성이 있어서 민족성이 다르다. 생김새도 다르고 그들에게 주어지는 역사, 지리, 문화, 인구 환경이 모두 다르다. 그리고 역사는 그 민족에게 부여된 고유의 사명을 향해 펼쳐진다. 역사는 또한 과거에 발생한 사건의 필연적인 원인과 결과의 고리 속에서 미래의 가능성을 향해 펼쳐진다. 영국의 역사학자 카(Edward Hallett Carr: 1892~1982)는 『역사란 무엇인가?』(1961)에서 "역사는 과거와 현재의 끊임없는 대화다"라고 정의하였다.[17] 미원은 역사를 과거와 미래가 결합하여 끊임없는 현재 속에 전개된다고 해석하였다. 그가 미래를 언급한 것은 아리스토텔레스의 목적론을 수용하였기 때문이다.

미원은 아리스토텔레스의 인과론과 인간의 자유의지를 동시에 인정하는 모순되는 관점을 취한다. 그에 따르면 인간은 모든 생물 중에서 진화의 정점에 서 있는 존재이다. 모든 인간은 동물적 속성을 그대로 가지고 있으면서도 동물과는 다른 특성이 있다. 즉 인간은 자유의지를 가지고 문화를 창조할 수 있는 능력을 부여받은 존재인 것이다. 따라서 인간은 인과율의 지배를 받으면서도 자유로운 선택이 허용된 이중적 존재라는 것이다.

인간의 자유의지는 유전자와 행동의 상호영향 그리고 다양한 신경망과 외부 정보들과의 피드백 작용을 모두 합친 결과물이다. 고도로 진화한 인간은 자신을 관찰하고 사고하면서 정사선악(正邪善惡)을 구분하는 판단력을 갖게 되고 스스로 선택을 할 수 있는 자율성을 갖게 되었다.[18] 미원은 이러한 관점에서 선과 악, 이기주의와 이타주의가 인간의 본성 내에 동시에 이중적으로 존재하는 것으로 파악하였다. 그는 무엇을 선택할 것인가는 인간의 자유의지 영역에 속한다고 보았다.[19]

미원의 관점을 한마디로 정리하면 인간은 '숙명 속에서 자유로운 활동을 허용받은 존재'이다.[20] 그는 인간의 의지에 주관적 영역(자유의지)과 객관적 영역(필연)이 모두 있다고 생각하였다. 이것은 모든 것이 자연 섭리에 따라 결정된다는 동양 철학적 관점이나 모든 것이 신의 섭리에 따라 결정된다거나 신이 인간에게 자유의지를 부여하였다는 기독교 신학적 관점과는 다른 것이다. 미원은 깊은 철학적 성찰을 통해 인간의 본질을 파악하였다. 미원은 이러한 관점을 가지고 있었기 때문에 미원은 자신에게 닥친 수많은 역경에 굴하지 않고 맞서 싸웠다. 그는 운명을 창조할 수 있다고 믿었다.

운명이란 무엇인가?

미원은 인간의 자유의지에 대해 성찰하면서 인간이 어찌할 수 없는 필연적 상황에 직면하게 되는 경우가 있다는 사실을 알게 되었다. 그는 『문화세계의 창조』(1951)에서 운명에 대해서 깊이 고찰하였다. 이것은 그가 역사의 거대한 소용돌이 속에서 자신의 운명이 자유의지와 관계없이 결정되고 있음을 깨달았기 때문이다. 그는 우연한 사건이 발생하여 자신의 인생의 경로가 바뀌는 경험을 하였다. 그는 또한 아무리 치밀한 계획을 세워서 일을 추진하더라도 예측할 수 없는 우연한 사건이 일어난다는 것을 알았다. 그는 우연도 인간이 다 이해할 수 없는 어떤 원인으로부터 발생하기에 일종의 필연이라고 생각하였다. 그래서 인간의 자유는 제한된 범위 내에서만 가능하다고 보았다.

미원은 인간에게는 두 가지 필연이 주어진다고 보았다. 하나는 부모로부터 선천적으로 부여받은 유전적 필연이고 다른 하나는 태어난 후 후천적으로 부여되는 환경적 필연이다. 우리는 이러한 조건을 자유의지로 선택할 수 없다. 인간은 주어진 필연적 조건 속에 자유로운 선택을 통하여 자신의 운명을 만들어간다.

인간의 운명을 결정하는 것이 유전인가, 환경인가 아니면 자유의

지인가? 이 문제는 수많은 연구의 대상이 되었다. 자유의지는 개인의 기질적 특성이다. 사람마다 자유의지의 정도가 다르다. 의지력이 강한 사람은 스스로 선택하기를 원하고 모든 역경을 이기고 성취를 이룬다. 반면 의지력이 약한 사람은 스스로 선택하기를 주저하고 수동적으로 행동한다. 개인의 기질적 특성은 유전적 요인과 환경적 요인에 의해 결정된다. 미원은 일상생활에서 의지에 의한 선택이 인생의 방향과 운명을 결정한다고 보았다.

미원은 선택의 주체인 '나'와 선택의 객체인 '환경' 사이에 끊임없는 상호작용이 일어난다고 보았다. 선택의 주체인 나는 주어진 환경을 바꾸기도 하고, 선택의 객체인 환경은 주체인 나에게 영향을 미치기도 한다. 우리의 자유로운 선택은 주어진 환경적 조건에 의해 제약을 받기도 하고 주어진 환경 자체를 변화시킬 수도 있다는 것이다.

이 문제가 바로 1960년~70년대 사회과학 분야에서 치열하게 벌어졌던 '행위'(agency)와 '구조'(structure) 이론 논쟁이다. 영국의 철학자이자 사회학자인 기든스(Anthony Giddens: 1938~)는 사회구조와 행위가 분리될 수 없으며, 사회구조와 행위는 '사회적 관행'(social practices)에 의해 연결된다고 보았다. 사회구조는 사회적 관행을 재생산함과 동시에 사회적 관행의 결과라는 것이다. 사회구조는 개인 행위를 제약(constraining)하는 동시에 가능(enabling)하게 하는 '이중성'(duality)을 가진다. 그는 자신의 이론을 '구조화 이론'(theory of structuration)이라 불렀다.[21] 미원은 이미 1950년대 초에 사회과학의 가장 핵심적인 논쟁점을 파악하고 있었다. 그는 개인의 의식적 행위가 주어진 환경이나 사회구조에 의해 제약을 받지만 주어진 환경이나 사회구조를 변화시킨다고 생각하였다.

미원은 또한 인간의 선택을 시간적 관점에서 고찰했다. 그는 현재의 관점에서 과거에 일어난 사건은 필연이고 미래는 아직 결정되지 않았다고 보았다. 따라서 현재의 어떤 선택도 과거 사건의 연속성 상에 있기 때문에 과거에 의해 영향을 받지 않는 완전히 자유로운 선택은 없다는 것이다. 이러한 관점이 바로 '경로 의존성'(經路 依存性, path dependence)이다. 경로 의존성이란 과거에 우연히 혹은 의도적으로 선택된 한 경로는 관성을 갖게 되어 이미 결정된 경로를 따라가게 된다는 이론이다. 경로 의존성에 대한 이론적 논의는 1980년 ~90년대에 미국의 경제학자인 데이비드(Paul A. David: 1935~)와 아서(W. Brian Arthur: 1945~)의 선구적 연구에서 시작되었다.[22] 이들은 모두 경로 의존성이라는 용어를 기술의 고착화 효과를 설명하기 위해 사용하였다. 데이비드는 컴퓨터 자판의 배열을 실례로 들었다. 그의 연구에 따르면 초기 컴퓨터가 개발될 당시 전통적으로 사용되어온 타자기의 QWERTY 자판 배열이 우연히 선택되었는데 사용자가 이것에 익숙해짐에 따라 후에 개발된 DSK(Dvorak Simplified Keyboard) 자판 배열이 더 효과적임에도 불구하고 선택하지 못하게 된다는 것이다. 현재 경로 의존성이라는 개념은 기술뿐만 아니라 사회과학에서 다양하게 적용되고 있다.

미원은 다음과 같이 생각하였다. 어떤 사건이 발생하기 위해서는 반드시 그 사건의 원인이 있고, 이 사건은 또 다른 사건의 원인이 된다. 따라서 현재라고 하는 것은 과거 어떤 원인에 의해 일어난 사건의 연속선 상에 있다. 어떠한 선택도 과거와 무관하지 않다. 우리가 자유의지에 의한 선택이라고 하는 것도 어떤 의미에서는 과거에 의존한 선택인 셈이다. 미원은 자유라고 하는 것은 현재에 있지 않으며 미래에 있다고 말한다. 미래는 아직 오지 않은 것이기에 존재하는 것은 오직 현재뿐이라는 것이다. 미원은 이러한 성찰을 통해서 다음과 같이 결론을 내렸다.

> "운명은 이렇게 과거의 필연과 현재 환경의 영향에 입각하여 그 힘에 편승한 인간으로서 다소 방향을 돌릴 수 있는 자유를 인정하는 것인바 이것이 즉 운명의 종적 관찰인 것이다."[23]

미원은 인간에게 거역할 수 없는 필연이 있음을 인식하였다. 그러나 인간은 필연의 인과고리에서 자유의지를 통해 운명을 바꿀 수 있다고 믿었다. 마치 운전하는 사람이 운전대의 방향을 어디로 트느냐에 따라 종착점이 달라지듯이 우리 운명의 방향도 이와 같다고 생각하였다. 미원은 경로의존적인 운명을 거부하고 스스로 인생의 경로를 창조하고자 했다.

인간이란 무엇인가?

'인간이란 무엇인가?'는 미원이 평생에 걸쳐 사색한 주제였다. 이 주제는 역사 이래로 수많은 논쟁이 일어났을 만큼 간단하지 않다.

인간은 철학, 신학, 사회과학, 과학의 핵심 주제이다. 모든 학문은 결국 인간의 문제로 귀착된다. 그만큼 답하기 쉽지 않다. 미원은 자신의 철학을 정립하기 위해 인간이란 무엇인가 정의를 내려야 했다.

미원은 역사 이래로 존재하는 인간에 대한 다양한 관점을 살펴보았다. 첫째는 인간은 자연의 한 부분으로서 최고도로 진화된 유기체에 불과하다는 관점이다. 둘째는 인간이 정신을 가진 자율적인 존재로서 문화가치를 창조하는 자연의 지배자라는 관점이다. 셋째는 인간이 신의 형상을 따라 신에 의해 창조된 피조물이라는 관점이다. 세 관점 중 미원의 인간관은 두 번째 관점에 가깝다. 미원은 다음과 같이 말하였다.

> "인간은 신도 아니고 동물도 아니며 '파스칼'과 같은 그의 중간적 존재도 아닌 것이다. 인간은 인간으로서 독자성을 가지고 있으며 그 자체로 완성되는 것이며 문화와 가치의 창조자로서 개성을 소유하고 있는 것이다. 인간은 동물과 같이 감정적 동물적 생활을 하려 하지 않고 또 신과 같이 이성을 가지고 절대 생활을 하려고도 하지 않는다."[24]

미원은 위에서 인간의 독자성을 강조하고 있다. 그는 인간이란 '환경으로부터 자극을 받아서 그것에 반응하는 것이 인간이요 자극과 반응의 연속적 성립으로 생활을 영위하는 것이 인간'이라고 보았다.[25] 이것으로 보아 미원은 미국의 행동주의 심리학자 스키너(Burrhus Frederic Skinner: 1904~1990)의 이론을 수용한 것으로 보인다. 그는 또한 인간은 배워야 비로소 알 수 있는 존재이며 과거의 경험을 통해 자신의 의사를 결정하는 존재라고 파악하였다. 이것은 미국의 경험론자이자 실용주의자인 듀이(John Dewey: 1859~1952)의 이론을 수용한 결과이다. 그리고 미원은 인간이 선험적(先驗的) 이성을 가지고 있다는 칸트의 이론을 반박하였다. 그는 인간이 선험적 이성을 가지고 있는 것이 아니라 고도로 진화된 지성을 가지고 있다고 보았다.[26] 미원은 인간을 철학적, 종교적 관점에서 본 것이 아니라 과학적, 심리적, 경험적 관점에서 파악하였다. 그는 다분히 현실주의적 인간관을 가지고 있었다.

미원의 인간관을 자세히 이해하기 위해서 우리는 인간의 본성에 대해 자세히 살펴볼 필요가 있다. 인류의 역사는 인간이 선과 악, 협동과 배반, 이기주의와 이타주의를 동시에 보여주는 이율배반적 존재임을 보여준다. 역사적 상황 속에서 인간의 이중적 본성이 어떻게 나타났는가에 따라 전쟁과 평화의 인류 역사가 결정되었다. 이에 따라 문화가 창조되기도 하고 파괴되기도 하였다. 그러면 과연 인간의 본성은 무엇인가? 우리는 먼저 오래전부터 논의되어 온 동서양의 인간 본성 논쟁을 살펴볼 필요가 있다.

인간 본성의 이중성을 인식하였던 맹자(孟子)는 인간의 모든 행위가 도덕적 본성인 인의예지(仁義禮智)의 성(性) 아니면 자연적 본성인 이목구비(耳目口鼻)의 성의 작용으로 보았다. 그는 "우리 도덕적 인격의 길을 걷는 사람들은 자연적 본성을 나의 본성이라고 말하지 말자(君子不謂性也)"라고 함으로써 전적으로 도덕적 본성을 중심으로 그의 이론을 펼쳤다. 맹자는 누구나 사실로서 확인할 수 있는 선한 마음이 모든 인간에게 선천적으로 부여되어 있다고 보았다. 인의예지의 본성이 구체적 상황에 따라 나타나는 것이라고 설명함으로써 성선설을 증명하고자 하였다. 맹자에 따르면 인간에게는 누구에게나 선천적으로 측은지심(惻隱之心)이 있다는 것이다.[27]

그러나 이러한 측은지심을 근거로 인간의 본성이 본래 착하다고 결론 내릴 수 있는가 하는 의문이 생긴다. 측은지심이 자연발생적이라면 누구든지 같은 현상에 대해 같은 측은지심을 보이는 것이 논리적으로 타당하다. 그러나 전혀 문명의 혜택을 받지 못한 야만인이나 혹은 지각능력을 충분히 갖추지 못한 어린아이가 같은 측은지심을 보일 것이라고 기대하는 것은 설득력이 미약하다.[28]

요컨대 맹자는 본래 공자(孔子: BC 551~479)의 중심개념이었던 '인'(仁) 사상을 지나치게 강조함으로써 인간의 본성이 본래 착하다는 성선설에 도달하게 되었다. 인간의 착한 본성에 입각한 도덕의식이 '예'(禮), 즉 모든 사회질서 관념 및 제도를 만든 근원이 된다는 논리로 발전되었다.[29]

맹자와 달리 순자(荀子)는 "인간의 본성이 본래 악하다"라고 주장하였다. 순자는 이목구비지성 등의 자연적 본성만을 인간의 '성(性)'으로 규정한다. 즉 "배고프면 배불리 먹으려 하고, 추우면 따뜻한 곳을 찾고, 피곤하면 휴식을 취하려 한다".[30] "이익을 좋아하고 손해를 싫어한다."[31] "우리의 눈은 아름다운 것을 좋아하고, 귀는 듣기 좋은 소리를 좋아하며, 입은 맛있는 것을 좋아하며, 마음은 이로운 것을 좋아하며, 육신은 편안한 것을 좋아한다."[32] 이처럼 "사람은 나면서부터 욕망을 가지나니, 의욕(意慾)하여 부득(不得)하면 추구하지 않을 수 없다. 추구함에 도량분계(度量分界)가 없으면 투쟁하지 않을 수 없다. 투쟁하면 혼란하며, 혼란하면 빈궁해진다"라고 말하였다.[33] 이렇게 볼 때 순자는 인간이 어떤 행위가 옳고 틀리는지에 대한 도덕적 능력을 선천적으로 가지고 태어난다고 보았다. 그는 인간의 자연적 본성을 억누름으로써 도덕적 능력을 키울 수 있다고 보았다. 순자는 인간의 자연적 본성을 억누르는 도구로 '예의'(禮義)와 '법도'(法度)를, 더 나아가 정치적 수단으로서 '세'(勢)와 '형벌'(刑罰)을 강조하였다.[34]

순자는 성악설을 설명하면서 인간의 생물적 본성을 중심으로 이론을 전개하였다. 그러나 순자의 성악설은 존재론과 가치론을 혼동하고 있는 측면이 있다. 즉 인간이 생물적 본성을 따르게 되면 자신의 욕망을 채우는 방향으로 행동하게 된다고 본다. 이것은 곧 악의 발생으로 이어지게 되므로 인간의 본성은 악하다고 결론짓는다. 그러나 오직 한 개체만이 존재하는 경우 생물적 본성의 추구가 악의 발생으로 이어지지 않으며 도덕적 가치와도 무관하게 된다. 오직 둘 이상의 개체가 존재할 때 생물적 본성의 추구는 충돌을 일으키게 되고 상호 간의 공존을 위해 합의가 이루어지게 된다. 이 경우 강자에게 유리한 방향으로 합의가 이루어지게 되고 이 합의를 잘 지키는 현상을 선이라 하고 그 반대를 악이라 여김으로써 도덕적 가치가 탄생하게 된다.[35] 위와 같이 볼 때 맹자의 성선설과 순자의 성악설은 인간의 이중성을 인정하면서도 인간 본성의 한 측면만을 이론 전개의 출발점으로 삼고 있음을 알 수 있다.

한편 맹자의 성선설과 순자의 성악설과는 달리 인간 본성의 이중성을 인정한 대표적인 학자로는 고자(告子)가 있다. 고자는 인간의 본성이 흐르는 물과 같아서 선과 악의 구분이 없다고 보았다.[36]

서양철학에서 프랑스의 철학자 루소(Jean-Jacques Rousseau: 1712~1778)는 맹자와 마찬가지로 『에밀』에서 인간의 본성은 본래 선한 것인데 문명과 사회 제도의 영향을 받아 선한 본성을 잃고 악하게 되었다고 생각하였다. 그는 "자연이 만든 모든 사물은 선하지만 일단 인위(人爲)를 거치면 악으로 변한다"라고 하였다.[37]

영국의 철학자 홉스(Thomas Hobbes: 1588~1679)는 순자와 마찬가지로 인간의 본성이 기본적으로 이기적, 경쟁적, 공격적이라고 보았다. 그는 자연상태의 무질서를 벗어나기 위해 사회계약에 따라 절대주권을 가진 국가(Leviathan)를 만들어야 한다고 주장하였다.

영국의 철학자인 로크(John Locke)와 흄(David Hume)과 같은 경험론자들은 인간의 본성이 태어날 때 텅 비어있는 백지(tabula rasa)와 같다고 보았다. 인간의 본성은 나면서 주어진 것이 아니라 바뀐다고 보았다. 이러한 입장은 행동주의라 불리는 심리학파에 의해 계승된다. 미국의 행동주의 심리학자 왓슨(John Broadus Watson: 1878~1958)과 스키너(Burrhus Frederic Skinner: 1904~1990)에 따르면 인간은 유전적으로 생리적 반사작용을 하지만 이 경우를 제외하고 환경의 영향을 받는다고 보았다. 프랑스의 실존주의 철학자인 사르트르(Jean-Paul Sartre: 1905~1980)도 인간의 본성을 자유로 파악한다. 그에 따르면 인간에게 마땅히 무엇을 하여야 한다는 것은 존재하지 않고 오직 무한한 자유만 주어져 있다는 것이다. 인간성은 각 개인의 자유로운 선택에 따라 끊임없이 창출되는 것이며 그때마다 다시 정의되어야 한다고 보았다.

경험론의 창시자 로크는 인간에게 천부적으로 주어진 '본유관념'이 존재하는 것이 아니고 모든 관념은 후천적인 경험을 통해 형성된다고 주장하였다. 이것은 근대 서양철학을 수립한 프랑스의 철학자이자 수학자인 데카르트(René Descarte: 1596~1650)의 이론에 대한 반박이었다. 데카르트는 인간에게 타고난 본유관념이 있어서 대상을 인식할 수 있다고 보았다. 예컨대 1+1=2이라는 지식은 모두가 옳다고 생각하는 지식이라는 것이다. 모든 사람이 동의하는 지식은 경험으로 얻게 되는 지식이 아니라는 것이다. 그러나 로크는 이러한 지식조차도 경험이 없으면 알 수 없다고 보았다. 따라서 인간의 마음은 문자 그대로 태어날 때 백지와 같이 아무런 관념도 없다는 것이다.

미원은 인간의 본성에 대해 자세히 논하지는 않았다. 그러나 그는 성선설이냐 성악설이냐 하는 이분법적 구분을 인정하지 않았다. 그가 경험론적 인간관을 취하고 있는 것으로 보아 인간 본성의 백지설을 지지하는 것으로 보인다. 인간은 정신과 육체를 가지고 있는 존재이기 때문에 선과 악을 동시에 추구하는 이중성이 있다고 본 것이다. 따라서 인간에게는 도덕관념이 필요하다고 보았다.

인간의 본성과 관련된 또 다른 논쟁이 이기주의와 이타주의에 관한 것이다. 인간의 본성이 본래 선하다고 보는 맹자의 성선설에서는 인간을 이타주의적 존재라 본다. 반면 악하다고 보는 순자의 성악설이나 홉스의 관점에서는 인간은 이기적인 존재다. 미원의 사상에서 이 논의는 매우 중요하다. 인간의 이타성을 전제하지 않고는 선·의, 협동, 봉사 정신에 입각한 문화세계의 창조는 가능하지 않기 때문이다.

우리는 먼저 이기주의와 이타주의를 명확히 이해할 필요가 있다. 이기주의적 관점에서는 인간들이 가진 유일하고 궁극적인 목표는 자기 지향이다. 인간들은 자기 자신의 이익을 추구할 뿐 그 외의 다른 것을 추구하지 않는다고 본다. 만약 누군가가 다른 사람의 이익에 대해서도 고려한다면, 그것은 단지 다른 사람의 이익이 그 자신의 이익에 도움이 된다고 생각하기 때문이다. 반면 이타주의적 관점에서는 인간들은 때때로 다른 사람의 이익에 대해서도 자기 이익을 위한 수단이 아니라 그 자체가 목적이라고 본다.[38]

이기주의와 이타주의에 대한 논쟁은 1960년대와 1970년대 제기된 생물학의 자연선택 이론[39]과 결부되면서 과학적 기반을 갖게 된다. 1960년대 미국의 진화생물학자 윌리엄스(George C. Williams: 1926~2010)는 자연선택의 근본적인 단위를 개체가 아니라 유전자라고 주장하였고 1970년대 영국의 진화생물학자 도킨스(Richard Dawkins: 1941~)는 '이기적 유전자'(selfish gene) 이론을 제시하였다.[40] 도킨스에 의하면 유전자가 선택의 핵심이기 때문에 개체는 오히려 이런 유전자들에 의해 지배되는 거대한 자동장치에 불과하다. 이 유전자의 본질적인 특성은 자신을 복제하는 것일 뿐 다른 일에는 전혀 관심이 없다. 이기적 유전자 이론에 의하면 사람들이 자신의 자식을 위해서 애쓰는 행위도 이타적인 행위가 아니라 본질상 이기적인 행위다. 이타적인 행위도 유전자가 자신의 복제 유전자를 존속시키려는 행위에 불과하기 때문이다. 이와 같은 이기적 유전자 이론이 인간의 모든 행위에 적용되었을 때 소위 '생물학적 결정론'으로 귀결된다. 이것은 인간의 모든 행위가 유전자라는 생물학적 요인에 의해 결정된다는 뜻이다.

이기적 유전자 이론에 반론을 제기한 것이 집단선택이론이다. 이 이론은 자연선택이 개체의 차원에서뿐만 아니라 집단적 차원에서도 일어난다고 주장하며 이타주의도 진화의 산물로 나타난다고 본다.[41] 즉 경쟁하는 두 집단이 있을 때 이기적 집단보다는 이타적 집단의 생존 능력이 더 있기에 이타주의자들이 전체적으로 더 생존경쟁에서 살아남는다고 보는 것이다.

미국의 생물학자 윌슨(Edward O. Wilson: 1929~2021)은 집단선택의 결과로 나타나는 이타성을 크게 두 가지로 구분하였다.[42] 하나는 혈연 이타성(kin altruism)으로 불리는 것으로 부모의 자식 사랑과 같이 대가를 바라지 않는 이타성이다. 혈연 이타성은 전통적인 진화·유전의 법칙으로는 설명이 되지 않는다. 즉 스스로 손해를 보면서 혈연을 돕는 행위는 생존 가능성을 낮추는 것을 뜻한다. 문제는 이러한 이타적 행위가 생존에 불리한데도 어떻게 대를 이어 계속 나타나는가 하는 것이다.

이 문제에 대한 이론적 돌파구가 1963년에 영국의 진화생물학자 해밀턴(William D. Hamilton: 1936~2000)의 친족선택(kin selection)이론에 의해 이루어졌다.[43] 친족선택이론은 유전자를 공유하는 개체들 사이에 발생하는 이타적 행위를 유전자의 관점에서 설명하는 이론이다. 해밀턴에 의하면 유전자의 생존 가능성은 외부 환경에 적용하는 능력에 의해 결정된다. 그것은 때로 개체의 희생을 감수함으로써 가능하기에 개체의 '이타적' 행위는 유전자의 '이기적' 행위와 양립한다는 것이다. 따라서 친족 간에 나타나는 이타적 행위는 자신의 유전자를 확산시키기 위한 진화전략이라는 것이다.

다른 하나는 혈연관계가 먼 남에 대한 이타적 행동이다. 이것은 1971년에 미국의 사회생물학자 트리버스(Robert L. Trivers: 1943~)의 호혜적 이타성 이론에 의해 설명되었다.[44] 그에 따르면 서로 다른 종들에 속하는 개체 사이에서도 이타주의가 생겨날 수 있다. 예를 들면 물에 빠진 사람을 구하려고 뛰어든 구조자가 빠진 자와 함께 살아남을 확률은 모두 죽을 확률보다 크다. 그리고 구조된 사람이 구조한 사람을 다음 기회에 도울 확률 역시 크기 때문에 결국 양자에게 모두 이익이 된다. 한 개체의 이타적 행위는 상대방에게 이익을 주어 자신의 생존 가능성을 높이면서 동시에 자신의 미래 이익까지 보장받게 된다는 것을 뜻한다. 이러한 상호수혜 현상은 이종 간 협동행위가 왜 발생하는지를 설명한다.[45] 즉 협동이라는 이타적 성향의 이면에는 항상 보상에 대한 심리가 잠재해 있다고 본다. 그러한 기대가 충족되지 않을 때 분노를 낳게 된다. 즉 사회생물학은 인간의 정의감이 보상에 대한 당연한 심리에서 유래되었다고 주장한다.[46]

그러면 자선냄비에 돈을 투여하거나 헌혈을 하는 행위와 같은 대가를 바라지 않는 진정한 이타성은 어떻게 설명될 수 있는가 하는 문제가 제기된다. 캐나다 과학철학자 루스(Michael Ruse: 1940~)는 이와 같은 행위를 후성적 규칙(後性的 規則, epigenetic rule)이라는 용어를 사용하여 설명했다.[47] 후성적 규칙이란 유전자와 인간의 사고나 행동을 매개하는 규칙이다. 즉 유전자와 환경이 상호작용을 겪는 과정 중에 생체의 해부학적·생리학적·인지적 또는 행동적 특성을 특정 방향으로 발전시키도록 하는 규칙성을 뜻한다.[48] 후성적 규칙은 생물체의 생존 가능성을 높이기 때문에 발생하는 것이다.[49]

루스는 인간의 도덕적 사고도 후성적 규칙에 따른 결과라고 보았다. 예컨대 다른 사람을 아무 이유 없이 살해하는 행위는 도덕적으로 옳다고 생각할 수 없도록 유전자 내에 내재화되어 있다는 것이다. 설령 현재의 도덕성과 상반된 내용을 주입하려 해도 인간은 도덕성에 반하는 관념을 가질 수 없도록 진화되었다는 것이다. 이와 같은 사실을 어느 정도 인정한다 해도 이해관계가 없는 대상에 대한 대가 없는 이타성은 진화상의 이점이 없기에 후성적 규칙으로 설명되기에는 한계가 있다.

그러면 선·의(善·義) 의식을 핵심으로 하는 인간의 보편적 윤리는 어떻게 설명될 수 있을까? 이것은 인류의 집단생활과 깊은 관계가 있다. 원시인류는 집단생활을 하면서 서로 간에 상충하는 욕구를 해결하기 위해서 협력하는 방법을 습득하게 되었다. 이 과정에서 혈연 이타성, 호혜적 이타성 및 집단 이타성을 갖게 되었다. 인류는 언어를 사용하면서 생물학적 인간에서 문화적 인간으로 진화하게 되었다. 인류는 이성의 도움으로 관례적인 도덕규범의 단계를 거쳐 보편적 윤리를 탄생시켰다. 이런 과정으로 인간은 제한적으로 이타성을 갖는 존재로 진화한 것이다.[50]

요컨대 인간의 이타성에 관한 논의는 인간의 도덕적 행태가 외부환경에 적응함으로써 유전자의 생존 가능성을 높이는 진화과정에서 형성되었다고 설명한다. 미원이 주장하였듯이 인간의 본성은 오직 사회적 관계 속에서 이해될 수 있는 상대적 개념인 것이다. 인간은 오랜 진화의 과정에서 온갖 성향을 동시에 타고난 존재이며, 처한 환경에 따라 자신의 생존과 복제를 가능하게 하는 방향으로 행동한다고 보는 것이 타당하다.

인간이 무엇인가에 대한 또 다른 쟁점은 정신과 육체의 관계이다. 인간은 다른 동물과 마찬가지로 육체를 가지고 있으나 동물과 달리 고도로 발전된 정신이 있다. 인간은 정신이 있기에 논리적이고 합리적인 사고를 할 수 있다. 인간은 정교한 언어를 통해 타인과 소통하며 사회를 형성하고 지식을 축적하며 문화와 문명을 발전시킬 수 있다. 문제는 이 정신이 어디에서 발생하는가 하는 것이다. 정신이 육체의 작용으로 나오는가 아니면 육체와 관련 없이 독립적으로 존재하는가 하는 것이다. 정신이 육체로부터 나온다면 육체의 생명이 끝나는 순간 정신도 사라질 것이다. 정신이 독립적으로 존재한다면 육체가 사라지더라도 정신은 남는다. 이 문제는 철학 생물학, 종교의 핵심 주제이다. 미원에게 정신과 물질의 관계는 핵심적 사색의 주제였다.

철학자들과 과학자들은 정신과 물질의 관계를 어떻게 보았을까? 영국의 물리학자 뉴턴(Isaac Newton: 1643~1727)으로부터 시작된 과학혁명은 기계론적 결정론을 확립하였다. 기계론적 결정론은 우주에서 발생하는 모든 운동의 변화는 마치 기계와 같이 한 치의 오차도 없이 일어난다고 본다. 따라서 모든 운동은 수학적으로 계산될 수 있고 예측 가능하다고 본다. 데카르트는 이러한 기계론적 결정론을 받아들여 정신과 물질의 이원론을 주장하였다. 즉 정신과 물질은 분리되어 존재한다는 것이다. 그는 물질계에 정신이 개입할 여지가 없다고 보았다.

정신과 물질의 이원론은 양자역학, 뇌신경과학 등 새로운 과학이론이 발달하면서 도전을 받게 되었다. 이 새로운 과학이론들은 정신(마음)과 물질(육체)이 분리되지 않고 서로 영향을 미친다고 보았다. 이것은 환원주의(還元主義, reductionism) 우주관에서 전일주의(全一主義, holism) 우주관으로의 변화를 뜻한다. 환원주의란 물질을 구성하는 것은 입자이고 입자의 성질을 알면 우주 전체를 이해할 수 있다는 관점이다. 반면 전일주의란 모든 것이 연결되어 있어서 부분과 전체의 상호 관련성을 모두 파악해야 우주를 이해할 수 있다는 관점이다. 미원은 정신과 물질이 분리되지 않고 서로 연결되어 있다고 보았다. 미원은 전일주의 관점에서 인간과 우주를 바라보았다.

인간의 정신과 육체는 서로 영향을 미치면서 한 인격의 근간을 형성한다. 정신과 육체가 상호영향을 미친다는 사실은 이론의 여지가 없다. 정신과 육체는 서로 분리되어 생각될 수 없는 통일적 유기체이기 때문이다. 문제는 후천적 환경의 변화에 적응함에 따라 형성된 인격이 선천적 유전형질에 영향을 미칠 수 있느냐 하는 것이다. 이것이 지난 100여 년간 이어진 본성(nature)과 양육(nurture) 논쟁의 핵심 쟁점이다. 최근의 과학적 연구 성과, 즉 인간 게놈 지도를 완성한 유전자학, 마음을 연구하는 인지과학, 뇌를 탐구하는 신경학, 생물학과 문화를 잇는 진화심리학 등의 성과는 유전과 환경의 복잡한 상호작용이 인간의 행동에 영향을 미친다는 사실을 인정하였다. 그리고 본성과 양육을 이분법적으로 보지 않고 '양육을 통한 본성'(nature via nurture)이라는 새로운 관점을 제시하고 있다. 즉 유전자는 양육에 의존하고 양육은 유전자에 의존한다는 것이다.[51]

미원은『문화세계의 창조』에서 정신과 물질의 문제를 자세히 논하지는 않았다. 그는 다만 과학적 지식을 기반으로 인간을 바라보아야 한다고 강조했다. 그는 정신과 물질을 이원적으로 보지 않았으며, 과학의 토대 위에 정신문화를 구축해야 한다고 주장하였다. 그는 이후 오랫동안 이 문제를 사색하였고 그 결과 후일『오토피아』(1979)에서 정신과 물질이 하나(物心一如)라는 결론에 도달하였다.

위에서 보았듯이 '인간이란 무엇인가?'라는 문제는 간단하게 정리되기 어렵다. 그만큼 복잡한 것이 인간이기 때문이다. 미원도 이것을 잘 알고 있었다. 그는『인류사회의 재건』에서 다음과 같이 말하였다.

> "그토록 많은 학자가 탐구했음에도 '인간이란 무엇인가'라는 기본 문제에 수긍할 만한 답을 얻지 못하는 이유는 무엇인가. 그것은 인성을 이해하기 위해 선천적이냐 후천적이냐, 혹은 악하냐 선하냐 하는 식의 간단한 답을 구하려 했기 때문이다. 인간이란 물질과 정신, 이성과 감성, 주체와 객체의 이원 세계에 사는 고차원적 존재다. 인간의 본질, 본성, 실재는 수학 공리와 같이 계산해 답할 수 없다."[52]

미원은 인간의 본질을 한 가지로만 보는 단편적 시각을 모두 배격하였다. 그는 인간이 '의미를 찾는 존재'이며 통정(統整)된 인격을 가진 존재라고 보았다. 여기서 '통정'이란 통합과 지양(止揚)을 뜻한다. 즉 인간은 물질계와 정신계, 주관과 객관, 형상과 질료, 보이는 것과 보이지 않는 것, 의식과 충동을 모두 통합하고 지양하여 새롭게 탄생한 독립된 존재라는 뜻이다.[53] 이것은 미원이 후술할 주리생성의 관점에서 인간을 바라보았음을 뜻한다. 미원은 또한 인간은 영감이라는 신성(神性)이 깃든 소우주라고 생각하였다. 대우주인 자연 안에 작은 정신이 깃든 우주, 그것이 인간이라고 보았다.[54]

양심과 도덕이란 무엇인가?

독일 철학자 칸트는 자신의 저서 『실천이성비판』(1788)에서 나오는 구절을 자신의 묘비에 다음과 같이 새겼다. "내 평생 외경심에 사로잡혔던 두 가지가 있었다. 하나는 밤하늘에 반짝이는 별, 다른 하나는 내 마음속의 도덕률이다." 사람들은 보통 밤하늘에 반짝이는 수많은 별을 바라보며 많은 생각을 하게 된다. 어떤 사람은 아름답다고 생각한다. 어떤 사람은 신비롭다고 생각한다. 어떤 사람은 외로움을 느낀다고 말한다. 그리고 이내 저 별은 무엇일까 생각한다. 저 별은 왜 늘 자리가 바뀔까 하는 의문을 품는다. 이것이 이성적 사고의 시작이다. 사람은 별을 바라보는 주체인 자신에 대해 생각하게 된다. 그리고 인간에게는 도덕관념이 존재함을 발견하게 된다. 이것이 도덕적 사고의 시작이다. 칸트는 바로 이성과 도덕을 논한 대표적인 철학자였다.

　미원도 이러한 문제를 깊이 사유하였고 칸트의 철학을 깊이 연구하였다. 칸트는 인간이 이성(理性)을 가지고 있는 존재라 보았다. 이것이 칸트철학의 출발점이다. 칸트는 인간의 이성적 사고능력에 대해 오랫동안 사유한 끝에 『순수이성비판』(1781)을 저술했다. 칸트는 이 책에서 '어떻게 선험적 종합판단은 가능한가?'라는 문제를 제기한다. 칸트는 로크와 같은 경험론자들의 주장을 반박하였다. 그는 인간이 선험적 이성을 통해 인식할 수 있는 가능성과 범위, 한계를 논증하였다. 예컨대 인간은 수학을 개념에 따라 선험적 이성을 통하여 인식한다. 인간은 시간과 공간 속에 발생하는 '현상'을 인식할 수 있을 뿐, 인식 주체와 무관하게 존재하는 '사물' 그 자체는 결코 인식할 수 없다. 다시 말해 현상이란 인간이 감각기관을 통해 시간과 공간 속에서 인식한 표상이다. 따라서 인식된 표상은 사물 그 자체가 아니다. 후술하는 것처럼 미원은 이것을 '상'(相)이라 표현하였다.

　칸트는 『도덕형이상학원론』(1785)에서 인간의 도덕관념이 어떻게 발생하는가를 설명한다. 칸트는 인간이 이성을 가지고 있기에 모든 것을 자율적으로 판단할 수 있는 주체가 된다고 보았다. 인간이 이성적으로 판단하여 스스로 결정한 원칙을 따를 때만이 인간은 진정한 자유를 누리게 된다는 것이다. 칸트는 여기서 도덕이라는 관념을 끌어낸다. 인간은 자신이 자율적으로 선택한 행위에 책임을 지게 된다는 것이다. 도덕이란 것은 인간이 이성적 판단에 따라 스스로 결정한 원칙이라는 것이다. 이러한 원칙은 모든 사람에게 보편적이기 때문에 도덕규범이 된다. 칸트는 이것을 '정언명령'(定言命令, categorical imperative)이라고 표현하였다. 즉 칸트가 말하는 도덕률은 조건적인 것이 아니라 조건 없는 명령이라는 것이다. 따라서 인간은 정언명령에 따라 행동할 때만이 자유롭게 된다는 논리인 것이다.

앞에서 언급하였듯이 미원은 칸트와 달리 인간이 선험적 이성을 가지고 있다고 보지 않는다. 인간에게는 선험적 이성이 아니라 고도의 지성이 있다고 본 것이다. 미원의 도덕관은 또한 칸트의 절대적 도덕관과는 다르다. 미원은 도덕을 인간의 사회적 관계 속에서 발생하는 것으로 파악했다. 즉 그는 칸트의 절대적 도덕관과 다른 상대적 도덕관을 가지고 있었다. 미원이 칸트로부터 영향을 받았다면 그것은 그의 내면에 있는 강한 도덕성과 규범의식이다. 이것은 그가 어린 시절에 공부한 유교적 도덕관의 영향일 수 있다. 미원은 일관성 있게 도덕과 규범의 중요성을 강조한다. 그는 인간이 도덕성을 회복해야 하며 인간의 자율적 합의에 따라 형성된 규범을 준수해야 한다고 일평생 역설하였다.

미원도 칸트와 마찬가지로 인간의 내면에 있는 '양심'이 도대체 무엇인가에 대해 고찰을 하였다. 인간은 각자의 양심을 가지고 있고 각자의 양심에 따라 무엇이 옳은지 판단을 하게 된다. 인간은 옳지 않은 행동을 하게 되면 양심의 가책을 받게 된다. 그러면 이 양심이 어디서 온 것일까? 미원은 이러한 문제와 관련하여 다음과 같이 학설을 설명하였다.[55]

첫째는 학설은 인간의 양심이 신으로부터 부여되었다고 보는 학설이다. 양심은 신의 목소리라는 것이다. 이러한 견해는 양심이 신으로부터 부여되었기 때문에 완전하고 보편적이라고 본다. 그러나 미원이 보기에 인간의 양심은 사람마다 각기 다르고 결코 완벽한 것이 아니었다. 인간의 양심이 완벽하다면 교육이 필요 없는 일이었다. 둘째는 인간의 양심이 경험에서 습득된 것이라는 학설이다. 이것은 양심이 자기 스스로 체득한 선악의 지식이며 능력이라고 설명한다. 미원은 사람마다 각기 판단 능력이 다르다면 인간의 양심도 달라진다는 뜻이 되기에 이것은 설득력이 없다고 보았다. 셋째는 도덕의식이 곧 양심이라는 학설이다. 도덕의식은 인간의 사회적 관계 속에서 형성되고, 이러한 도덕의식이 있기에 인간이 양심을 갖게 된다는 설명이다. 미원은 그렇다면 도덕의식이 없다면 인간의 양심은 없는 것인가라고 의문을 제기한다.

미원은 위와 같이 설명한 후에 다음과 같이 정리한다. 미원은 먼저 인간은 육체와 정신이 있는 이중적 존재라고 전제를 한다. 인간은 육체를 가지고 있기에 생존을 위한 본능, 종족 보존을 위한 본능, 집단을 형성하고자 하는 사회적 본능, 환경에 적응하고자 하는 본능을 가지고 있다. 인간은 누구든지 이러한 본능에서 벗어날 수 없다. 이것이 인간에게 주어진 선천적 조건이다. 그러나 인간은 후천적으로 환경과 자극에 노출되면서 점차 옳고 그름의 판별력을 갖게 된다. 그리하여 그 판단의 기준이 내면에 양심으로 자리 잡게 된다. 그러나 지성의 정도와 내용에 따라 양심의 성격도 달라진다고 보았다.

미원의 이러한 생각은 진화생물학적 해석과 매우 유사하다. 진화생물학에서는 인간을 장구한 세월에 걸쳐 진화된 존재라고 본다. 인간은 진화과정에서 살아남기 위해 자연선택의 원리에 의해 집단을 이루고 공동체를 형성하게 되었다. 공동체를 형성하게 되면 반드시 질서를 유지하기 위한 일정한 사회규칙이 필요하게 된다. 이러한 사회규칙으로부터 일탈하거나 무임승차를 하는 사람에 대해서는 통제와 처벌이 따르게 된다. 일탈자와 무임 승차자에 대한 광범위한 사회적 제재가 초기 인류의 게놈을 형성했고 진화를 거듭하면서 유전자는 후대에 전해진다. 이러한 진화과정을 거쳐서 양심과 도덕의식이 인간의 유전자에 내재화되었다는 것이다. 인간이 양심을 가진다는 것은 개인이 공동체의 가치를 발견하는 일이고 그것은 집단의 규칙들을 내면화한다는 뜻이다. 즉 행동을 억제하는 자기통제를 강화해 양심의 진화에 이르렀으며 이것이 도덕의 출발점이라는 것이다.

인간은 사회생활을 떠나서는 살 수 없는 존재이기에 사회적 협동을 위해 공공선이 필요함을 인식하게 된다. 인간의 양심이라고 하는 것은 바로 공공선에 부합되도록 인간의 내면에 형성되어 있다는 설명이다. 미원은 결국 공공선에 부합되는 사회적 원칙이 도덕이며 인간의 내적 판별능력이 양심이라고 결론을 내린다. 이렇게 보았을 때 미원의 도덕관은 진화생물학에 근거를 두고 있는 것으로 보인다. 이런 점에서 양심이라고 하는 것은 선천적, 선험적, 절대적인 것이 아니다. 시대와 사회에 따라 다른 양심이 요구될 수 있다는 뜻이다. 미원은 양심이라는 것이 이렇게 가변적이므로 진정으로 옳은 양심의 기준을 세우기 위해 옳고 보편타당한 사회를 만들어야 한다고 주장했다.

　그런데 미원의 이러한 주장은 한 가지 의문점을 제기한다. 우리가 좋은 사회를 만들면 과연 인간의 양심이 바뀔 수 있을 것인가 하는 점이다. 이것은 다시 말해 후천적으로 획득된 형질이 유전될 수 있는가 하는 문제와 직결된다. 프랑스의 유전학자 라마르크(Lamarck: 1744~1829)는 지구에 있는 각각의 동물 종은 더욱 복잡한 종으로 진화하는데 그 방법은 부모가 후천적으로 획득한 형질들을 자손에게 물려줌으로써 가능하다고 주장하였다. 라마르크의 이러한 획득형질 진화론은 유전학에서 인정받지 못한 학설이었다. 그러나 21세기에 들어와 생명체에 미친 환경적 영향이 후대 자손에게 전달될 수 있다는 후성유전학(epigenetics) 연구들이 이어지면서 라마르크의 진화이론이 새롭게 주목을 받고 있다. 인간이 새로운 사회를 만들어 여기에 오랜 시간 적응하게 되면 인간의 양심 또한 여기에 따라 변할 것인가 하는 것은 여전히 논쟁의 중심에 있다.

선과 악이란 무엇인가?

　우리는 무엇을 선이라고 하고 무엇을 악이라고 하는가? 우리는 저마다의 판단으로 선한 일과 악한 일을 구분한다. 그런데 선과 악의 판단기준이 사람, 국가, 문화, 시대마다 다르다는 사실이 우리를 당혹하게 한다. 이것은 가치가 다르기 때문이다. 예를 들어보자. 어떤 사람이 죽기 전에 전 재산을 사회에 기부하였다. 이러한 행위는 보통 사회적으로 칭송의 대상이 된다. 그러나 유산상속을 기대했던 자식에게는 선한 행위가 아닐 수 있다. 애국심의 발로로 테러를 일으킨 테러리스트는 그 나라에서는 영웅으로 칭송된다. 그러나 테러를 당한 나라의 입장에서는 악의 화신일 뿐이다. 이슬람 문화권에서 여성들의 머리와 상반신을 가리는 히잡(hijab)은 종교적 경건의 상징일 수 있다. 그러나 다른 문화권에서는 여성에 대한 억압으로 보일 뿐이다. 그리고 고대사회나 봉건사회에 존재했던 노예제도는 선이었으나 현대사회에서는 악으로 치부된다. 아리스토텔레스조차도 고대 그리스에서 노예에게 자유를 허용하는 것은 그들의 행복을 해치는 것이라고 보았던 것이 그 예이다.

선한 일이라고 믿었던 것이 나중에 악한 일이 되기도 하고 반대로 악한 일이라고 믿었던 것이 선한 결과로 바뀌기도 한다. 예를 들어 어떤 사람이 어려움을 당한 친구를 돕기 위해 자선을 베풀었다. 그런데 도움을 받은 사람이 그 선의를 악한 목적에 사용하였다면 결과적으로 선행이 악한 결과를 초래한 경우가 된다. 반대로 도움을 요청한 친구의 부탁을 냉정히 거절하자 그 친구가 그 일을 계기로 자립하여 성공했다면 결과적으로 선한 결과를 낳은 경우가 된다. 이렇듯이 선과 악의 판단은 어떤 일의 최종결과에 따라 달라지기도 한다.

우리는 이렇듯 선과 악에 대한 명확한 가치판단 없이 선행과 악행을 구분하고 그에 따라 사람을 판단한다. 미원은 이러한 문제점을 직시했다. 미원은 우선 '옳고 그름'(正邪)과 '좋고 나쁨'(善惡)을 구분한다. 그는 '옳고 그름'의 문제는 존재론적(Sein) 문제이며, '좋고 나쁨'의 문제는 당위론(Sollen)적 문제라고 보았다. 미원은 '옳고 그름'의 문제를 진리의 문제로 '좋고 나쁨'의 문제를 윤리의 문제로 파악했다.

미원은 이어서 선(善)에 대해서 생각한다. 선에는 절대적인 선과 상대적인 선이 있다고 보았다. 절대적인 선이란 선의 기준이 절대적이라는 의미이다. 신의 명령에 대한 절대적 복종, 율법에의 복종, 권력에의 절대적 복종, 칸트의 정언명령에 따른 도덕이 그것이다. 이러한 것은 선의 절대적 판단기준을 제시한다. 따라서 선은 언제나 보편타당하며 영원히 변하지 않는다고 본다. 이러한 관점에서는 선이 악이 되거나 악이 선이 되는 일이 없다.

상대적인 선이란 반대로 선의 기준이 상대적이라는 뜻이다. 그리스의 철학자 플라톤(Plato)은 인간이 감각적으로 인식할 수 없는 실재이자 모든 사물의 원형인 이데아(idea)와 일치되는 것을 선이라 보았다. 아리스토텔레스는 인간이 덕성을 갖추어 자신의 잠재성을 최대한 실현한 상태를 '행복'(eudaimonia)이라고 보았고 이것을 선이라고 생각했다. 스토아학파는 금욕적인 생활을 통해서 '내적 평온'(apatheia)에 도달한 상태를 선이라 보았다. 공리주의는 결과적으로 효용이나 쾌락을 증가시키는 모든 것을 선이라 보았다. 이들은 모두 각기 다른 가치를 선의 기준으로 제시했다. 따라서 선의 기준은 언제든지 달라질 수 있다.

미원은 절대적인 선악의 기준은 있을 수 없다고 단언한다. 그러한 것이 있다면 독단적인 선이거나 독재 전제적 선일 수밖에 없다는 것이다. 그리고 성선설이나 성악설과 같은 이분법적 관점도 배격한다. 이와 같은 관점은 우리 인간에게 어떠한 도움도 되지 못한다고 본

것이다. 미원의 선악에 대한 관점은 인간으로부터 출발한다. 인간은 정신과 육체를 가지고 있는 존재이며 사회를 이루어 살아가는 존재라는 관점이다. 인간은 육체를 가지고 있기에 먼저 육체적인 욕구를 충족시켜야 한다. 이러한 욕구를 충족시키지 못하면 생존할 수 없다. 그러나 이러한 욕구를 충족시킬 수 있는 수단이나 재화가 제한되어 있다. 인간들은 더 많은 수단이나 재화를 쟁취하기 위해 충돌하고 갈등을 일으킨다. 인간은 이러한 문제를 합리적으로 해결하기 위해 여러 가지 방안을 고안한다. 이것이 우리 인간사회에 수많은 제도가 존재하는 이유다.

미원의 이러한 관점은 사회과학에서 '인간욕구이론'(human needs theory)이라 불린다. 인간의 욕구란 인간의 생존과 발전에 필수 불가결한 조건을 의미한다. 인간욕구의 유형에 대해서는 학자에 따라 다양한 견해가 존재한다. 노르웨이의 평화학자 갈퉁(Johan Galtung: 1930~   )은 복지, 안전, 자유, 정체성을 기본적인 인간욕구로 보았다. 인간은 사회적 존재이기에 개인의 욕구와 사회의 욕구가 충돌하는 상황을 맞게 된다. 사회의 욕구는 곧 공공선이다. 따라서 개인의 욕구와 공공선이 합치되는 경우 우리는 그것을 선(善)이라 부른다. 미원은 '선이란 사회적 요청에 부합된 인간 행위'라고 결론을 내린다.

위와 같이 보았을 때 미원은 선을 도덕과 연결 짓고 있음을 알 수 있다. 즉 인간 행위의 선악을 판단하는 근거는 사회적 합의에 따라 확립된 도덕이라는 의미이다. 따라서 미원은 "양심은 도덕의 화신이며 선의 본원인 만큼 선이라고 하는 것은 도덕의 별명이요 양심의 진로"라고 말하였다.[56]

우리가 여기서 생각해 보아야 할 것은 도덕이 사회적 합의에 따라 확립될 수 있는가와 공공선을 누가 어떻게 결정하는가의 문제이다. 우리는 사회적 합의에 이르는 과정에서 수많은 도덕적 딜레마를 경험한다. 예컨대 한 사람을 희생시켜 다수의 사람을 살릴 수 있다면 한 사람을 희생시켜야 하는가 하는 문제에 직면한다. 최대 다수의 최대 행복을 주장하는 공리주의자들은 한 사람을 희생시켜 다수를 살려야 한다고 주장한다. 그들에게 다수의 행복이 공공선이기 때문이다. 그러나 개인의 자유나 권리를 최상의 가치로 생각하는 자유주의자들은 이에 반대한다. 이렇게 서로 다른 가치가 충돌할 경우 공공선에 대한 사회적 합의를 이루기 어렵다. 그리고 공공선을 누가 어떻게 결정하느냐 하는 문제는 정치제도와 직결된다. 정치라고 하는 것은 공공선을 결정하기 위한 결정권을 누가 어떻게 행사하느냐의 문제이다. 이처럼 선악의 문제는 우리 인간에게 여전히 매우 복잡하고 어려운 주제가 아닐 수 없다.

정의란 무엇인가?

정의는 선악의 문제와 밀접히 관련되어 있다. 정의는 '옳고 그름'의 문제와 '좋고 나쁨'의 문제를 동시에 포괄하기에 더욱 복잡하고 어려운 문제이다. 일반적으로 정의가 무엇이냐고 묻게 되면 각양각색의 대답이 돌아온다. 어떤 사람은 권선징악이 정의라고 생각한다. 그들은 선을 행한 사람은 보상을 받고, 악을 행한 사람은 응징을 받는 것이 옳고 의롭다고 생각한다. 어떤 사람은 공정이 곧 정의라고 생각한다. 그들은 부패하거나 권력을 남용하여 부를 축적한 사람이 잘사는 사회를 정의롭지 못한 사회라고 생각한다. 누구든지 공평하게 경쟁에 참여할 기회가 부여되고 자기의 능력과 노력에 따라 성취를 이룰 수 있는 사회를 정의로운 사회라 생각하는 것이다. 어떤 사람은 이 세상에 정의가 있기는 한 것인가 반문한다. 힘이 곧 정의가 아니냐는 뜻이다. 수단과 방법을 가리지 않고 경쟁에서 승자가 되면 모든 것이 합리화될 수 있다는 논리다. 이렇듯 정의는 시각에 따라 다양하게 해석된다. 그리고 개인적 차원으로부터 사회 제도에 이르기까지 정의는 다양한 주제를 포함한다.

그러면 미원은 정의에 대해 어떻게 생각하였을까? 미원은 정의에는 절대적 정의와 상대적 정의가 있다고 생각하였다. 절대적 정의란 우주 대자연의 보편적인 법칙에 순응하는 것이 정의이고, 그것을 거역하는 것을 불의라고 보는 관점이다. 상대적 정의란 현실적인 세계에서 적용되는 원칙에 부합하는 것을 정의라 보는 관점이다. 미원은 상대적 정의관을 취한다. 그리고 선과 정의를 구별한다. 그에 의하면 선이란 주관적 측면을 가지고 있으나 정의란 사회적으로 무조건 따라야 할 명령이다. 정의는 전 사회적으로 그 타당성이 인정되어 우리가 객관적으로 받아들이는 규범이다. 미원은 이렇게 정의를 사회적 차원에서 바라보았다.

역사적으로 정의가 무엇인가에 대해 수많은 견해가 존재한다. 플라톤은 『국가론』에서 인간의 덕목을 지혜, 용기, 절제로 나누었다. 그리고 사회계급에 따라 요구되는 덕목이 다르다고 설명한다. 그는 이 덕목을 잘 사용하여 저마다 자신의 직분을 잘 수행하고 계급 간 조화를 이루는 것을 정의라 보았다. 아리스토텔레스는 정의를 구체적으로 논의하기 시작한 최초의 철학자였다. 그에게 있어서 정의는 시민 전체의 공동이익을 추구하는 것이었다. 그의 정의관은 한마디로 각 사람에게 마땅히 받아야 할 몫을 주는 것이었다. 그는 『니코마코스 윤리학』에서 정의를 분배적(distributive) 정의와 시정적(corrective) 정의로 나누어 설명한다. 분배적 정의란 명예나 재화 등을 분배할 때 공동체에 공헌한 정도에 따라 분배하는 것을 뜻한다. 시정적 정의란 분배가 잘못되었을 때 산술적 비례를 적용하여 보상해 주어야 한다는 것을 뜻한다. 그리고 그는 법이 정의의 구체적인 실현이기 때문에 법을 지키는 것이 정의이고, 법을 어기는 것은 정의가 아니라고 보았다. 이 경우에 법은 바르고 선해야 한다.

중세에는 교부철학을 대표하는 어거스틴(Aurelius Augustinus: 354~430)과 스콜라철학을 대표하는 아퀴나스(Thomas Aquinas: 1225~1274)의 기독교적 정의관이 지배했다. 신 앞의 평등, 공동체주의, 약자에 관한 관심 등이 이 시대를 지배했던 주요 가치였다. 그러나 결국 신의 뜻에 순응하는 것이 정의로 생각되던 시기였다. 17세기 후반 과학혁명의 영향으로 시작된 계몽주의 시대에 이르러 비로소 도덕과 정의의 기초를 신과 종교가 아닌 인간의 이성에서 찾기 시작했다. 스피노자, 흄, 로크, 홉스, 볼테르(Voltaire: 1694~1778), 루소, 몽테스키외(Charles De Montesquieu: 1689~1755), 칸트 등 계몽 사상가들이 등장하였다. 그들은 이성과 합리성에 입각한 도덕과 정의, 그리고 사회와 국가의 근대화를 논하기 시작했다. 그러나 이러한 계몽사상은 20세기에 들어서면서 도전받기 시작하였다. 독일의 실존주의 철학자인 니체(Friedrich Wilhelm Nietzsche: 1844~1900)와 하이데거(Martin Heidegger: 1889~1976)의 실존주의를 거친 후 포스트모던 시대가 열리면서 절대적 진리에 대한 믿음이 해체되기 시작하였다. 니체는 지금까지의 모든 도덕이 허구이며, 힘이 곧 정의라는 주장을 펼쳤다. 그리고 그는 '신은 죽었다'고 선언함으로써 절대적 진리를 부정하였다.

현대적 의미의 정의론은 미국의 정치철학자 롤스(John Rawls: 1926~2010)가 『정의론』(1971)을 발간하면서부터 시작되었다.[57] 당시 철학적 분위기는 논리 실증주의의 영향으로 경험에 입각하지 않은 학문은 배제되는 분위기였다. 따라서 이 시기의 윤리학적 분위기는 도덕이 단지 감정표현이나 주관적 견해를 주장하는 것에 불과하다고 보는 정서주의(情緒主義, emotivism)가 만연해 있었다. 정치철학에서도 사회복지를 주장하는 공리주의만 명맥을 유지하고 있었다. 롤스는 공리주의를 비판하고 자유주의적 관점에서 자신의 정의론을 수립하였다. 롤스에게 있어서 정의의 첫째 원칙은 개인적 자유를 평등하게 보장하는 것이었다. 롤스의 자유주의적 정의론은 공동체주의자들의 비판을 불러일으키며 학문적 논쟁을 촉발하였다. 여기서 미원의 정의론이 무엇인지 이해하기 위해 자유주의 정의론과 공동체주의 정의론의 차이를 살펴볼 필요가 있다.

롤스의 기본적 인간관은 자유주의였다. 자유는 양도할 수 없는 인간의 가장 기본적인 권리라는 뜻이다. 자유주의는 17~18세기의 유럽 계몽주의 시대에 왕권에 대한 거부로부터 시작되었다. 약 100

년 후 무정부주의가 등장하면서 개인적 자유를 최우선 가치로 여기는 자유지상주의(libertarianism)가 출현한다. 고전적 자유지상주의를 대표했던 인물이 미국의 경제학자 프리드만(Milton Friedman: 1912~2006)이다.[58] 그는 무한한 선택의 자유와 '개인 자신에 대한 완전한 소유'를 주장했다. 나에게 속하는 몸과 능력은 나의 것이다. 나의 노동과 노력에 따라 정당하게 취득한 소유물은 정의로운 것으로 존중되어야 한다. 따라서 타인의 자유를 침해하지 않는 한 개인의 자유는 무한정으로 존중되어야 한다고 주장했다.

반면 미국의 사회철학자 노직(Robert Nozick: 1938~2002)은 국가가 존재하는 현실을 인정하였다.[59] 그는 국가가 개인의 자유를 침해하지 않는 범위 내에서 최소한으로 개입해야 한다고 주장했다. 자유지상주의가 경제에 적용된 표현이 자유방임주의(laissez-faire)이다. 자유방임주의는 국가는 국방과 치안만 잘 유지하면 되고 경제는 수요와 공급의 원리에 의해 자유롭게 운용되어야 한다고 주장한다. 이것을 경제용어로 자유 시장주의(free marketism)라 부른다. 자유 시장주의는 1980년대에 미국의 레이건과 영국의 대처(Margaret Thacher: 1925~2013) 정부가 들어서면서 신자유주의(neo-liberalism)라고 불렸다. 신자유주의는 선진국의 경제부흥과 세계화를 이끈 중심 사조가 되었다.

자유주의적 시장경제는 비약적인 경제성장을 이루기 위해 중요한 메커니즘이다. 그러나 그 결과로 경제적 불평등이라는 심각한 폐단을 낳게 된다. 시장은 경제적 이익을 위해 수요와 공급의 원리에 의해 자유롭게 경쟁하는 메커니즘이다. 능력주의(meritocracy)는 시장에서 통용되는 일반적 원칙이다.[60] 능력주의란 성공은 개인의 능력과 노력 여부에 의해 결정되는 것이 정당하다고 보는 관점이다. 따라서 시장에서는 언제나 승자와 패자로 나뉘게 되고 승자가 이익을 독식하는 지로섬(zero sum) 게임이 벌어진다. 그 결과로 빈익빈 부익부라는 양극화 현상이 불가피하게 일어나게 된다. 따라서 정부는 세제와 재정정책을 통해 시장에 개입하게 되고 사회보장정책을 통하여 불평등 문제를 해결하고자 한다. 자유주의적 관점에서 이러한 정부의 개입은 개인의 자유권 침해를 뜻한다.

롤스의 자유주의적 정의론은 바로 이러한 문제의식에서 출발한다. 그는 인간을 합리적으로 자유롭게 자신의 선택을 할 수 있는 존재라고 여겼다. 그리고 정의로운 사회가 되기 위해서는 모든 사람이 자유로운 선택을 통해 정의에 대한 원칙을 정해야 한다고 생각하였다. 그런데 여기에 문제가 있었다. 사람마다 출신 배경과 타고난 재능이 달라서 출발선이 원칙적으로 평등하지 않다. 이런 상황에서 누구에게나 공평한 원칙을 합의하는 것은 불가능하다. 롤스는 원천적인 불평등 문제를 해결하기 위해 '무지의 장막'(無知의 帳幕, veil of ignorance)이라는 가상적 상황을 고안했다. '무지의 장막'이란 자신이 누구인지 전혀 모르도록 장막을 친다는 뜻이다. 롤스는 이러한 상태라면 누구에게나 공평한 일반원칙을 합의를 통해 도출할 수 있다고 생각하였다.

이렇게 도출된 첫 번째 원칙은 모든 사람에게 선택할 수 있는 자유권을 공평하게 부여한다는 것이다. 롤스는 이성적인 사람이라면 자유를 최우선적인 권리로 선택할 것이라고 보았다. 이 원칙에 따라 누구나 자유롭게 자신의 미래를 설계할 수 있고 기회가 공평하게 주어지는 것이다. 그런데 여기서 문제가 발생한다. 기회가 공평하게 주어지더라도 결국 승자와 패자가 발생하게 된다. 따라서 자신이 패자가 되는 최악의 상황을 고려하여 또 다른 원칙에 합의하게 된다. 그것은 승자는 패자를 최대한 돕는다는 원칙이다. 이것은 누구든지 자기가 가지고 있는 재능을 활용하여 경쟁에서 승자가 될 수 있으나, 사회적 약자에 대한 배려를 잊지 말아야 한다는 뜻이다. 이것이 바로 노블리제 오블리주(Noblesse Oblige)이다. 롤스는 이런 원칙에 따라 정의로운 사회제도를 구축해야 한다고 보았다.

롤스가 공리주의를 비판한 이유는 공리주의가 '좋은 것'과 '옳은 것'을 구분하지 않았기 때문이다. 공리주의에서는 '최대 다수의 최대 행복'을 좋은 것이라 여긴다. 그리고 좋은 것이 곧 옳은 것이라 주장한다. 즉 결과가 좋으면 옳은 것이라는 입장이다. 롤스는 이에 대해 동의하지 않았다. 그에 의하면 정의란 먼저 옳은 원칙이 수립되어야 하고 이 원칙이 사람들에게 좋은 결과를 가져와야 한다. 따라서 롤스는 칸트의 도덕 이론인 정언명령에 입각한 정의론을 수립한 것이다.

롤스가 수립한 정의론은 '공정'(fairness)을 최우선 가치로 여긴다. '무지의 장막'에서 누구나 공정하게 참여하여 정의의 원칙을 합의하고 이 원칙에 따라 평등하고 자유롭게 경쟁에 참여한다. 경쟁의 결과에 따라 권리, 기회, 권력, 자유, 수입도 공정하게 분배된다. 롤스의 이론은 이후 학자들에 의해 비판을 받게 된다. 롤스는 거의 20년 뒤 또 다른 저서인 『정치적 자유주의』(1993)를 출간했다. 그는 이 책에서 자신의 정의론이 모든 영역에 적용되는 것이 아니라 오직 공적, 정치적 영역에만 적용된다고 자신의 이론을 수정하였다. 그는 '무지의 장막'이 현실적으로 가능하지 않음을 인정하고 공동체주의의 견해를 일부 수용하였다.

롤스의 정의론을 주로 비판한 사람들은 미국의 정치철학자 샌델(Michael J. Sandel: 1953~)[61]과 영국의 정치철학자 매킨타이어(Alasdair MacIntyre: 1929~)[62]와 같은 공동체주의자들이었다. 그들은 기본적으로 인간이 자신의 의지에 따라 자율적으로 정의의 원칙을 선택할 수 있다고 보지 않는다. 그들은 정의의 원칙이 역사적, 사회적, 문화적 맥락 속에서 구성된다고 보았다. 따라서 인간은 자율적으로 선택할 수 없고 주어진 맥락 속에서 자신의 선택을 발견한다는 것이다. 특히 매킨타이어는 진정한 정의의 원칙은 공동체적 가치와 덕목에 기반을 두어야 한다고 주장했다. 그는 『덕의 상실(After Virtue)』(1981)에서 공동체주의에 기초한 덕의 회복을 강조했다. 그는 덕(virtue), 실천(practice), 서사(narrative), 전통(tradition) 등의 개념을 조합하여 자신의 이론을 설명하였다. 그에 따르면 덕은 실천을 통하여 길러지며 실천은 공동체의 전통이라는 맥락에서 서사적으로 해석된다. 이것은 인간이 과거의 전통과 무관하게 존재할 수 없다는 뜻이다.

미원은 옳음을 실천해야 한다는 당위성의 차원에서 정의를 파악하였다. 정의는 사회의 요구와 일치해야 하고 시대의 요청에 부합해야 하며 그 시대의 진리와 합치되어야 한다고 보았다. 이것은 정의가 역사적, 사회적, 문화적 맥락 속에서 끊임없이 재구성된다는 공동체주의의 정의관과 유사하다.

진리란 무엇인가?

무엇이 진리인가? 우리는 살면서 늘 이 질문과 마주치게 된다. 우리는 진리를 알고 싶어 한다. 어찌 보면 인류의 역사는 진리추구의 역사였는지 모른다. 인류는 지적 능력이 발달하면서 더 많은 진리를 알게 되었다. 그리고 그렇게 발견된 진리는 인류의 삶에 많은 혜택을 가져다주었다. 그런데 한 가지 의문이 생긴다. 사실과 진리는 같은 것인가? 우리는 어떻게 사실과 진리가 참이라고 알 수 있는가?

인류의 역사에는 진리라고 믿었던 것이 사실이 아닌 것으로 판명된 수많은 사례가 있다. 중세시대에는 천체가 지구를 중심으로 돈다는 천동설을 사실이라고 알았고 진리라고 믿었다. 그러나 폴란드의 천문학자 코페르니쿠스(Nicolaus Copernicus: 1473~1543)가 철학적 직관을 통하여 지구가 태양의 주위를 돈다는 지동설을 주장하였다. 이후 이탈리아의 천문학자 갈릴레이(Galileo Galilei: 1564~1642)가 망원경을 사용하여 천체를 관측함으로써 지동설이 사실임을 입증하였다. 갈릴레이는 이것으로 인해 종교재판을 받기도 하였다. 그러나 지동설은 현재 진리라고 받아들여지고 있다.

미원은 사실과 진리에 대해 어떻게 생각했을까? 그는 사실은 객관적이고 진리는 주관적이라고 이해했다. 우리는 어떤 사실에 대해 그것이 참인지 거짓인지 판단한다. 그 사실이 참이라고 판단되면 그 것을 진리라고 여긴다. 예컨대 봄에 피어나는 꽃이 있다고 하자. 이 것은 객관적인 사실이다. 우리는 이 꽃이 늘 봄에 피어난다고 추정 한다. 이 꽃이 다음 해 봄에도 피어나면 우리는 이 꽃은 봄에 피어 난다고 단정한다. 그리고 이것은 진리가 된다. 우리는 어떤 사실에 대해 주관적 인식과 객관적 사실이 일치할 때 진리라고 인식한다. 미원은 진리를 선험적인 것이 아니라 경험적인 것으로 생각하였다. 진리는 오직 경험을 통해서 알 수 있다는 뜻이다.

미원은 진리가 하나가 아니라 여러 개이며 보편적인 것이 아니라 특수적인 것으로 생각하였다. 특수한 사실마다 특수한 진리가 있 기에 여러 개라는 뜻이다. 예컨대 봄이 되면 꽃이 핀다는 진리, 물 은 높은 곳에서 아래로 흐른다는 진리, 사람은 반드시 죽는다는 진 리 등 모든 사실에는 각기 다른 진리가 있다는 뜻이다. 그렇다면 우 주 만물에 보편적으로 적용되는 진리는 없다는 것인가? 만약에 우 주가 하나라면 거기에 적용되는 보편적인 진리가 있지 않겠는가?

미원은 이런 문제에 대해 두 가지 종류의 진리를 설명한다. 절대 적 진리와 상대적 진리이다. 절대적 진리는 우주 대자연을 주관하 는 보편적 법칙이다. 절대적 진리는 영원히 변하지 않는다. 상대적 진리는 객관적 사실에 대한 인간의 주관적 판단을 필요로 한다. 이 경우 객관적 사실과 주관적 판단이 일치할 때 진리가 된다. 미원은 절대적 진리는 신의 진리고 상대적 진리는 인간의 진리라고 보았다. 진리는 어떤 객관적 사실이 주관적 요구를 충족할 때 가치가 있다. 진리는 인간에게 어떤 가치가 있을 때 의미가 있다. 미원은 관념론적 진리의 가치를 부정하였다.

미원은 인간에 관해 설명한다. 인간은 정신과 육체를 가지고 있는 존재이다. 정신적 측면은 진(眞), 선(善), 미(美), 성(誠)과 같은 진실성을 지향하고, 육체적 측면은 물질적 효용을 추구한다. 따라서 진정한 진리관은 정신적 진실성과 육체적 효용성을 동시에 충족시켜야 한다. 그뿐만 아니라 진리는 인간의 사회적 관계 속에도 존재하기 때문에 인간으로서 마땅히 따라야 할 규범(Sollen)도 진리의 영역이다.

요컨대 미원은 진리를 인간의 관점에서 파악하였다. 진리는 인간의 의식작용이 없이는 파악될 수 없다. 그 진리는 경험적으로 입증되어야 한다. 인간이 진리를 추구하는 것은 인간에게 가치가 있기 때문이다.

생성의 원리란 무엇인가?

미원사상에서 가장 중요한 단어가 있다면 그것은 '생성'(生成)이다. 생성이란 무엇인가 만들어진다는 뜻이다. 우주가 태초에 만들어지는 것도 생성이다. 우주가 생겨난 이후 삼라만상이 변화하는 것도 생성이다. 삼라만상을 바라보는 인간의 의식이 생겨나는 것도 생성이다. 미원은 생성을 정신과 물질의 관계에서 파악했다. 미원은 이것을 철학적 용어로 주관(정신)과 객관(물질)과의 관계라 하였다. 인간은 정신이 있기에 물질의 생성에 대해 사유할 수 있다. 미원은 정신과 물질과의 관계를 이해하는 것이 철학의 최고 과제이며 인생과 우주 이해의 핵심이라고 보았다.

미원은 생성에 관한 다양한 관점을 고찰하였다. 우주가 하나로부터 시작되었다고 보는 일원론에는 두 갈래가 있다. 첫째는 우주 본체가 정신이라는 유심론(唯心論)이다. 유심론은 만물이 정신에서 시작되었다고 본다. 정신은 영원히 사라지지 않으나 물질은 끊임없이 변화하기 때문에 물질은 일종의 정신 현상이다. 이렇게 생각한 독일의 철학자들로는 피히테(Johann Gottlieb Fichte: 1762~1814), 쉴러(Friedrich von Schiller: 1759~1805), 라이프니츠(Gottfried Wilhelm von Leibniz: 1646~1716), 쇼펜하우어 등이 있다. 정신은 동양 철학적 관점에서 이(理)에 해당한다. 이신론(理神論)은 우주 만물이 어떤 이치에 의해 생성되고 변화한다고 본다. 종교에서는 우주 만물을 주관하는 절대적이고 궁극적인 정신의 존재를 신(神)이라고 여긴다.

특히 라이프니츠는 '모나드'(單子)라는 용어를 사용하여 일원론을 설명하였다. 모나드는 우주를 더는 나눌 수 없을 때까지 쪼개었을 때 남는 최소한의 실체를 말한다. 라이프니츠의 모나드는 그리스의 철학자 데모크리토스(Democritos: BC 460~380)의 원자설과는 다르며 추상적 개념의 최소단위이다. 이것은 하나의 티끌 속에 우주 전체가 다 들어온다는 불교의 화엄 사상과 유사하다. 라이프니츠는 모나드를 우주의 모든 원리가 담긴 소우주라고 보았다.

둘째는 우주 본체가 정신이 아니라 물질이라는 유물론(唯物論)이다. 유물론자 중에 그리스의 철학자들인 탈레스(Thales: BC 640~624)는 물, 아낙시메네스(Anaximenes: BC 585~528)는 공기, 헤라클레이토스

(Herakleitos: BC 535~475)는 불이 우주 만물의 시작이라고 믿었다. 이 사상은 중세의 에피쿠로스학파와 스토아학파를 거쳐 현대에 이르러 마르크스-엥겔스 사상의 핵심을 이루었다. 유물론자들은 정신의 절대성이나 영혼의 불멸성을 믿지 않았고 물질만이 실재한다고 보았다.

다원론은 우주본체가 하나가 아닌 여럿이라고 본다. 그리스의 철학자들인 엠페도크레스(Empedoklcles: BC 490~430)는 4원소(물, 공기, 불, 흙), 아낙시만드로스(Anaximandros: BC 620~546)는 '아페이론'(Apeiron)을 우주본체라고 주장하였다. 아페이론은 실체가 정해져 있지 않으며 사라지지도 않고 무한히 운동하는 물질이다. 이 아페이론에서 우주가 생겨나고 다시 모든 것이 이것으로 사라진다. 생성과 소멸의 과정은 시간의 질서에 따라 무한히 계속된다. 아페이론은 사멸하거나 파괴되지 않으나 변화의 과정에서 뜨거운 것, 차가운 것, 메마른 것, 축축한 것 등의 대립자들로 나누어진다.

프랑스의 철학자 데카르트는 정신과 물질이 분리되어 있다는 이원론을 주장하였다. 동양의 경전 『주역』도 우주본체를 음과 양의 이원론으로 설명한다. 이러한 이원론도 다원론이라고 볼 수 있다. 이원론에는 정신과 물질이 별개로 존재하고 이를 통합하는 제3의 실재가 있다고 보는 관점이 있다. 플라톤의 이데아(idea, 실재)와 메온(me-on, 비실재), 아리스토텔레스의 형상과 진료, 칸트의 예지계(이성계)와 현상계(감성계), 독일의 현상학자 후설(Edmund Husserl: 1859~1938)의 노에마(Noema, 의식의 대상)와 노에시스(Noesis, 의식의 작용) 등이 여기에 해당한다. 이들은 모두 제3의 실재를 상정한다.

미원은 정신과 물질이 분리되어 있는 것이 아니고 제3의 실재가 개입하여 정신과 물질을 통합시키는 것도 아니며 정신과 물질이 하나의 유기체적 관계에 있다고 보았다. 그는 이것을 상관상제설(相關相制說)이라 불렀다. 상관상제는 동양철학에서 음양오행의 상생상극(上生相剋) 관계를 설명하는 용어이다. 미원의 관점에서 상관상제는 정신이 물질에 영향을 주고 물질이 정신에 영향을 미쳐 새로운 관계를 생성하는 메커니즘이다.

미원은 이것을 예를 들어 설명했다. 우리는 꽃을 보면 아름답다는 마음이 생긴다. 아름답다는 마음이 우리의 마음을 유쾌하게 하여주므로 우리는 꽃을 더욱 아끼고 보살피게 된다. 미원은 모든 꽃은 같은 꽃인데 보는 사람에 따라 다르게 느낀다는 사실을 깨달았다. 시인은 꽃을 보면 시상이 떠오르고 음악가는 악상이 떠오르고 철학자는 우주 생성의 원리를 떠올린다. 그는 인간의 '의식적 지도성'에 따라 생성변화가 다르게 일어난다는 사실을 발견했다. 우리가 어떤 마음을 가지느냐에 따라 생성과 변화가 일어나는 양상이 달라진다는 것이다. 그러나 미원은 '의식적 지도성'이 왜 존재하는지 설명하지 않았다. 영어에 '주목'(attention)이라는 단어가 있다. 인간의 행위는 수많은 대상 중에 무엇을 주목하느냐에 따라 인간 행위의 방향이 달라진다. 미원의 '의식적 지도성'은 '주목'과 유사한 개념이다. 현대 심리학에서는 인간의 내면 심리에 유전적으로 고착된 '스키마'(schemas)가 있어서 외부의 정보에 선별적으로 반응한다고 설명한다. 미원은 30세의 나이에 생성에 대해 고찰하면서 이러한 원리를 깨달았다.

문화세계란 무엇인가?

미원이 문화세계라는 개념을 떠올린 것이 1950년대 초라는 사실을 주목할 필요가 있다. 당시는 이념에 의한 동서냉전이 격화되고 있었다. 한반도에서는 6.25가 발발한 시점이었다. 그는 50년 이후에 펼쳐질 21세기가 어떤 세계가 될 것인가를 생각하면서 '문화'를 키워드로 떠올렸다. 그는 다음과 같이 생각했다.

> "지금은 자유를 주요 가치로 하는 정치적 민주주의와 평등을
> 주요 가치로 하는 경제적 민주주의가 대립하는 상황이다. 이러한
> 민주주의가 변증법적으로 지양(止揚)되면서 물질문명을 극도로
> 발전시키는 과학주의 시대가 펼쳐질 것이다. 이러한 물질 만능의
> 시대가 도래하면 인간은 정신적 문화를 추구하게 될 것이다. 그
> 러면 다음 세기는 문화세계가 될 것이다."[63]

당시 30세였던 미원이 이런 통찰을 했다는 것은 놀라운 일이다. 70여 년이 지난 현시점에서 보았을 때 당시 미원의 예측이 틀리지 않았음을 알 수 있다. 평등을 최상의 가치로 추구하였던 공산주의는 이미 종식되었다. 과거 공산 진영에 속했던 나라들은 자유를 보장하기 위한 정치·경제 제도를 도입하고 있다. 정치적 자유민주주의와 자본주의적 시장경제를 추구했던 나라들은 불평등의 문제를 해결하기 위해 사회복지를 확대하고 있다. 자유와 평등의 가치가 상호보완적으로 수렴되고 있다. 우리는 과학기술의 비약적 발전으로

그 어느 때보다도 물질적 혜택을 누리고 있다. 그러나 우리는 점차 기술 문명에 예속되며 인간성을 상실해 가고 있다. 정보화가 가속화되며 초연결사회로 진입하고 있으나 인간적 유대는 오히려 약해지고 있다. 이러한 시대에 사는 우리는 문화라는 정신적 가치를 추구한다.

미원이 말하는 문화는 복합적인 의미를 담고 있다. 일반적 의미의 문화를 넘어서는 개념이다. 일반적으로 문화는 '인간사회에서 발견되는 사회적으로 학습되고 공유된 행동 양식'을 뜻한다.[64] 그가 말하는 문화세계는 민주주의가 완성된 상태의 세계를 뜻한다. 자유와 평등의 가치가 구현되어 공영을 이룬 민주주의를 뜻한다. 이런 민주주의에서는 자연 사관이 아니라 문화 사관이 지배한다. 자연 사관이란 약육강식의 원리가 지배하는 자연상태의 역사관이다. 문화 사관이란 인간이 마땅히 지켜야 할 규범 즉 문화 규범이 지배하는 역사관이다. 자연 규범이란 우주 주재자의 자연법칙에 의하여 세워진 존재론적 규범이다. 반면 문화 규범이란 인간이 인간으로서 마땅히 따라야 할 당위론적(當爲論的) 규범이다. 문화 규범 위에 건설된 새로운 민주주의에서는 가치의 혼란이 없기에 갈등도 전쟁도 없다. 미원은 이러한 관점에서 서양의 물질과학 문명과 동양의 정신문화가 조화롭게 융합되는 문화세계를 창조하자고 주장했다. 미원에게 문화세계란 최고도의 물질문명과 정신문명이 융합하는 종합문명사회이다.

평화란 무엇인가?

평화는 인간에게 가장 소중한 가치다. 그러나 인류의 역사에서 전쟁은 끊임없이 일어났다. 전쟁을 막고 평화를 지키기 위한 노력 또한 계속되었다. 이와 같은 노력은 크게 두 가지로 구별될 수 있는데 하나는 평화학이고 다른 하나는 평화운동이다. 평화학은 전쟁의 원인과 평화의 조건에 관한 체계적인 연구와 교육을 포함하는 학제 간 영역으로 평화연구와 평화교육을 포함한다. 평화운동은 전쟁과 폭력의 위협을 줄이기 위한 목적으로 전개되는 모든 사회적 행동이다. 평화학과 평화운동은 평화증진이라는 같은 목적을 위하여 상호보완 관계를 유지하고 있지만 때때로 긴장을 유발하면서 발전하고 있다. 미원은 전문적인 평화학자라기보다는 평화 교육가이며 평화운동가였다. 그는 평화를 어떻게 이해했을까?

미원은 청소년 시절부터 전쟁의 참혹함을 경험하고 평화의 가치를 깨달았다. 그는 어떻게 해서든 전쟁을 막아야 한다고 생각하였다. 그는 국가 간 전쟁의 주요 원인이 배타적 민족주의와 패권주의에 있다고 보았다. 배타적 민족주의와 패권주의가 존재하는 한 전쟁은 계속 일어날 것이라고 판단하였다. 그래서 그는 인류 차원의 공동규범을 만들고 '지구공동사회'를 만들어야 한다고 생각하였다. 지구공동사회가 미원 평화이론의 핵심이다. 지구공동사회가 구현된 것이 '오토피아'(Oughtopia)다. 오토피아는 인류가 당연히 건설해야 할 이상적인 사회를 뜻한다. 이에 대해서는 '오토피아란 무엇인가?'에서 자세히 설명하겠다. 지구공동사회란 전 인류가 공동규범을 바탕으로 공동과제와 공동목표를 가지고 서로 협력하는 사회이다. 그는 지구공동사회로 나아가기 위해서 지역협력사회가 만들어져야 한다고 주장했다. 지역을 기반으로 이루어지는 경제협력이나 안보협력과 같은 국제협력의 다양한 형태가 지구공동사회를 이루기 위한 전 단계라고 설명하였다.

그는 모든 나라가 가입해 있는 유엔이 지구공동사회의 중심축이 되어야 한다고 보았다. 이것이 그가 주장하는 '팩스 유엔론'이다. 팩스(Pax)는 로마신화에 나오는 평화의 여신이다. '팩스 유엔'이란 유엔을 통해 평화를 이룬다는 뜻이다. 미원은 1984년 7월에 방콕에서 열렸던 세계대학총장회의에서 '팩스 유엔을 통한 세계평화'를 주장하였다. 그리고 미원은 유엔의 기능을 강화하기 위한 여러 가지 개혁방안을 유엔에 제안하였다.

미원이 팩스 유엔을 주장한 것은 칸트의 '영구평화론'과 유사한 점이 있다. 칸트의 『영구평화론』(1795)은 제1차 세계대전 후에 설립된 국제연맹의 이론적 기초가 되었다. 칸트는 모든 나라의 국민이 합의한 세계시민법을 만들어야 한다고 주장하였다. 그리고 이 법에 따라 영구적 평화상태를 유지하기 위해 국제연맹을 만들어야 한다고 주장하였다. 칸트는 그의 저서 『이론과 실천』(1793)에서 세계국가를 거부했다. 세계국가란 세계가 단일 정부를 가진다는 뜻이다. 그는 세계국가가 가장 무서운 전제정치를 초래할 수 있다고 생각하였다. 그러나 미원은 『문화세계의 창조』에서 세계국가가 '유엔국가', '문화세계 연방국가', '문화세계 공화국'의 3단계로 발전되어야 한다고 주장하였다.[65] 주권국가가 존재하는 한 전쟁은 피할 수 없기에 세계

국가가 실현되어야 한다고 보았다. 미원은 세계국가가 현실적으로 실현되는 것은 매우 어려운 일임을 잘 알고 있었다. 그는 장구한 세월이 걸릴지라도 세계국가를 건설하는 것이 인류가 반드시 달성해야 할 과제라고 역설하였다. 그러나 미원은 후일 팩스 유엔을 주장하면서 이에 대해서 더는 언급하지 않았다.

미원은 전쟁에서 승리하는 것보다 평화를 유지하는 것이 더 중요하다고 생각하였다. '평화는 개선보다 귀하다'는 그런 의미를 담고 있는 표어다. 이런 사상을 일찍이 주장했던 사람이 르네상스 인문주의의 대표적인 네덜란드 사상가 에라스무스(Desiderius Erasmus: 1466~1538)이다. 그는 『평화의 호소』(1517)에서 인간이 영위하는 모든 일 가운데 반드시 피해야 할 일이 전쟁이라고 역설하였다. 필요하다면 평화를 사서라도 전쟁을 막아야 한다고 보았다. 그는 '정의로운 전쟁'이라는 개념조차 부정하였다. 전쟁을 일으키는 자는 누구든지 그 전쟁이 정의로운 전쟁이라고 주장하기 때문에 '정의로운 전쟁'은 존재할 수 없다는 것이다. 이러한 관점은 악을 처벌하기 위한 전쟁도 정당화될 수 없다는 것을 뜻한다.

평화학 연구의 선구자인 갈퉁은 평화학과 평화운동이 크게 세 가지 세대를 거쳐 발전해 왔다고 설명하였다.[66] 그는 우선 평화를 '감정이입, 비폭력, 창조성을 가지고 갈등을 다루는 능력'으로 규정하고, 갈등을 태도, 행위, 모순의 결합체로 보았다. 그는 제2차 세계대전 이전 시기를 제1세대로 보았다. 제1세대의 특징은 옹호와 시위를 중심으로 하는 평화운동, 전쟁의 철폐 그리고 좋은 정부의 세계적 확산이었다. 제2차 세계대전 이후를 제2세대로 보았다. 이 시기는 평화교육과 평화언론의 확대, 비폭력 투쟁, 갈등전환 등이 특징이다. 마지막으로 냉전 이후를 제3세대로 보았다. 이 시기의 특징은 평화 문화의 증진, 기본적 인간 욕구의 만족, 평화구조의 창출 등이다

갈퉁은 평화의 개념을 소극적 평화와 적극적 평화로 구분함으로 써 평화학의 발전에 크게 공헌하였다. 소극적 평화란 전쟁이 없는 상태, 물리적 폭력이 없는 상태를 뜻한다. 적극적 평화란 구조적 폭력, 문화적 폭력이 없는 상태를 뜻한다. 구조적 폭력이란 사회적 구조에 의해 자행되는 간접적 폭력이다. 예컨대 국가의 부당한 법 집행에 의한 간접적 폭력과 사회적, 경제적 구조에 의한 빈부의 양극화, 그리고 여성에 대한 사회적, 경제적 차별과 성 소수자에 대한 차별 등이 구조적 폭력의 예이다. 문화적 폭력은 구조적 폭력을 정당화하는 모든 문화 기제이다. 남존여비 문화는 남녀차별을 정당화하는 문화 기제로 작용한다. 그는 전쟁의 부재를 넘어 구조적 폭력과 문화적 폭력을 완화하여 인간의 기본적 욕구를 충족시키는 것이 평화를 이루기 위한 조건이라고 보았다. 갈퉁은 평화를 이루기 위한 노력이 소극적 평화에서 적극적 평화로 전이되고 있다고 보았다.

미원의 평화론은 소극적 평화에서 출발하여 적극적 평화로 확대되었다. 그는 국가 간에 전쟁이 일어나지 않더라도 사회 전반에 만연해 있는 구조적 폭력과 문화적 폭력 때문에 진정한 평화를 이루기 어렵다고 판단했다. 미원은 1981년 6월 28일에 코스타리카에서 열린 제6차 세계대학총장회의에서 '평화교육과 평화운동'이란 주제의 기조연설을 하였다. 이 연설문은 그의 평화 사상을 집약하여 보여주고 있다. 미원은 전쟁이 없는 상태를 평화로운 사회로 인식하지

않았다. 그는 인간의 기본권이 보장되는 사회, 의식주가 보장되는 사회, 문화생활과 보람 있는 가치 창조가 보장되는 사회가 진정으로 평화로운 사회라고 보았다. 미원은 이러한 관점을 '사회평화'라고 정의하였다. 사회계층 간 갈등을 해결하지 않고서는 평화로운 사회를 만들 수 없다고 판단했기 때문이다. 미원은 평화로운 사회를 만들기 위해서는 인간의 마음이 변화되어야 한다고 보았다. 이런 이유로 미원은 평화교육이 필요하다고 생각하였다.

미원의 평화운동은 자신이 창시한 밝은사회국제클럽(GCS International)과 자신이 주도한 세계평화의 날 기념 연례 국제학술회의를 통해서 전개되었다. 밝은사회국제클럽은 회원국에서 돌아가며 매년 연차 대회를 개최하였다. 1981년에 유엔 세계평화의 날이 제정된 이후에는 매년 이날을 기념하는 대규모의 국제 평화학술회의를 개최하였다. 미원은 이 회의에 전 세계의 평화학자들을 초청하였다. 갈퉁도 이 회의에 초청되었다. 미원은 국제적으로 저명한 평화학자들과 교류하면서 자신의 평화 사상을 정립하고 연대를 모색하였다.

미원의 평화 사상을 이해하기 위해서 평화학과 평화운동의 역사적 맥락을 살펴볼 필요가 있다. 평화학과 평화운동은 시대적 환경의 변화에 따라 그 양태를 달리하여 왔다. 이것은 시대에 따라 학문적 연구과제가 달라졌고 운동 목적이 달라졌기 때문이다.

현대적 의미의 평화학이 태동하게 된 계기는 제2차 세계대전이라고 보는 것이 일반적이다. 전쟁 중 일어났던 나치의 잔혹한 유대인 학살과 원자폭탄이라는 가공할 무기의 등장 등은 1920년대와 1930년대의 평화 담론과 평화운동의 한계를 여지없이 보여주었다.

그래서 평화에 대해 새롭게 접근할 필요성이 대두되었다. 전후 동·서양 진영 간 냉전체제가 확립되면서 미·소 간 핵 경쟁이 가속화되었고 이에 대한 국제적 대응이 모색되었다. 이와 같은 움직임에 자극받은 평화학자들은 평화에 관한 과학적 연구의 필요성을 절감하고 연구소를 창립하기 시작하였다.[67] 그리고 평화학자들의 연대도 가시화되기 시작했다.[68]

1960년대 평화연구의 중심적인 주제는 당연히 핵무기 경쟁이었다. 1962년에 발생한 쿠바 미사일 위기로 촉발된 미·소간의 핵무기 경쟁은 평화학자들의 관심을 집중시켰던 핵심적 연구과제였다. 1970년대에 평화연구의 중심적 이슈는 지구적 차원에서 구조적 폭력을 분석하는 것이었다. 1980년대 전반부에 새로운 평화운동이 유럽, 북미, 일본을 중심으로 일어나 평화학에 심대한 영향을 끼치기 시작하였다. 영국의 핵 군축위원회(The Committee for Nuclear Disarmament), 서독의 녹색당 등이 등장하였다. 그리고 전 세계적으로 국제 비정부기구의 활동이 활발해지기 시작했다. 이런 배경에서 미원은 1980년대에 가장 활발하게 세계 평화운동을 전개하였다. 1980년대 중반 그는 특히 미국과 소련을 대상으로 핵무기 감축을 설득하는 노력을 집중적으로 펼쳤다.

1990년대 초반 동·서 냉전 구조가 해체됨에 따라 평화학은 새로운 상황을 맞이하게 되었다. 일각에서는 평화가 도래하였기 때문에 평화학의 사명 또한 끝났다는 낙관적인 견해도 있었다. 그러나 학자들은 더욱 복잡하고 어려운 문제가 기다리고 있다는 사실을 인정하였다. 인종·민족 간 갈등의 분출이 이념적 갈등을 대체한 것이다. 미원은 이런 관점에서 배타적 민족주의를 전쟁의 원인이라 규정하였다. 또 다른 문제는 자본주의적 시장경제모델을 중심으로 하는 세계화가 진행됨에 따라 빈부의 격차가 심각해졌다는 점이다. 그리고 민주주의와 인권의 세계화는 국제 NGO들의 영향력을 높이는 결과를 가져왔다. 이에 따라 평화학도 새로운 역할과 방법론을 찾지 않을 수 없었다.

이러한 배경에서 평화학자와 평화운동가들은 유엔이 중심적 역할을 하는 민주적 국제사회의 건설을 대안으로 제시하기도 하였다.[69] 미원은 바로 이 시기에 팩스 유엔이론을 유엔에 제시하며 운동을 주도하였다. 미원이 1999년에 서울 NGO세계대회를 개최한 것은 바로 이러한 시대적 배경 속에서 이해될 수 있다.

20세기 말 탈냉전의 세계사적 변화는 평화로운 21세기에 대한 기대를 크게 불러일으켰다. 그러나 2001년 9월 11일에 미국 뉴욕에서 발생한 테러의 충격 속에서 시작한 21세기는 테러와 반테러전의 악순환 속에서 냉전의 시대와는 다른 갈등의 모습으로 전개되었다. 평화학과 평화운동은 전 세기와는 다른 새로운 도전에 직면하게 되었다. 전 세계가 테러리즘과 반테러리즘으로 양 분화되었다. '이에는 이' '폭력에는 폭력'을 모토로 내세운 논리가 힘을 얻게 되었고 '문명 간의 충돌'이 새로운 시대적 화두로 등장하였다. 1992년 미국 로스엔젤레스(LA)에서 흑인들에 의한 폭동이 일어나자 미원은 1997년부터 LA 지역의 다민족 지도자를 한국으로 초청하여 민족 간 갈등 해소를 시도하였다.[70] 미원은 또한 이 시기에 '지구공동사회대헌장'을 만들어 전 세계 지도자들로부터 적극적인 지지를 끌어냈다. 그는 세계화가 진행됨에 따라 만연한 인간성 상실에 대해 개탄했고 도덕과 인간성 회복을 위한 제2의 르네상스 운동을 전개하였다.

한편 냉전의 종식으로 인해 새로운 안보 이슈가 떠올랐다. 미·소 강대국을 중심으로 한 동·서 진영 간에 무력충돌이 일어날 가능성이 줄어들면서 국가 간의 갈등보다는 국가 내의 갈등이 더 심각한 안보위협으로 대두되었다. 이러한 갈등은 특히 저개발, 빈곤 지역에서 발생하였다. 갈등이 발생한 지역의 일반 시민들은 폭력, 기근, 질병과 같은 비군사적 위협에 노출되었다. 미원은 이러한 배경에서 사회평화라는 개념을 창안하여 전파하기 시작하였다.

미원은 세계 평화운동을 전개하며 수많은 아이디어를 제공했고 사람들에게 영감을 주었다. 그러나 미원이 주장했던 '지구공동사회'는 여전히 개념적 수준에 머물러 있다. 문명전환이 진행되고 있는 현시점에서 '지구공동사회'는 시대적 요청이 되고 있다. '지구공동사회'를 구현하기 위해서는 평화학과 평화운동의 시대적 변천을 인식할 필요가 있다. 새로운 시대는 새로운 평화학과 평화운동을 요구한다.

21세기의 새로운 평화학과 평화운동의 패러다임은 한반도와 동북아에서 나타날 가능성이 있다. 냉전 시대 평화학의 발전을 선도했던 지역이 스칸디나비아였다.[71] 그러나 새로운 평화학과 평화운동은 이념적 모순구조가 여전히 남아 있는 한반도를 중심으로 한 동북아가 그 진원지일 가능성이 있다. 한반도의 분단과 통일은 문명사적 사건이다. 미원이 일찍이 간파하였듯이 한반도가 평화롭게 통일되기 위해서는 자유와 평등의 가치가 조화를 이루고 공존 공영하는 제3의 민주주의가 필요하다. 한반도와 동북아에서 문명사적 모순구조의 경계를 허물 수 있는 새로운 평화학과 평화운동의 출현이 절실한 시점이다.

오토피아란 무엇인가?

미원은 1979년 5월에 자신의 사상과 이론을 집약한 『오토피아』를 출판하였다. 이 책은 그가 26세 때 깨달은 3차원적 우주관을 50년에 걸쳐 연구한 끝에 내놓은 역작이다. 그는 『민주주의 자유론』, 『문화세계의 창조』, 『인류사회의 재건』 등의 저술을 통하여 자신의 사상과 이론을 발전시켰다. 그는 동서고금의 모든 철학사상과 종교사상, 현대 과학이론들을 비판하고 자신의 이론체계를 완성했다. 그는 이것을 주리생성론(主理生成論)과 전승화론(全乘和論)이라 불렀다.

미원은 이 책에서 우주 삼라만상이 변화하는 원리와 그 변화의 가운데 있는 인간의 존재에 관해 설명했다. 우리는 매일 사계절이 순환하면서 끊임없이 펼쳐지는 자연현상의 변화를 바라본다. 혹은 매일 바뀌는 하늘의 별자리를 바라본다. 그리고 지적인 호기심을 품게 된다. 대자연의 변화에는 반드시 어떤 원리가 숨어 있다고 생각한다. 그 변화의 원리를 알게 되면 미래를 예측할 수 있다고 생각한다. 동시에 그러한 변화를 바라보고 생각하는 '나'는 누구인가 하는 문제를 생각한다. 나라는 존재를 바르게 인식하게 되면 어떻게 살아야 하는가 하는 문제를 고민하게 된다. 미원이 『오토피아』에서 사색한 것은 이 문제였다. 미원은 먼저 이 책의 서두에서 불교, 기독교, 이슬람교 등 세계종교의 성지를 순례한 감회를 시(詩)를 써서 밝혔다. 그리고 이렇게 썼다.

"신(神)! 신은 인간과 먼 하늘에 홀로 사시지 않고 바로 그들의 마음속, 아니 그들의 믿음 속에 살고 있구나, 바로 그들의 마음속에!"[72]

미원은 왜 자신의 철학 이론을 펼치기에 앞서 신에 관한 이야기를 꺼냈을까? 그것은 신에 대한 문제가 정리되지 않고서 자신의 이론을 정립할 수 없었기 때문이었다. 그는 오랜 고민 끝에 신은 '믿음의 문제'라고 결론을 내렸다.

미원은 동서양의 우주론을 비판적으로 고찰하고 '주리생성론'과 '전승화론'을 설명하였다. 그런 후에 그는 인간의 문제를 언급하였다. 그는 다시 '인간은 한 마디로 숙명 속에서 자유로운 활동을 허용받은 존재'라고 강조하였다. "그러므로 우리는 자기가 한 일에 대하여 책임을 지며 주어진 고난에 도전하여 역경을 극복하고 보람과 가치를 창조할 수 있는 것이다. 바로 이것이 인생의 의미이며 역할이며 임무이고 사명이다"라고 그는 생각하였다.[73] 그래서 인간은 정신적으로 아름답고, 물질적으로 풍요로우며, 인간적으로 보람 있는 사회인 오토피아를 건설해야 한다고 결론을 내렸다.

우리는 미원이 제시한 오토피아의 세 가지 조건에 대해서 살펴볼 필요가 있다. 미원은 우리가 건설해야 할 바람직한 사회에 대해서 오랫동안 사유하였다. 미원의 사유는 "인간은 정신과 육체를 가진 존재다"라는 사실에서 출발하였다. 인간은 정신적 존재이기에 당연히 정신적인 가치를 추구한다. 인간은 정신적 가치가 충족되었을 때 행복을 느낀다. 미원은 이것을 '아름다운 정신'이라고 표현하였다. 인간이 정신적으로 아름답다는 것은 무엇을 뜻하는가? 미원은 이것을 저서에서 구체적으로 설명하지는 않았다. 그러나 미원은 이것을 '인(仁), 의(義), 예(禮), 지(智), 신(信)'이라고 간략하게 설명한 적이 있다. 즉 인간이 어질고, 의롭고, 예를 알고, 지혜롭고, 신뢰하게 되면 정신적으로 아름다운 상태에 도달할 수 있다는 뜻이다. 미원의 사상이 동양사상에 뿌리를 두고 있음을 알 수 있는 대목이다.

인간은 또한 육체적인 존재이기에 물질적인 욕구가 충족되어야 한다. 정신적으로 만족스러운 상태라 하더라도 물질적인 욕구가 충족되지 않으면 인간은 결코 완전한 행복에 도달할 수 없다. 그러면 인간은 어느 정도로 물질적 욕구를 충족시켜야 하는가? 인간의 욕심은 끝이 없고 그 기준이 사람마다 다르기에 일반화해서 설명하기 어렵다. 미원이 '풍요로운'이라고 표현한 것은 적어도 생존에 필요한 수준 이상이라는 의미로 해석될 수 있다.

미원은 오토피아의 조건으로 '인간적인 보람'을 추가하였다. 이 조건을 찾기 위해 미원은 오랫동안 고민을 하였다고 전해진다. 미원은 1970년대 중반 어느 날 일본 후지산(富士山)과 산중호(山中湖)가 바라보이는 하꼬네(箱根) 지역의 한 호텔에서 불현듯 영감을 떠올렸다. 그는 인간은 남을 위해 헌신하고 봉사할 때 진정으로 보람을 느끼고 행복할 수 있다고 생각했다. 인간이 보람을 느끼는 상황은 사람마다 다양할 수 있다. 어떤 사람은 원하던 일을 성취했을 때 보람을 느낀다. 그러나 이것을 인간적인 보람이라고 하지는 않는다. 인간이 진정으로 보람을 느끼는 경우는 남을 위해 자신의 것을 베풀 때이다. 자신보다 어려운 처지에 있는 사람을 위해 봉사하는 사람들이 똑같이 하는 말은 "내가 준 것보다 더 많은 것을 얻어 간다"라는 것이다. 그들은 인간적인 보람을 얻어가는 것이다. 그리고 그들은 행복과 보람을 느낀다. 미원이 '인간적으로 보람 있다'라는 것은 이타적 봉사와 기여를 뜻한다.

미원은 이렇게 오토피아 철학의 골격을 완성하였다. 그리고 '정신적으로 아름답고'(spiritually Beautiful), '물질적으로 풍요롭고'(materially Affluent), '인간적으로 보람 있는'(humanly Rewarding)의 영어 약자를 따서 BAR 사상을 정립하였다. 이것이 인류사회가 마땅히 지향해야 할 오토피아의 가치이다. 그의 용어로 '당위적 요청사회'인 오토피아는 우리 인류가 반드시 만들어야 하는 인류사회라는 뜻이다. 미원은 지구공동사회를 만들어야 평화로운 인류사회가 될 것이라고 생각했다.

오토피아는 잉글랜드의 인문주의자인 토마스 모어(Thomas More: 1478~1535)의 이상사회인 유토피아(Utopia)와는 다르다. 『유토피아』(1516)는 모어가 라틴어로 쓴 소설의 제목이자 소설에서 등장하는 가상의 섬나라 이름이다.[74] 『유토피아』는 농업을 기반으로 한 공산사회'를 이상향으로 제시하였다. 모아의 『유토피아』는 동시대 이탈리아 정치가이자 사상가인 마키아벨리(Niccolò Machiavelli: 1469~1527)의 현실주의적 『군주론』(1532)과는 달리 매우 급진적인 이상사회를 표현했다. 이 소설에는 하루 6시간 노동, 지방자치제, 공유경제, 공공 주택, 안락사, 사형제 완화, 비밀 투표, 종교의 자유, 남녀평등교육 등이 상세히 서술되어 있다. 그러나 『유토피아』는 현실 세계에는 존재하지 않는 이상사회일 뿐이다. 미원의 오토피아는 현실주의적 관점에서 인류사회가 반드시 건설해야 할 사회인 것이다. 미원이 오토피아를 구상하면서 주목했던 인류사회의 아포리아(aporia: 난제)는 네 가지였다.[75]

첫째는 인류사회가 더는 감당할 수 없는 자연자원의 고갈, 환경문제, 인구문제, 식량문제, 국민과 국가 간의 문화 및 빈부의 격차 문제 등이다. 이런 문제는 어느 한 국가의 힘으로 해결할 수 없는 지구적 난제이다. 미원이 1970년대 말에 인식하였던 지구적 난제는 50여 년이 지난 현재에 현실이 되고 있다. 특히 기후변화 문제는 인류의 생존을 시시각각으로 위협하고 있다. 예기치 못한 코로나바이러스의 출현은 전 세계를 고통 속으로 내몰았다.

둘째는 대중사회의 출현에 따른 가치관의 붕괴와 인간의 사려 없고 무분별한 행동, 물질주의와 배금주의의 대두, 감각적 향락주의에 따른 범죄와 퇴폐풍조의 만연, 과도한 경쟁의식에서 오는 적개심과 상호 간의 불신 문제, 인간 정신의 경시가 유발하는 인간소외 문제와 우중(愚衆)사회의 출현 문제 등이다. 미원은 오늘날 팽배한 자유시장주의의 폐단을 이미 예견하였다.

셋째는 인간의 필요와 무관하게 개발되는 과학기술의 자기증식에 의한 기계사회와 정보사회의 출현 문제, 과학기술 주의에 의한 진보 신앙 문제, 인공인간의 출현으로 인간 존엄성의 말살과 가족관계

파괴 문제이다. 미원이 예측한 바와 같이 우리 사회는 정보화 기술의 급속한 발전으로 초연결사회로 진입하고 있다. 모든 사람이 손 안에 있는 스마트폰을 사용하여 정보를 검색하고 지리적 거리와 관계없이 소통할 수 있는 시대에 살고 있다. 우리는 인공지능을 장착한 자율주행 차의 출현을 목전에 두고 있다. 문명의 이기(利器)가 인간에게 편익을 주는 것이 사실이나 점차 기계에 예속됨으로써 인간성은 상실되고 있다.

넷째는 지구의 시간적, 공간적, 관념적 축소에 따른 지구사회의 출현과 그에 미흡하게 대처하는 문제, 각종 이기주의에 의한 종족, 종교, 계층, 지역 간의 배타적인 분열 지향성의 문제, 하나의 지구공동사회를 이끌어갈 수 있는 세계 가치 질서가 출현할 때까지의 혼란 문제 등이다. 미원이 예상한 대로 급속한 세계화로 지구사회(global village)가 되었고 지구상에 일어나는 모든 일이 상호 연결되고 있다. 그러나 자국 이익 중심주의가 등장하면서 세계질서는 신 냉전 시대로 접어들고 있다. 지구상 어느 국가든지 막론하고 국내적으로 극심한 이념적, 사회적, 정치적 분열을 경험하고 있다.

미원은 인류사회에 대한 희망을 버리지 않고 처방을 제시하였다. 지구적 난제를 해결하기 위해 인류가 의식혁명을 해야 한다. 인간에 대한 재인식과 재발견, 인류공동사회를 위한 의식혁명이 필요하다. 의식혁명은 선의(Good Will), 협동(Cooperation), 봉사-기여(Service)의 생활에 기초하여야 한다. 바르게 알고, 바르게 판단하고, 바르게 행동하는 삼정행(正知, 正判, 正行)을 위해 명상을 해야 한다.[76] 그리고 주리생성론과 전승화론을 통해 삼라만상의 변화를 통찰해야 한다.

그러면 미원의 인식론적 기초인 주리생성론과 전승화론에 대해 살펴보기로 한다.

주리생성이란 무엇인가?

　미원의 주리생성론은『문화세계의 창조』에서 사유한 생성론의 완성이다. 미원은『문화세계의 창조』이후 우주와 인간의 생성원리를 정립하기 위해 30여 년에 걸쳐 동서양의 철학, 우주과학 이론, 양자물리학 등 현대 과학이론을 탐구하였다. 그는 사색의 결과를 몇 개의 명제로 정리하였다.

- 이 세상에 까닭 없는 것은 없다.
　미원은 어떤 현상이 일어나는 데는 반드시 원인이 있다고 생각하였다. 어떤 원인이 있어서 어떤 결과가 일어나고 그 결과가 다시 원인이 되어 또 다른 결과가 연쇄적으로 일어난다. 시간적인 순서로 보면 원인이 먼저 일어나고 결과가 나중에 일어난다. 그래서 미원은 이 세상에 우연이나 기적은 없다고 생각하였다. 우연이나 기적처럼 보이는 어떤 현상도 우리가 그 원인을 모를 뿐이라는 것이다. 오직 일관되게 흐르는 이치에 따라 질서정연하게 진화를 계속하는 것뿐이라는 것이다.
　미원의 설명은 매우 자명(自明)해 보인다. 이런 인과론이 없다면 모든 학문체계는 설립되지 않는다. 그러나 이 세상에는 인과론으로 설명되지 않는 수많은 초자연적 현상들이 존재한다. 이런 현상을 이해하고자 했던 사람이 스위스의 정신분석학자 융(Carl Gustav Jung: 1875~1961)이다. 융은 우연의 일치, 예지몽, 희망적 사고의 실현(wishful thinking), 기도의 응답, 믿음을 통한 치유 등을 심리학적으로 연구했던 학자다. 그는 이런 현상들은 통설적 인과론으로는 설명이 되지 않는 현상이라고 보았다. 그는 이러한 '의미심장한 우연의 일치'를 '동시성'(同時性, synchronicity)이라 불렀다.[77]

예컨대 동시성은 어떤 사람을 마음속에 떠올렸는데 그 순간 그 사람에게서 전화가 오는 현상이다. 호랑이도 자기 말하면 온다는 우리 속담도 같은 맥락이다. 동시성의 경우 원인과 결과를 설명해 줄 수 있는 합리적 연결고리가 없다. 융은 이런 심리 현상을 집단 무의식과 목적론(teleology)으로 설명했다.[78] 앞에서도 언급했듯이 목적론이란 인간의 심리가 잠재적 가능성을 실현하는 방향으로 움직인다는 설명이다. 이렇듯 심리 현상은 여전히 인과론으로 설명되지 않는 영역이다.

라즐로는 현대 과학적 인과론으로 여전히 설명되지 않는 초자연적인 심령현상, 즉 동시성, 텔레파시, 유체이탈, 원격투시, 염력 등을 양자물리학이 설명해 줄 수 있다고 주장한다. 그는 정신과 물질이 분리되어 있지 않으며 우주가 하나의 의식(consciousness)이라고 보고 있다.[79] 그가 주장하는 것처럼 정신과 물질이 서로 연결되어 있다면 이런 현상들 역시 원인과 결과로 설명할 수 있다. 브라질의 소설가 코엘료(Paulo Coelho: 1947~)의 소설 『연금술사』(1987)에서 나오는 "세상 만물은 모두 한가지라네. 자네가 무언가를 간절히 원할 때 온 우주는 자네의 소망이 실현되도록 도와준다네"도 설명이 가능해진다. 모든 종교에서 기도가 응답받는 원리도 설명이 된다. 이것은 우주가 하나로 연결되어 있을 때 가능하다.

한편 인과론이 적용되기 위해서는 원인은 항상 과거에 일어나야 하고 그 결과가 현재에 일어나야 한다. 시간이 미래로 흐르기 때문이다. 그렇다면 시간은 항상 미래로만 흐르는 것일까? 열역학에서 시간은 항상 미래로 흐른다.

열역학은 다음과 같은 법칙을 정립하였다. 첫째는 에너지 보존의 법칙이다. 우주상에 존재하는 에너지의 총량은 변함이 없다. 독일 태생의 물리학자 아인슈타인(Albert Einstein: 1879~1955)은 특수상대성이론에서 $E=mc^2$라는 공식을 정립하였다. 여기에서 E는 에너지, m은 질량, c는 진공 속의 빛의 속도를 뜻한다. 이 공식은 모든 질량을 가지고 있는 물체는 에너지를 가지고 있다는 것을 뜻한다. 외부에서 에너지의 유입이 없는 닫힌계에서의 전체 질량/에너지는 일정하다. 그 이유는 에너지는 생성되거나 사라질 수 없고 안에 갇힌 에너지는 어떠한 형태와 관계없이 질량을 갖기 때문이다. 통계역학에서는 우주를 구성하는 것이 정보라고 본다. 에너지와 마찬가지로 정보의 총량도 일정하게 보존된다.

둘째는 엔트로피(entropy)의 법칙이다. 열에너지는 항상 고온에서 저온으로 흐른다. 열에너지는 평형상태에 도달하여 열사(熱死, heat death)의 상태에 이르면 더 이상 운동이 일어나지 않는다. 이것을 엔트로피가 증가하였다고 말한다. 예컨대 뜨거운 물에 담겨있는 열에너지는 시간이 지남에 따라 식게 되고 결국 차가운 물로 변한다. 열이 낮은 곳으로 옮겨갔기 때문이다. 열이 대기 중으로 흩어졌다면 무질서(엔트로피)가 증가한 것이다. 차가워진 물은 외부에서 에너지를 가하지 않는 한 결코 뜨거운 물로 변하지 않는다. 나무에 붙은 불은 타다가 결국 한 줌의 재를 남기고 꺼진다. 꺼진 재가 다시 불로 되돌아가는 법이 없다. 따라서 이것을 '시간의 화살' 혹은 시간(에너지)의 비가역성이라고 한다. 시간(에너지)의 비가역성이란 시간은 결코 거꾸로 흐르지 않고, 열이 결코 낮은 곳에서 높은 곳으로 흐르지 않는다는 뜻이다. 물질계에서는 엔트로피가 증가하는 '시간의 화살'을 거역할 수 없다. 인간의 육체도 외부에서 에너지를 공급하지 않는 한 열평형 상태에 이르러 사망한다. 통계역학에서는 엔트로피를 정보에 적용한다. 정보가 결합하는 경우의 수가 많아질수록 엔트로피가 증가한다고 본다.

엔트로피 증가의 법칙은 자연계에서 시간이 거꾸로 흐르지 않는다는 것을 뜻한다. 반드시 원인이 발생하고 결과가 뒤따른다. 그러나 시간의 비가역성으로 설명되지 않는 초자연적인 현상들이 존재한다. 이것은 통설적인 인과론(causality, Kronos)으로 설명되지 않는 현상이 존재한다는 뜻이다. 시간이 미래에서 현재로 흐르는 역 인과론(retro-causality, Kairos), 혹은 과거, 현재, 미래가 동시에 존재하는 초 인과론(super-causality, Aion)이 우주에는 존재할 수도 있다. 아인슈타인은 상대성이론에서 우주에서 빛보다 빠른 물체가 존재할 수 없기에 시간이 거꾸로 흐를 수 없다고 주장하였다. 그러나 불확정성의 원리가 지배하는 양자 세계나 무한중력의 블랙홀에서는 통상적 인과론이 적용되지 않는다. 우주에는 여러 형식의 인과론이 존재할 수 있다.

- 이 세상에 홀로 있는 것도 없다.

미원은 이 세상에 있는 모든 것이 연결되어 있다고 생각했다. 우리가 생물들의 먹이사슬을 생각하면 쉽게 이해할 수 있다. 만약 꿀벌이 사라지게 되면 꽃을 피우는 식물은 사라지게 된다. 그러면 식물을 먹고 사는 동물의 생태계는 파괴된다. 우리 인간사회도 마찬가지이다. 우리가 한 인간으로 존재하기 위해서는 수많은 사람들의 노고에 의존해야 한다. 오늘날과 같은 초연결사회에서 사는 우리는 모든 것이 연결되어 있다는 사실을 매일 실감한다. 미원은 다음과 같이 설명하였다.

> "우주는 유기적 통일체이다. 음양(陰陽)-실상(實相)의 형식으로 같은 것과 같지 않은 대소(大小) 실체들이 짝지어 서로 유관하며 분화·통합하므로 홀로 존재하는 것이 없다. 모든 실체는 우주의 소 분자이고 우주는 소 분자의 유기적 집합체이며 서로 유관하여 짝지어 대립(對立) 전화(轉化)해 나간다."[80]

이것이 미원의 유기체적 우주관이다. 이것은 우주 전체가 하나로 연결되어 있다는 것을 뜻한다. 연결된다는 것은 물질만을 뜻하는 것은 아니다. 인간의 의식과 물질이 연결되어 있다는 뜻도 포함한다. 우주에 존재하는 모든 실체는 소립자로 구성되어 있고 이 소립자는 진동하면서 파장을 일으킨다. 전파나 뇌파가 눈에는 보이지 않으나 파장이 있고 이 파장을 통해 모든 실체가 연결된다. 이렇게 인간의 의식이 물질과 연결된다. 이것은 1801년에 영국의 물리학자 영(Thomas Young: 1773~1829)의 '이중 슬릿 실험'(double-slit experiment)에 의해 입증되었다. 즉 양자는 인간이 관찰할 때는 입자로 움직이고 관찰하지 않을 때는 파동으로 움직인다. 관찰자의 의식이 입자의 운동에 영향을 미친다는 뜻이다. 이것은 인간의 의식이 물질과 서로 연결되어 있다는 뜻이다.

우주 공간에 존재하는 소립자는 쌍을 이루어 공간적 거리와 관계없이 상반된 양상 (하나는 양+이면 다른 하나는 음-)으로 '즉각' 나타난다. 이것을 '양자 얽힘'(quantum entanglement)이라 한다. 이 또한 양자물리학에 의해 실험을 통해 증명되었다. 그래서 우주 전체가 하나의 의식(cosmic consciousness)이라는 관념이 등장하였다. 미국의 이론물리학자 봄(David Bohm: 1917~1992)은 우주 전체를 '움직임의 흐름 속에 있는 불가분의 전체'(undivided wholeness in flowing movement)라고 설명하였다.[81] 미원도 우주의 정신적 실체가 존재한다고 생각하였다.[82]

양자적 우주관은 기존의 사고 패러다임에 대한 인식의 변화를 요구한다. 우주는 전체로 연결되어 있는 하나의 그물망이다. 이 지구상에 사는 인류는 생태계와 분리될 수 없는 공동운명체다. 모든 인류는 하나의 우주의식으로 연결되어 있다는 뜻이다. 미원은 이런 관점에서 인류가 지구공동사회를 이루어야 한다고 보았다.

- 이 세상에는 영원불변한 것이 없다.

우리 인간은 100여 년이 못 되는 짧은 인생을 살면서 무수히 많은 변화를 경험한다. 인간은 생노병사(生老病死)를 경험하며 인생무상을 느낀다. 누구든지 영원히 살 것처럼 현실에 매몰되어 살다가 어느 날 문득 인생에 영원한 것이 없다는 것을 깨닫게 된다. 그리고 모두가 빈손으로 왔다가 빈손으로 가는 것이 인간의 운명임을 깨닫는다. 우리는 자신을 둘러싸고 있는 대자연의 변화를 관찰한다. 그리고 만물은 춘하추동의 변화 속에서 생장염장(生長斂藏)의 순환을 계속하는 것을 깨닫게 된다. 즉 태어나고, 성장하고, 수확하고, 저장하는 순환이 계속되어 우주가 한순간도 정체함이 없이 변해가고 있음을 알게 된다. 중국 송나라의 철학자 소강절(邵康節: 1011~1077)은 『황극경세서(皇極經世書)』에서 우주도 지구의 춘하추동과 같이 순환의 주기가 있음을 수리적으로 밝혔다. 그에 따르면 우주의 1년은 129,600년이라는 것이다.[83] 우주도 생장염장의 순환을 하고 있다는 것이다. 이렇듯이 모든 것이 순환한다. 미원도 이 세상에는 영원불변한 것이 없다고 생각하였다.

"모든 사물은 유전(流轉)하여 정체하는 일이 없으며 서로 작용하고 생성하여 변하므로 정지되는 일이 없다. 작용은 본성이고 변화는 형식이다. 생(生)한 것은 성(盛)하며 성(盛)한 것은 멸(滅)한다. 즉 생성 소멸하면서 윤회하는 것이다."[84]

이것은 우주에 있는 모든 것은 끊임없이 변화하며 정체되는 것이 없다는 뜻이다. 생겨난 것은 반드시 없어지고, 없어진 것은 다시 생겨난다. 이러한 과정을 거치면서 순환한다. 에너지가 모이면 물질이 되고 에너지가 흩어지면 물질은 사라진다. 현상계의 모든 것은 변화한다. 그러나 오직 변화하지 않는 것이 있다면 그것은 변화를 일으키는 원리다.

- 이 세상의 모든 사물은 고유의 특성과 공통의 속성을 지니고 있다.

우리가 사물을 관찰할 때 외양은 모두 다르나 고유의 특성이 있고 공통의 속성이 있음을 발견하게 된다. 예컨대 나무는 수없이 많은 종류가 있다. 나무마다 고유의 속성이 있다. 침엽수가 다르고 활엽수가 다르다. 그런데 나무는 나무로서의 공통의 속성이 있다. 사람도 마찬가지이다. 사람의 생김새, 취향, 생각은 모두 다른데 인간으로서의 공통 속성을 가지고 있다. 그리고 사물마다 작용하는 원리가 모두 다르다. 미원은 이것에 주목하여 다음과 같이 설명하였다.

> "모든 사물이 특성이 있다는 말은 분체(分體)로서 독립된 고유의 특성이 있다는 말이요, 속성을 가지고 있다고 함은 통일체로서의 일반적 원리에 따른 공통성질을 가지고 있다는 말이다. 자연의 질서 속에서 개체는 상호 유관한 가운데 독립된 지위를 가지고 있으나 그 존재와 특성은 또한 제약이 있다. 이처럼 특성과 속성을 가지고 있는 만물은 서로 연관된 관련 속에서 작용을 하며 오묘한 자연의 현상과 질서를 창조해 나간다."[85]

동양의 음양오행론(陰陽五行論)은 우주에 있는 모든 에너지의 특성을 오행, 즉 목(木), 화(火), 토(土), 금(金), 수(水)로 분류한다. 목은 발생,

화는 확산, 토는 매개, 금은 수렴, 수는 저장의 에너지 특성이다. 모든 만물은 이러한 에너지 특성에 따라 움직인다. 에너지는 천체의 변화에 따라 상생(相生)과 상극(相剋)의 관계를 형성하고 작용하여 자연현상과 질서를 이룬다. 나무를 예로 들어 설명해 보자. 나무는 봄이 되면 태양에너지를 흡수하면서 새싹을 틔운다. 여름이 되면 잎이 무성해지고 꽃을 피우며 에너지를 확산한다. 가을이 되면 태양의 에너지를 수렴하여 열매를 맺게 된다. 겨울이 되면 그 수렴된 에너지는 열매와 뿌리에 저장된다. 쉬운 예로 목은 봄, 화는 여름, 금은 가을, 수는 겨울에 비유될 수 있다. 토는 계절의 순환에 따른 변화를 매개하는 역할을 한다.

미원은 특히 부분적 특성과 전체적 속성과의 관계에 주목하였다. 부분적 특성이 상호작용하여 합해진 결과가 전체적 속성이다. 전체적 속성은 다시 부분적 특성에 영향을 미치며 새로운 질서를 만든다. 이것을 현대 학문용어로 공진화(共進化, coevolution)라고 한다. 공진화는 본래 꽃과 벌과의 상생 관계를 설명하는 생물학적 개념이었다. 현재는 학문 각 분야에서 부분과 전체의 상호관계를 설명하는 용어로 폭넓게 사용되고 있다. 미원은 공진화라는 용어를 사용하지 않았으나 이 원리를 설명하고 있다. 공진화에 대해서는 '전승화란 무엇인가?'에서 다시 설명하겠다.

- **우주 만물의 생성변화는 질량(質量)과 실질 관계에서 오는 인력(引力)과 척력(斥力)에서 비롯된다.**

우주를 지배하는 힘에는 중력, 전자기력, 핵력, 약력이 있다. 중력은 질량을 가지고 있는 두 물체 사이에 작용하는 힘이다. 만유인력이라고도 한다. 중력이 있기에 우리는 공중에 떠다니지 않고 땅 위로 걸어 다닐 수 있다. 중력은 우주의 평형을 이루는 힘이다. 전자기력은 두 전하 사이에 일어나는 힘이다. 같은 전하를 띠는 입자는 서로 밀어내고 다른 전하를 띠는 입자는 끌어당긴다. 핵력이란 글루온(gluon)이라는 입자를 매개로 쿼크(quark)를 묶어주어 양성자와 중성자를 구성하는 힘이다. 물론 작용하는 힘의 거리는 매우 짧으나 우주를 지배하는 힘 중에서 가장 강력하다. 약력은 핵력과 달리 방사선을 붕괴시키는 힘이다. 이러한 힘 사이에 당김과 밀어냄이 작용하며 우주 만물의 생성변화가 생긴다. 미원은 이런 원리를 다음과 같이 설명하였다.

> "이질(異質) 간에 발생하는 인력과 척력은 상호작용하여 강약경중(強弱輕重)을 낳고, 대소다과(大小多寡)와 명암냉온(明暗冷溫)을 낳고 유한과 무한, 변화와 불변화를 낳고, 동중이(同中異) 이중동(異中同)을 낳는다. 인력과 척력의 이 두 작용은 우주 활동의 본성으로 서로 대립하고 동화하며 상생하고 상극한다. 이 동(動), 정(靜), 충(衝), 화(和)는 우주 만물의 운동형식이다. 이와 같은 교호작용은 모순과 조화의 전화(轉化)를 일으켜 만물을 변화 생성하게 한다."[86]

미원은 우주에는 성질이 다른 실체가 존재한다고 보았다. 동양철학에서는 이것을 음과 양이라고 표현한다. 실체는 생물과 무생물

모두를 포함한다. 실체 사이에는 당기는 힘과 밀어내는 힘이 작용한다. 이 힘의 원리에 따라 모든 변화와 생성이 일어난다. 변화와 생성은 때론 움직이고 때론 멈추며 때론 충동하고 때론 조화를 이룬다. 변화와 생성은 크기도 하고 작기도 하며 강하기도 하고 약하기도 하다. 힘의 작용은 같은 것 중에 다른 것이 생기기도 하고 다른 것 중에 같은 것이 생기기도 한다. 상반된 힘은 인간관계에서도 작용한다. 서로 당기는 힘이 작용할 때는 인간관계에서 인연이 발생하고 협력과 연대의 원인이 된다. 반대로 밀어내는 힘이 작용하는 경우 갈등과 분열의 원인이 된다. 이러한 원리를 사회심리학에 적용한 사람이 독일계 미국 심리학자 레빈(Kurt Lewin)이다. 레빈은 인간의 집단 행위나 사회적 변화를 이러한 상대적 힘의 균형 관계로 설명했다.[87]

- 이 세상의 실태는 처음이 없고 끝이 없다.

우리는 이 우주의 처음이 무엇이었을까? 혹은 이 우주의 끝은 무엇인가? 의문을 가진다. 우리는 또한 인생은 어디서 와서 어디로 가는 것일까? 질문을 던지기도 한다. 이런 질문들은 역사 이래로 모든 종교, 철학, 과학에서 논의되어 온 문제였다. 미원은 이 문제에 대해 다음과 같이 설명했다.

"이 세상은 유한하고 무한하다. 유(有)는 무(無)에서 오고, 무(無)는 유(有)에서 나온다. 그 무는 공(空)이 아니라 실(實)이며, 유는 형(刑)이 아니라 상(相)이다. 변화하는 가운데 변화하지 않음이 있고, 변화하지 않는 가운데 변화함이 있다. 즉 그것은 아리스토텔레스의 부동(不動)의 동자(動者)요, 하이데거의 불연속의 연속이요, 또 불교에서 말하는 공(空-本體) 卽是色(現象)이 되고 색(事法界) 卽是空(理法界)이 된다. 유형무형을 막론하고 같으면서도 같지 않은 것이 존재함과 같이 정지하는 가운데 운동이 있고, 운동하는 가운데 정지함이 있다. 즉 잡연한 가운데 질서가 있는 이 현묘한 이치가 즉 우리가 사는 우주의 원리요, 본체요, 실(實)과 상(相)임을 나는 여기에 힘주어 밝혀 둔다."[88]

　미원은 이 세상의 모든 것이 처음도 없고 끝도 없다고 생각했다. 이 부분이 미원의 사상에서 가장 어려운 부분이다. 과연 우주는 어떻게 시작은 되었고 어떻게 끝날까 하는 문제이다. 위에서 미원이 "유(有)가 무(無)에서 왔다"는 말은 『주역』의 우주론을 설명한 것이다. 『주역』에서는 무극(無極)에서 태극(太極)이 나왔다고 본다. 태극은 우주의 본체를 뜻한다. 태극에서 서로 성질을 달리하는 음양(兩儀)이 나오고, 음양에서 노양(老陽), 소양(小陽), 노음(老陰), 소음(小陰), 즉 사상(四象)이 나오고, 사상에서 팔괘(八卦)가 나와 천지가 창조되었다고 설명한다. 그러나 미원은 "무(無)는 공(空)이 아니라 실(實)이며, 유(有)는 형(形)이 아니라 상(相)이다"라고 설명하였다.[89] 이 한 줄의 문장 속에 미원의 우주관이 함축되어 있다.
　미원은 빅뱅 이전 우주의 원형이 불교에서 설명하듯이 텅 빈(空) 것이 아니라 무엇인가(實) 존재해 있었던 것으로 보았다. 그 실(實)은 산(散)이라고 표현하였다.[90] 산(散)이란 무엇인가가 흩어져 있다는 뜻이다. 형태를 갖추지 않은 파동 상태로 편재해 있는 에너지다.

미원이 무(無)는 실(實)이라고 한 것은 무(無)에서 우주 만물이 시작되었다고 보는 『주역』의 관점과 다른 것이다. 그리고 물질 현상계가 텅 비었다(色卽是空)고 보는 불교의 우주관과도 다른 것이다. 미원의 해석은 양자물리학의 이론에 근거를 둔 것이다. 『주역』에서의 무(無)나 불교에서의 공(空)은 아무것도 없는 텅 빈 상태의 진공을 표현한다. 그러나 양자물리학에서의 진공은 비어있는 공간이 아니고 양자가 요동하고 있는 곳이다. 이곳에서는 진공요동으로 입자와 반입자 쌍이 극히 빠른 속도로 생성과 소멸을 반복한다. 에너지와 양자 정보가 이미 존재하는 것이다. 따라서 미원은 이 상태를 실(實)이며 산(散)이라고 본 것이다. 양자물리학의 초끈이론(superstring theory)에서는 우주를 구성하는 최소의 단위가 양자이고 양자는 끊임없이 요동하는 에너지의 끈으로 이루어져 있다고 본다. 초끈이론에서 입자는 끈의 모습을 하고 있으며 끈의 진동패턴과 진동수에 따라 서로 다른 입자로 보인다고 해석한다.

미원은 또한 우주 만물(有)은 모두 어떤 형태를 가지고 존재하는데 그것은 존재론적 형(形)이 아니라 인식론적 이미지(相)라는 것이다. 우리가 보고 느끼는 실재가 사실은 인간의 감각기관을 통해서 투영된 이미지라는 뜻이다. 이것은 칸트나 쇼펜하우어의 '표상'(representation) 혹은 양자물리학의 '홀로그램(hologram) 우주론'과 일맥상통한다. 홀로그램은 3차원 입체영상을 뜻한다. 이 용어는 1949년에 헝가리 출신의 영국 물리학자 데니스 가보르(Dennis Gabor: 1900~1979)가 처음 사용하였다. 홀로그램 우주론은 1970년대에 미국의 이론 물리학자인 봄과 미국의 뇌신경과학자인 프리브램(Karl Pribram: 1919~2015)에 의해 처음 제기되었다. 봄은 자신의 저서『전체성과 접혀진 질서(Wholeness and the Implicate Order)』(1980)에서 우주의 실체는 홀로그램이라고 주장했다. 그에 따르면 우리가 경험하고 있는 물질 세계의 현상은 '접혀진 질서'가 '펼쳐진 것'(explicate order)이라는 것이다. 프리브람은 우리가 보고 있는 실재는 인간의 뇌 속에서 재구성된 정보의 홀로그램이라는 주장을 폈다. 홀로그램 우주론은 현재 많은 과학자들의 지지를 얻고 있다.

1998년 아르헨티나의 끈 이론 학자 말다세나(Juan Martin Maldacena: 1968~)는 우주의 외곽에 관통할 수 없는 경계선인 '사건의 지평선'(event horizon)이 존재한다고 주장하였다. 그리고 우주에서 일어나는 모든 일은 그 경계면의 물리법칙과 그곳에서 진행되는 온갖 물리적 과정들이 투영된 것이라는 이론을 발표하였다. 즉 물질세계의 현상은 블랙홀의 표면적에 기록된 정보의 투영이라 것이다.[91]

이 이론을 이해하는 데 핵심적인 것이 '블랙홀 정보의 역설'이다. 블랙홀은 모든 물질을 빨아들이고 내뱉는다. 블랙홀이 뱉는 물질은 양자 요동의 결과이므로 절대 블랙홀의 정보를 담고 있을 수 없다. 블랙홀은 '사건의 지평선' 근처에서 쌍으로 생성된 물질 중 하나는 지평선 안으로 들어가고 나머지 입자는 방출되면서 빛을 내게된다. 이것을 호킹(Stephen William Hawking: 1942~2018)이 이론적으로 발견하여 '호킹 복사'라고 한다. 블랙홀은 이렇게 자신의 질량을 잃는다. 질량을 잃는다는 것은 블랙홀을 이루는 내부물질이 사라졌다는 뜻이다. 이것은 물질이 가지고 있는 정보가 사라진다는 것을 뜻한다. 그러나 정보는 결코 사라질 수 없다는 것이 물리학의 원칙이다. 여기에서 '블랙홀 정보의 역설'이 발생한다. 정보의 역설이 해결되기 위해서는 정보가 '사건의 지평선'에 저장되어야 한다. 태초이래 발생한 우주의 모든 양자 정보가 '사건의 지평선' 표면적에 저장되었다는 뜻이다. 우리가 보고 있는 현재의 우주는 '사건의 지평선'에 저장된 2차원 정보가 3차원적으로 투영된 홀로그램이라는 것이다. 미원이 이러한 홀로그램 우주론 관점에서 상(相)이라는 용어를 사용했는지는 확인할 수 없다. 다만 홀로그램 우주론이 1970년대에 등장했기 때문에 미원이『오토피아』를 저술할 무렵 이 사실을 알고 있었을 가능성이 있다.

　미원은 또한 우주가 끊임없이 순환한다고 보았다. 아인슈타인은 태초에 빅뱅(Big Bang)으로 우주가 출현하였고 이 힘으로 우주가 팽창하고 있다고 보았다. 그에 따르면 우주는 중력으로 인해 다시 수축하여(Big Crunch) 원점으로 돌아간다. 우주가 팽창하는 기간에는 시간은 미래로 흐른다. 그러나 수축하는 기간에는 시간이 거꾸로 흐른다. 미원은 우주가 원점에서 출발하여 다시 원점으로 회귀한다고 보았다. 그는 이렇게 우주가 끊임없이 순환하기에 처음도 없고 끝도 없다고 생각했다. 미원은 이러한 사유를 거쳐 다음과 같이 주리생성론을 설명한다.

　　"주리생성론은 우주의 실재와 원리를 설명함에 있어서 실(實)과 상(相)의 이원적 실재(實在)를 전제로 인정하며 동시에 그 양자의 교호작용인 생성관계가 이루어진다고 본다. 그러나 그것은 단

순한 주객체(主客体)의 생성작용이라 보지 않고 주리(主理) 즉 무
기물에서는 이치, 생물에서는 지각, 동물에서는 감각, 인간에서
는 정신(감성과 이성) 작용이 주체 또는 주축이 되어 객체인 실과
상과 함께 삼이일(三而一)의 원칙에 따라 이 삼자가 통일적 유기체
의 관계를 이루며 우주 만물이 형성되고 소멸되며 운동한다고
본다."[92]

위에서 실(實)이라는 것은 주체인 정신, 상(相)이라고 하는 것은 객
체인 물질을 뜻한다. 이것은 정신과 물질이 상호작용을 하여 서로
영향을 미친다는 것을 뜻한다. 그는 물질이 정신에서 나온다거나
정신이 물질의 그림자에 불과하다고 생각하지 않았다. 그는 정신과
물질이 이원적인 실재임을 인정하였다. 미원은 30세에 파악했던 생
성론과 달리 58세에는 주체를 실(實), 객체를 상(相)으로 표현했다.
주체인 내가 객체인 어떤 사물을 바라보았을 때 그 사물을 하나의
이미지(相)로 인식한다. 그 이미지는 우리의 인식작용을 통하여 그
무엇으로 개념화된다. 그리고 주체와 객체의 상호작용에는 어떤 이
치(理)가 작용한다.

생명이 없는 물체는 그 물체가 본래 가지고 있는 속성으로부터
나오는 이치가 작용한다. 생명이 있는 유기물은 속성에 따라 지각,
감각, 이성이 각기 다르게 작용한다. 이렇게 주체인 실(實), 객체인 상
(相), 주체와 객체의 고유한 속성에서 발현되는 이(理)가 결국 분리되
지 않는 하나(三而一)로 작용하면서 생성변화를 일으킨다.

예를 들어 설명해 보자. 우리 인간인 주체(實)가 물이라는 객체(相)

를 바라본다. 물은 물의 속성에 의해 변화한다. 상온에서는 액체로 존재하며, 0도에서는 얼음인 고체가 되고, 100도에서는 증발하여 기체가 된다. 이것이 물이 가지고 있는 이치(理)다. 우리는 물이 가지고 있는 다양한 변화를 상(相)으로 인식한다. 같은 물을 액체, 고체, 기체라는 다른 모습(相)으로 인식한다. 인간의 의식작용이 없다면 물의 존재는 인식될 수 없다. 그런데 인간의 의식적 지도성(理)에 의해 물의 용도가 바뀐다. 목이 마른 사람은 물을 액체로 만들고, 더위를 느끼는 사람은 물을 얼음으로 만들고, 수증기가 필요한 사람은 물을 기체로 만든다. 이렇게 물의 생성변화가 이루어지는 것이다. 인간의 경우 이런 의식적 지도성이 있기에 미원은 '주의생성론'(主意生成論)이라는 용어를 사용하였다.

그러면 자연에서 이루어지는 생성변화에서 실(實), 상(相), 리(理)는 어떻게 설명될까? 자연상태에서 물질과 물질은 상호작용을 하며 물리, 화학적 변화를 일으킨다. 물질 고유의 속성으로 인해 물질적 변화를 일으키는 원인이 주체인 실(實)이다. 물질적 변화에 따라 일어나는 현상이 객체인 상(相)이다.[93] 미원은 물질 속에 인간의 정신에 해당하는 이(理)가 이미 내포되어 있다고 보았다.[94] 물을 다시 예로 들어보자. 물(H_2O)은 수소분자 두 개와 산소분자 한 개로 구성되어 있다. 자연상태에 존재하는 수소분자 두 개와 산소분자 한 개가 결합하면 화학적 반응을 일으켜 물이 된다. 여기에서 실(實)은 물을 구성하는 분자인 산소와 수소가 가지고 있는 물질적 속성이다. 산소와 수소의 물질적 속성에 의해 물이라는 상(相)이 나타난다. 수소분자 두 개와 산소분자 한 개가 결합해야 물이 되는 원리는 이(理)가

된다.

양자 물리학적 관점에서 볼 때 실(實)은 양자 요동 상태에 있는 파동 에너지이다. 모든 사물에는 고유의 파동이 있다. 상(相)은 양자가 가지고 있는 정보에 의해 구성된 이미지이다. 인간은 빛이라는 파동을 통하여 들어온 사물의 정보를 뇌 속에서 재구성하여 입체적 상(相)으로 인식한다. 이렇게 인식하는 원리가 이(理)인 것이다.

미원은 주리생성의 원리에 의해 우주 삼라만상이 생성변화 한다고 보았다. 그는 우주에는 이질적이고 상대적 실체가 대립하고 있다고 보았다. 이 두 실체가 합하여 같이 작용할 뿐만 아니라 다음 단계의 새로운 하나를 낳는다. 그는 주리생성론을 두 실체가 결합하여(和) 새로운 것을 만들어(生)낸다는 의미에서 화생론(和生論)이라 불렀다.[95] 화생이란 서로 조화를 이루어 생성한다는 뜻이다. 실체들이 상호작용을 통하여 '새로운 하나'라는 새로운 특성을 생성한다. 미원은 이러한 제3의 힘을 '태기'(太氣)라고 불렀다.[96] 태기는 큰 에너지라는 뜻이다. 미원은 음전하와 양전하가 만나 합해지면 빛이 생기는 원리가 태기라고 설명하였다. 그는 이것이 우주 삼라만상이 생성되고 변화해 가는 원리라고 생각하였다. 이것이 서양 학문에서 발전되어 온 '창발'(創發, emergence)론이다. 비유적으로 설명하면 창발론은 1+1이 2가 아니라 3이 되는 원리이다. 여기서 3은 두 요소가 상호작용하여 발생한 새로운 특성이다. 이에 대해서는 '창발이란 무엇인가?'에서 자세히 설명하겠다. 미원은 창발의 원리를 『인류사회의 재건』에서 다음과 같이 설명한다.

"전체는 단순히 부분들을 합해 놓은 것이 아니다. 부분들이 집합을 이루는 과정에서 이제까지 찾을 수 없었던 특성이 출현한다. 부분들이 유기적 관계를 이루어 새 생명을 얻는다. 새롭게 출현하는 생명과 특성이란 부분의 집합을 초월한 제3의 메타모포시스(metamorphosis)를 실현하는 것이다. 예컨대 여러 민족과 국가들을 결합함으로써 인류 세계라는 제3의 변신적 존재가 출현할 수 있다. 세계 공동체인 인류사회는 단지 각 국가나 사람들을 결합한 것이 아니다. 그것은 그 안에 존재하는 모든 인간의 삶의 터전으로서 새로운 의미의 세계를 창조하는 것이다."[97]

미원은 창발이라는 용어를 사용하지는 않았으나 창발의 원리를 정확하게 파악하고 있다. 미원은 위에서 '창발' 대신 제3의 메타모포시스라는 용어를 사용하고 있다. 메타모포시스는 '변신'(變身)을 뜻한다. 곤충의 애벌레가 성충이 되는 것이 메타모포시스이다. 미원은 창발론 관점에서 인류의식과 인류 세계의 출현을 설명하고 있다. 위에서 '새로운 의미의 세계'는 새로운 특성, 곧 창발성(創發性, emergent property)이다.

우리는 미원의 주리생성론이 성리학의 주리론(主理論)/주기론(主氣論)과 어떠한 연관성이 있는지 살펴볼 필요가 있다. 성리학은 남송 때 주희(朱熹: 1130~1200)에 의해 집대성된 철학 체계다. 성리학은 이(理)와 기(氣)의 개념을 구사하여 우주의 생성과 구조, 인간 심성의 구조, 사회에 대한 인간의 자세 등을 설명했고 형이상학적 이론체계를 수립하였다. 성리학의 주요 내용은 태극설(太極說), 이기설(理氣說), 심성론(心性論), 성경론(誠敬論) 등으로 나뉜다. 성리학은 고려 충렬왕 때 안향(安珦: 1243~1306)이 소개하였고 이를 수용한 신진사대부들은 성리학을 조선 건국을 위한 이념체계로 삼았다. 성리학은 조선 중기에 이르러 퇴계 이황(李滉: 1502~1571)의 주리론과 율곡 이이(李珥: 1537~1584)의 주기론으로 학파가 나뉘며 이론적 논쟁을 불러일으켰다.

성리학에서는 마음이 사물에 감촉되지 않은 상태를 성(性)이라 하였고 마음이 사물에 감촉되어 의식이나 감정이 발동한 상태를 정(情)이라 했다. 인간의 성(性)은 사단(事端), 즉 인의예지(仁義禮智)라 보았다. 인간의 정(情)은 칠정(七情), 즉 희(喜), 노(怒), 애(哀), 구(懼), 애(愛), 오(惡), 욕(欲)이라고 하였다. 이것이 사단칠정론이다. 이황은 주희와 마찬가지로 이 세상의 모든 존재는 이(理)와 기(氣)로 구성되어 있다고 보았다. 이황은 이(理)가 기(氣)를 낳는 것도 아니며 기(氣)가 이(理)를 낳는 것도 아니요, 양자는 병존하면서 떨어질 수 없는 관계에 있다고 보았다. 사단칠정에도 이(理)와 기(氣)가 있으나 이(理)가 우선한다고 보았다. 이황에 따르면 사단은 '이(理)가 발함에 기(氣)가 따르는 것이며, 칠정은 기(氣)가 발함에 이(理)가 타는 것'이다. 이러한 이황의 이기이원론(理氣二元論)을 이기호발설(理氣互發說)이라 한다. 이황은 인간의 순수심성의 발현인 사단을 소중히 해 인간의 선한 의지와 이성을 지켜가야 한다고 보았다.

이이는 이황과 달리 이기일원론(理氣一元論)을 주장하였다. 그는 나타나는 기(氣)에는 반드시 이(理)가 탄다는 기발이승론(起發理乘論)을 주장하였다. 그는 이(理)는 나타나는 모든 이유와 근거로서 자신이 나타내는 것이 아니며, 기(氣)는 스스로 능히 나타낼 수 있으나, 그 스스로 능히 나타낼 수 있는 이유는 오직 이(理) 때문이라고 하였다. 그는 천지 만물이 각자 일정한 현상을 가져 실재가 되는데 그때 기(氣)는 만물의 근본 질료, 즉 원소가 되고, 이(理)는 그러한 기(氣)를 나타내게 한다는 것이다. 이이는 칠정뿐만 아니라 사단도 기(氣)가 드러나서 이(理)가 타는 것이라고 보았다.

이황과 이이의 이기론(理氣論)은 매우 유사하면서도 다르다. 이황은 이(理)가 우선한다고 생각하였다. 반면에 이이는 기(氣)가 먼저라고 보았다. 그들은 사단칠정론에서 관점의 차이를 보였다. 이황은 사단(仁義禮智)을 중시함으로써 성리학의 윤리적인 측면을 강조하였다. 반면 이이는 사단도 기의 작용이라 보았다.

이기론은 미원의 주리생성론과 유사점과 차이점이 있다. 유사점으로는 이(理)와 기(氣)를 정신과 물질로 보았을 때 두 실재의 관계를 설명했다는 점에서 같다. 미원은 이(理)가 기(氣)에 우선한다는 관점을 취하여 이황의 주리론과 맥을 같이 한다. 근본적인 차이점은 이기론에서는 인간의 '의식적 지도성'을 전혀 고려하지 않는다. 반면 주리생성론은 이(理)에 해당하는 '의식적 지도성'이 생성의 근본 원리라고 본다.

한편 이기론이 2원론(二元論)이라면 주리생성론은 3원론(三元論)이다. 이런 차이점은 『주역』의 태극(太極)을 해석하는 방식에서 비롯된다. 우주 본체인 태극이 음(陰)과 양(陽)으로 이루어진 2원 체계인가 아니면 천지인(天地人) 3재(三才)로 이루어진 3원 체계인가에 하는 것이다. 미원은 태극을 3원 체계로 보았다.

동양 철학적 인과론이란 무엇인가?

미원은 주리생성론을 설명하고 전승화(全乘和)론을 펼치기에 앞서 인과론에 대해 논하였다. 인과론은 원인과 결과의 관계를 설명하는 이론이다. 어떤 결과에는 반드시 어떤 원인이 있다. 어떤 원인이 있었고 그에 따라 어떤 결과가 있다면 무엇인가 변화했다는 뜻이다. 인과론은 그 변화의 원인과 과정, 그리고 결과를 설명한다. 인과론은 모든 학문의 기본적인 논리체계를 구성한다. 우주는 어떻게 시작되었고 왜 팽창하는가? 자연에서 사시사철의 변화가 왜 일어나는가? 한 인간과 국가의 흥망성쇠는 왜 일어나는가? 이런 문제를 설명하기 위해서는 변화가 일어나는 원인과 과정을 알아야 한다. 똑같은 원인이 똑같은 결과를 가져온다면 어떤 인과론적 원리가 있다고 본다. 그 원리가 옳다고 판명되면 우리는 이 원리에 따라 미래의 결과를 예측할 수 있다. 인류는 역사가 시작된 이래로 인과론에 따라 수많은 분야의 이론을 정립하였다.

미원은 주리생성론을 정립하면서 피타고라스의 수론, 유교, 불교, 힌두교 등 동서양의 인과론 등을 고찰하였다. 미원이 가장 주목했던 것은 유교의 인과론인『주역』(周易)이었다. 주역이라는 말은 주(周)나라(BC 1111~256년경)의 역(易)이란 뜻이다. 역이란 '변화한다'라는 뜻이다. 그래서『주역』은 영어로 'Book of Change'(변화에 관한 책)로 번역

된다. 『사기(史記)』의 저자 사마천(司馬遷: BC 145~86?)은 중국 전설상의
제왕 복희씨(伏羲氏: BC 3512년경)가 8괘(卦)를 만들고 문왕(文王)과 주공
(周公)이 64괘(卦), 괘사(卦辭)와 효사(爻辭)를 만들어 『주역』을 완성했다
고 기록했다. 이후 공자(孔子: BC 552~479)가 『주역』에 주석을 달아 십
익(十翼)을 첨가함으로써 『주역』은 유교의 기본 경전인 역경(易經)이
된다. 십익이란 총 10편으로 이루어진 경전의 해설이라는 뜻이다.
『주역』은 동양의 심오한 우주론과 인간론을 담고 있어서 난해하기
로 정평이 나 있다. 공자도 말년에 『주역』에 심취하여 『주역』 책을
묶은 가죽끈이 세 번이나 끊어질 정도로 연구에 몰입하였다고
한다.

『주역』에 등장하는 무극(無極), 태극(太極), 음양(陰陽)의 개념에 오행
(五行: 목, 화, 토, 금, 수)을 연결하여 태극도설(太極圖說)을 지은 사람은 북
송시대의 주돈이(周敦頤: 1017~1073)이다. 오늘날 우리가 알고 있는 태
극 문양이 여기서 시작된다. 여기에 송나라의 주희(朱熹: 1130~1200)가
『태극도설주해』(太極圖說註解)를 집필함으로써 현대 역학의 사상적 골
격이 완성되었다. 이러한 역학적 원리를 이용하여 미래를 예측하고
자 하는 다양한 학문이 나타났다.

사주 명리학(四住命理學)도 그중 하나이다. 이것은 한 인간이 태어난
시간에 음양오행을 배속하여 운명을 추리하는 방식이다. 명리학에
의하면 사람이 태어나는 순간 첫 호흡을 하면서 우주 자연의 에너
지를 흡수한다. 그 결과 이 에너지에 의해 그 사람의 기본적 기질이
결정된다. 우주 자연의 에너지는 태양계의 순환에 따라 변하게 된
다. 우주자연의 에너지에 의해 사계절이 변화하는 것처럼 지구상의

모든 생물은 이 우주 자연의 에너지가 변화함에 따라 시시각각으로 영향을 받게 된다. 인간도 예외가 아니다. 인간의 마음은 내재되어 있는 우주자연의 에너지가 태양계의 순환에 따라 변하면서 영향을 받게 된다. 이러한 심성의 변화는 행동의 변화를 가져오고 행동의 변화는 운명에 영향을 미치게 된다. 명리학은 한 인간이 태어난 생년, 월, 일, 시에 음양오행이 부여된 60갑자(甲子)를 배속하여 그 사람의 명식(命式)을 결정한다. 그리고 운(運)이라고 불리는 우주 자연 에너지의 변화와 그 사람의 명식이 어떻게 상호작용하는지를 해석한다. 운은 십 년 주기의 대운(大運), 일 년 주기의 세운(歲運), 한 달 주기의 월운(月運), 하루의 일진(日辰)이 있다. 따라서 명리학에서 운명은 끊임없이 변화하는 운(運)과 태어나면서 부여받은 명(命)이 어떻게 상호작용을 하느냐에 따라 결정된다고 보는 것이다.

미원은 『주역』과 음양오행의 원리를 깊이 연구하였다. 그는 이 이론이 깊은 학문이며 원리가 바르고 논리적 근거가 정연하다고 보았다.[98] 그는 이 이론이 더욱 연구되고 과학화되어야 한다고 생각하였다. 그러나 미원은 『주역』과 음양오행 이론이 여전히 한계를 가지고 있다고 보았다. 가장 큰 이유는 이 이론이 인간사의 복잡한 변화를 설명하기에 너무 단순하다는 것이다. 동양철학에서는 시간과 공간을 가장 중요한 변수로 생각한다. 그러나 미원은 두 변수로 모든 것을 설명할 수 없다고 보았다. 또 다른 이유는 『주역』이나 음양오행 원리가 결정론적이라는 것이다. 즉 이 이론은 인간의 자유의지를 고려하지 않고 있다는 것이다. 미원은 이러한 단점을 보완할 수 있는 인과론이 무엇일까 고민하였다. 그 결과로 미원은 전승화론을 정립하였다.

전승화란 무엇인가?

　전승화론의 성립근거는 주리생성론이다. 여기서 주리란 이치(理致) 즉 법칙(法則)이고 이치를 실현하려는 힘을 뜻한다. 주리의 전개 과정에 대한 이론이 전승화론이다. 전승화란 모든 것이 상호작용하여 전체로서의 조화를 이룬다는 뜻이다. 전승화론은 우주를 구성하고 있는 실체들의 상호작용을 유기적 통일체로 보고 그 인과관계를 종합적으로 파악하고자 한다. 실체들 사이의 상호작용은 그 실체들에 내재해 있는 성질과 원리·이치에 따라 원인과 결과의 인과관계를 형성하게 된다. 따라서 전승화론은 부분과 전체를 동시에 전일(全一)적으로 파악한다.

　전승화론은 우주 현상을 시간(時間)·공간(空間)·환류(環流)·실체(實體)의 4개 변수에 의해 종합적으로 파악한다. 이 4개의 변수를 4기체(四基體)라 부른다. 여기서 환류란 환경과 시류를 의미한다. 사람이 처한 특수한 물리적 환경이나 시대적 조류가 환류인 것이다. 예컨대 코로나 펜데믹은 지구상 모든 사람에게 영향을 미치는 환류인 것이다. 실체는 무생물과 생물을 모두 포함한다. 이 4기체는 가(加;+), 감(減;-), 승(乘;×), 제(除;÷), 영(零;0)의 상관(相關) 상승(相乘)작용을 한다. 여기서 가, 감, 승, 제, 영이란 4기체가 상호작용하는 방식을 표현한 것이다. 4기체를 자세히 설명하면 시간은 연속적 시간(역사적 시간)과 찰나적 시간(순간적 시간), 공간은 보편적 공간(무한적 공간)과 특수적 공간(유한적 공간), 환류는 자연적 환류(자연적·현상적 환류)와 사회적 환류(인위적·문화적·역사적 환류), 실체는 개별적 실체(개별적 무기 실체와 개별적 유기 실체)와 집합적 실체(집단적 무기 실체와 집단적 유기 실체)로 구분된다. 이 기체들은 매우 복잡한 상호작용, 즉 승화(乘和)를 통해 우주의 생성변화를 일으킨다.

전승화론은 인간이 독립된 의식적 지도성을 가지고 있는 존재라고 파악한다. 따라서 오직 인간만이 전승화의 결정론적 필연의 고리를 끊고 새로운 역사와 새로운 문화를 창조할 수 있다고 본다. 인간은 한 마디로 숙명 속에서 자유로운 활동을 허용받은 존재라는 것이다. 숙명이란 전승화 작용의 결과로 생긴 거역할 수 없는 환류를 뜻한다. 자유로운 활동을 허용받았다는 것은 인간이 이 환류의 필연 속에서 창조의 가능성을 찾아내고 미래의 변화를 주도해 나가는 존재라는 뜻이다.

전승화론은 결정론을 부정한다. 결정론은 물리학적 운동방정식에 의해 모든 물체의 변화를 예측할 수 있다고 본다. 뉴턴에 의해 제시된 절대 시공개념은 아인슈타인의 특수상대성이론에 의해 무너졌다. 아인슈타인에 의하면 시간과 공간은 서로 독립된 개념이 아니라 서로 얽힌 하나의 개념이다. 그에 따르면 모든 관찰자에게 공통으로 적용되는 절대 시간은 없다. 거리나 시간 등도 관찰자의 위치와 움직이는 속도에 따라 달라진다. 그러나 아인슈타인은 "신은 주사위를 던지지 않는다"라고 말함으로써 자연현상의 우연성을 배제하고 결정론을 지지하였다.[99]

뉴턴 이후로 서구 문명의 기초가 되었던 결정론이 전자(電子)와 같은 양자의 세계에서는 더는 적용되지 않다는 사실이 밝혀졌다. 덴마크의 물리학자 보어(Niels Bohr: 1885~1962)는 양자의 입자-파동설을 주장하며 뉴턴의 입자설을 부정하였다. 앞에서 이미 설명한 바와 같이 양자는 관찰자의 존재 유무에 따라 입자로 움직이기도 하고 파동으로 움직이기도 한다. 양자의 세계는 뉴턴의 운동방정식으로 설명되지 않는다.

독일의 이론물리학자 하이젠베르크(Werner Heisenberg: 1901~1976)는 물질을 구성하는 입자들은 독립적으로 존재하지 않으며, 다른 입자와의 관계를 통해서 존재하고 관찰될 수 있음을 밝혔다. 그는 전자는 입자도 파동도 아니며 어떤 상황에서는 입자처럼 보이고 다른 상황에서는 파동처럼 보일 수 있다고 주장하였다. 미세한 물질의 세계에서는 결국 어떤 것도 본래의 완전한 상태로 관찰될 수 없다는 것이다. 입자에서 파동으로 파동에서 입자로 변형을 계속한다. 입자들은 한 쌍 또는 양면성이 있어서 어느 한 면을 강조하면 할수록 다른 면이 불확실해진다. 즉 양자의 위치를 측정하면 운동량에 변화가 오고 운동량을 측정하면 위치에 변화가 생긴다. 따라서 양자 사이의 정밀한 관계는 확정할 수 없다. 이것을 '불확정성의 원리'(principle of uncertainty)라 한다. 이런 관계는 오직 확률로만 파악할 수 있다.

전승화론은 4기체 사이의 복잡한 상호작용을 설명한다. 그러면 전승화론과 복잡성 과학과 어떤 관계가 있을까? 환원주의에 바탕을 둔 현대과학이 설명하지 못하는 복잡한 문제들을 전일주의(全一

主義, holism) 관점에서 이해하려는 새로운 과학 방법론이 복잡성 과학이다. 환원주의란 물질을 구성하고 있는 최소입자의 성질을 규명하면 물질 전체의 특성을 파악할 수 있다는 관점이다. 환원주의에서는 물질 최소입자의 총합이 물질 전체의 특성이라고 본다. 전통적으로 과학자들은 우주의 본질을 규명하기 위해 물질을 최소단위까지 쪼개왔다. 전일주의란 환원주의(還元主義, reductionism)와 반대되는 관점이다. 전일주의에서는 물질 최소단위의 특성을 밝히더라도 물질 전체의 특성을 알 수 없다고 본다. 전일주의는 물질 최소단위의 특성과 이들 상호 간의 관계, 물질 전체의 특성을 동시에 파악하려고 한다. 복잡성 과학은 뇌, 인간, 사회, 경제, 생태계와 같이 복잡한 시스템을 연구대상으로 한다. 이 시스템의 성질은 그 구성요소들의 성질들을 단순히 합해서는 이해할 수 없다고 본다.[100]

복잡성 과학은 데카르트와 뉴턴에 의해 확립된 전통과학의 환원주의와 결정론을 거부하는 과학의 새로운 패러다임이다. 전통과학은 평형과 균형을 연구의 대상이자 목표로 한다. 전통과학에서는 인과관계는 '선형적'(線形的)이라고 가정한다. '선형적'이란 똑같은 원인이 있으면 반드시 똑같은 결과가 나오는 것을 뜻한다. 즉 1+1은 언제나 2가 된다. 따라서 원인을 알게 되면 특정한 사물과 현상의 결과를 예측할 수 있다. 전통적 과학에서 무질서는 연구대상이 아니다.

복잡성 과학은 전통과학이 무시했던 비평형과 불균형의 문제를 다룬다. 질서와 무질서는 분리되지 않는다. 질서는 무질서로 무질서는 질서로 바뀔 수 있다. 부분 간의 관계 역시 선형적인 것이 아니다. 시간의 변화에 따라 상호영향을 주고받는 역동적인 관계이기에 예측할 수 없다.[101] 복잡성 과학은 모든 변화를 결정론적으로 예측할 수 있다는 프랑스의 천문학자 라플라스(Pierre Simon Laplace: 1749~1827)의 주장을 부인한다. 라플라스는 우주를 구성하는 모든 입자의 위치와 순간속도를 알 수 있다고 보았다. 그는 데이터를 아주 빠르게 뉴턴의 운동방정식에 넣어 계산해 낼 수 있다면 우주의 과거와 미래를 모두 밝힐 수 있다고 믿었다.

복잡성 과학은 복잡계(complex system)를 연구대상으로 한다. 복잡계란 복잡한 현상을 나타내는 시스템이다. 복잡계에는 두 가지가 있다. 하나는 카오스(혼돈) 현상이라 불리는 비적응적 복잡계(非 適應 的 複雜系, complex nonadaptive system)다. 카오스란 일정한 패턴이 있으면서 변화가 매우 복잡하고 불규칙하면서 동시에 불안정하여 미래의 상태를 전혀 예측할 수 없는 현상을 말한다. 공기 중에 퍼져나가는 담배 연기는 카오스적이라고 본다. 담배 연기는 일정한 패턴이 있으나 어디로 퍼져나갈지 정확하게 예측할 수 없다. 이런 현상들은 외부의 환경에 스스로 적응하거나 일정한 방향으로 진화하지 않는다.

다른 하나는 복잡 적응계(複雜 適應系, complex adaptive system)다. 인체의 신경계는 신경을 구성하는 부분들이 자율적으로 상호작용하고 외부의 자극에 반응하며 적응한다. 인체는 더우면 땀이 나고 몸에 수분이 부족하면 갈증을 느낀다. 이것은 인체가 외부의 온도변화에 적응하기 위한 것이다. 경제, 도시, 지역사회와 같은 시스템도 마찬가지다. 이런 시스템은 학습하고 진화함으로써 특정한 구조와 규칙을 만들어간다. 복잡 적응 시스템은 외부 환경이나 다른 복잡계와

상호작용하며 진화를 하지만 그 결과를 정확히 예측할 수는 없다.[102]

전승화론은 복잡 적응계와 밀접한 관계가 있다. 복잡 적응계에서 질서가 만들어지는 원리는 자기 조직화(自己 組織化, self-organization)이다. 자기 조직화란 어떤 시스템이 외부의 개입 없이도 구성요소 간의 복잡한 상호작용을 통해 질서를 연속적으로 만들어냄을 뜻한다. 예컨대 인체는 스스로 조직하여 생명을 유지하는 자기조직 생체시스템이다. 복잡 적응계는 자기 조직화 과정을 통해서 더 높은 수준의 구조와 기능을 만든다. 복잡 적응계의 자기 조직화 현상은 다음과 같은 특징이 있다.

첫째는 창발성(創發性, emergent property)이다. 창발성은 앞에서 이미 1+1=3이라는 비유로 설명하였다. 여기서 3이란 숫자가 창발성을 뜻한다. 작은 부분들은 어떤 조건이 갖추어지면 부분들 사이에 복잡한 상호작용이 일어나 스스로 상위구조를 조직하기 시작한다. 자기 조직화된 구조는 다시 하위 부분에 피드백을 일으킴으로써 하위 부분의 구조를 만든다. 이렇게 증폭된 양(+)의 피드백이 바로 진화이다. 부분들의 상호작용은 끊임없이 변하지만 창발된 구조는 변함이 없다.[103] 주리생성론과 전승화론은 이러한 원리를 설명하고 있다.

둘째는 전체성(全體性, wholeness)이다. 자기조직을 하는 시스템에서는 부분과 전체가 유기적으로 연결되어 있다. 하위 부분들이 학습, 적응, 진화함에 따라 상위 구조가 변하게 된다. 생성된 상위구조는 부분들의 상호작용으로 일어난 결과이다.[104] 미원은 모든 것은 연결되어 있고 인류 전체가 하나라고 말함으로써 전체성을 강조한다.

셋째는 자기 유사성(自己 類似性, self-similarity)이다. 자기 유사성이란 부분과 전체가 서로 닮아있는 구조를 뜻한다. 이것을 프랙탈(fractal)이라고 한다. 자연계의 리아스식 해안선, 동물 혈관 분포형태, 나뭇가지 모양, 창문에 성에가 자라는 모습, 산맥의 모습도 모두 프랙탈이다. 우주의 모든 것이 프랙탈 구조로 되어 있다. 미원이 '부분이 전체이고 전체가 부분(一卽多, 多卽一)'이라고 하는 것은 자기 유사성을 뜻하는 것이다.[105]

넷째는 비선형성(非線形性, nonlinearity)이다. 비선형성이란 변화가 일률적이 아님을 뜻한다. 자기조직 시스템은 선형적인 인과론으로 이해할 수 없다. 체계 내의 모든 부분은 복잡한 피드백 과정을 통해 서로 연결되어 있다. 피드백은 음의 피드백(-)과 양의 피드백(+)으로 구분된다. 음의 피드백은 온도조절기와 같이 한 변수의 변화(온도상승)가 그 반대 방향의 변화(스위치 끔)를 일으켜 시스템의 안정성을 유도한다. 반면 양의 피드백은 어떤 하나의 변화가 더욱 큰 변화를 일으키거나 작은 변화가 더 작은 변화를 일으키게 한다. 두 피드백의 작용으로 시스템은 안정되거나 변화한다.

다섯째는 비평형상태(非平衡狀態, far-from-equilibrium state)다. 환경으로부터 에너지 유입량과 유출량이 균형을 잃게 되면 비평형상태에 이른다. 비평형 구조는 끊임없이 동요한다. 분기점(分岐點, bifurcation)에 이르면 종래의 구조는 무너지고 새로운 구조가 나타난다. 분기점에서는 우연이란 요인이 개입하기 때문에 시스템이 어떻게 변화할지 예측할 수 없다. 비평형 구조에서는 안정과 불안정, 우연과 필연이 공존한다. 비평형 구조에서 비선형성과 양의 피드백 작용이 결합되면 초기조건의 미세한 차이가 카오스와 같은 현상을 초래한다. 이런 현상을 '초기조건의 민감성'(sensitive dependence on initial conditions)이라 부른다. 단적인 예가 나비효과(Butterfly Effect)다. 나비 한 마리가 북경에서 작은 바람을 일으키면 다음 날 뉴욕에서 폭풍이 이어날 수도 있다는 것이다. 미국의 기상학자이자 카오스 이론가인 로렌즈(Edward Norton Lorenz: 1917~2008)는 특정 방정식이 적용되는 시스템에서는 작은 오차가 큰 변화를 일으킨다는 것을 과학적으로 입증하였다.

여섯째는 공진화(共進化, coevolution)이다. 앞에서도 설명한 바와 같이 공진화란 생태계에서 살아있는 것들이 상호의존을 통해 자기조직을 하고 진화하는 과정을 말한다. 예를 들어 늑대가 약한 순록을 잡아먹기 때문에 순록 떼는 더 강해지고 강한 순록 떼를 잡아먹기 위해 늑대는 더욱 강해지는 식으로 진화한다는 것이 공진화의 개념이다. A라는 종의 변화가 B라는 종의 생존환경을 만들고, 다시 B의 변화가 A의 생존조건이 되는 연속적인 과정이다. 공진화는 개체의 돌연변이가 환경에 의해 선택되었다는 다윈의 적자생존의 논리와는 다른 것이다. 실제의 진화는 개체가 전체를 진화시키고 전체가 개체를 진화시켜나가는 상호진화 과정이다.[106] 공진화는 결국 자기조직화의 방식이다. 하위 시스템의 구성요소들이 공진화를 통해 만들어내는 질서는 상위 시스템의 자기 조직화라고 볼 수 있다.

전승화론과 복잡계론의 첫 번째 유사점은 두 이론 모두 우주 자연뿐만 아니라 인간사회의 제 현상을 설명하는 보편적이고 통일적인 이론(theory of everything)을 지향하고 있다는 것이다. 전승화론은 사기체, 즉 시간, 공간, 환류, 실체의 상호작용을 가·감·승·제·영의 상 승작용으로 파악한다. 미원은 이것을 '심오한 우주의 실재와 변화하는 여러 현상의 원리와 인간관계를 연구하여 진리를 구명'하기 위한 우주의 공식이라고 보았다.[107] 복잡계론은 전통과학이 그동안 연구하지 못했던 자연계의 복잡한 현상을 연구함으로써 보편적 진리를 발견하고자 한다. 복잡계론은 또한 경제학, 인류학, 사회학 등 인문사회과학 및 의학, 생물학에 그 영향을 미쳐 복잡한 변수들을 포함하고 있는 전체구조를 연구한다.

두 번째 유사점은 전승화론과 복잡계론 모두 진화론의 관점을 취한다는 것이다. 미원은 전승화론에서 "전승화는 4기체가 가, 감, 승, 제, 영이라는 다섯 가지 작용을 통하여 상관관계를 일으킴으로써 만사가 이루어지고 또 변천해 나간다"라고 설명한다. 그는 또한 '오늘의 모든 실체는 무한한 옛날부터 상관관계를 지으며 변화에 변화를 거듭하면서 역사적으로 이루어진 귀결된 결합체'라고 보았다. 이것은 진화론과 유사한 관점이다.[108] 복잡계론에서는 공진화로 생태계에서 살아있는 것들이 상호의존을 통해 자기조직을 하고 진화하는 과정을 설명한다. 기존의 다윈주의적 진화론은 적자생존과 경쟁으로 생물의 진화를 설명해 왔다. 그러나 공진화는 경쟁뿐 아니라 협동 역시 진화의 중요한 원리라고 설명한다. 앞에서 이미 설명한 것처럼 미원은 자신의 저술에서 부분과 전체의 공진화 관계를 강조하였다.

세 번째 유사점은 전승화론과 복잡계론이 이율배반의 존재를 인정하고 있다는 것이다. 전승화론은 변화(變化) 속에 불변화(不變化),

동자(動者)속에 부동자(不動者), 동중이(同中異), 이중동(異中同) 일즉다(一卽多), 다즉일(多卽一) 유한즉무한 (有限卽無限), 무한즉유한(無限卽有限), 특수즉보편(特殊卽普遍), 보편즉특수(普遍卽特殊) 등과 같은 이율배반이 우주의 원리 속에 존재한다고 주장한다다. 벨기에의 화학자 프리고진(Ilya Prigogine: 1917~2003)은 산일 구조(散逸構造, dissipative structure)를 '안정과 불안정이라는 이율배반이 동시에 나타나며 우연과 필연이 반복·공존하는 구조'라고 설명하였다.[109] 산일 구조란 체계내의 하위 요소들이 새로운 구조를 창출하는 데 필요한 에너지를 환경으로부터 유입하고 그 과정에서 생성된 엔트로피를 환경으로 다시 분산시키는 구조를 말한다. 기존의 뉴턴주의는 이율배반을 인정하지 않았지만 복잡계론에서는 우연과 필연이 공존하는 이율배반을 인정한다. 이율배반은 극복의 대상이 아니라 아주 자연스럽게 받아들일 수 있는 현상으로 본다.

네 번째 유사성은 전승화론과 복잡계론은 모두 전일주의 방법론을 취한다는 것이다. 전승화론은 우주를 무수한 입자의 구성체로 보고 모든 현상을 입자의 상호작용으로 본다. 전승화론에 의하면 우주에 있는 실체들은 유기적 통일체다. 즉 전승화론은 전일주의 관점을 취하고 있다. 복잡계론은 복잡하고 비선형적이며 동태적인 유기체의 성격을 가지고 있는 현상을 전통 과학적 방법론으로 설명할 수 없다고 본다. 그리고 복잡계론은 상호보완적 순환과정을 양의 피드백과 음의 피드백 간의 자기 조직화 과정으로 본다. 전승화론에서 말하는 화승(和乘) 즉 가(加:+)와 승(乘:×)은 복잡계론에서 양의 피드백을 의미하며 극승(尅乘) 즉 감(減:-)과 제(除:÷)는 음의 피드백을 뜻한다.

다섯 번째 유사점은 우연성의 인정이다. 전승화론은 가, 감, 승, 제, 영이라는 5가지 작용 중에서 영승이 4기체의 상호작용에서 공전(空轉)할 수 있는 타이밍을 준다고 설명한다. 여기서 0이란 숫자는 사건이 일어나는 분기점을 뜻한다. 어떤 돌발적 상황이나 의외의 사태가 일어난다고 하더라도 이것은 전승화의 과정에서 벗어난 우연한 사례가 아니다. 영승(零乘) 혹은 공승(空乘)이 작용함으로써 돌발적 상황이나 의외의 사건이 일어난 것이다. 영승은 가감승제의 상호작용 순서를 바꾸게 하거나 혹은 4기체 관계의 서열을 바꾼다. 영승은 모든 것이 서로 영향을 주고받으며 영원히 유전하는 과정에서 중요한 변수로 작용한다. 전승화론은 영승의 개념을 사용하여 전화위복(轉禍爲福)과 새옹지마(塞翁之馬)와 같은 예기치 않은 인간사의 변화를 설명한다.

전승화론은 원칙적으로 우연과 기적의 존재를 부정하면서도 영승의 작용을 통하여 기체들의 상호작용에 돌발적 변화, 즉 우연적인 현상이 나타날 수 있음을 인정한다. 영승은 시간 즉 타이밍(timing)의 문제다.[110] 모든 사건에는 타이밍이 중요한 요소로 작용한다. 4기체 사이의 상호작용 속에서 타이밍이란 변수에 따라 결과가 달리 나타난다. 시간은 원인에 해당하므로 영승 또한 인과율을 설명하는 하나의 변수로 볼 수 있다. 전승화론에서 영승은 우연한 현상을 일으키는 가장 직접적 원인이 되기에 미래를 결정론적으로 예측하는 것은 불가능하다고 본다. 이런 이유로 미원은 삼라만상의 현상변화를 인간이 모두 알아내고 결과를 예측하는 것은 불가능하다

고 인정하였다.[111]

여섯 번째 유사점은 분기점의 인정이다. 전승화론에서 '영승'은 복
잡계론에서 '카오스의 가장자리'(edge of chaos)와 정확히 일치하는 개
념이다. 복잡계론에서 카오스의 가장자리는 산일 구조에서 작은 변
화의 결과로 갑작스럽고 극적인 질적 변화가 발생하는 분기점이
다.[112] 분기점에서 우연한 환경과 사소한 사건이 만나면 실제 어떤
창발적 결과가 발생할지 알 수 없다. 전승화론은 기본적으로 원인
과 결과의 인과론에 바탕을 두면서도 영승의 작용을 통하여 우연
성과 필연성의 공존을 설명한다. 이것은 복잡계론에서 전통과학의
결정론을 수용하면서 산일 구조의 분기점 개념으로 우연과 필연의
공존을 설명하는 것과 같다.

일곱 번째 유사점은 공진화의 인정이다. 전승화론에서 소실체(小實
體)와 대실체(大實體)의 상관작용은 복잡계론에서 부분과 전체의 상
호작용과 정확하게 일치한다. 소실체는 개별적 실체(분자-개체)를 말
하고 대실체는 큰 집단적 실체(가정-직장-단체-국가-지구-태양계-우주 등) 또
는 집합적 유기-무기 실체를 말한다. 소실체와 대실체가 서로 영향
을 미친다는 사상은[113] 부분과 전체가 유기적으로 통합되어 있다는
복잡계론의 자기 유사성 개념과 일치하고 개체가 전체를 진화시키
고 전체가 개체를 진화시킨다는 공진화 개념과 같다.

위와 같이 전승화론과 복잡계론은 이론적으로 유사한 측면이 있
다. 두 이론의 근본적인 차이점은 인간의 자유의지에 있다. 복잡계
론은 인간을 최고도로 진화된 복잡 적응계로 본다. 그러나 복잡계
론은 인간의 기본적 본질인 자유의지에 관해 설명하지 않는다. 반

면 전승화론에 의하면 모든 실체 중에서 오직 인간만이 자유의지란 이실체(理實體)를 가지고 있어서 필연이란 결정론의 고리를 끊고 역사를 창조할 수 있다고 본다. 전승화론은 이렇듯 인간사회에는 필연과 자유가 공존하는 것으로 본다. "인간은 독립된 실체의 주체자로서 필연이라는 공전궤도를 타고 의지의 자유(노력)라는 자전을 굴리는" 존재라는 것이다.[114]

미원은 전승화론을 설명하면서 이 이론이 과학적으로 모순이 없다고 생각하였다. 미원은 4기체 사이의 상호작용을 모두 알게 되면 삼라만상이 변화하는 신비를 파악할 수 있다고 생각하였다. 그러나 이것은 인간의 지적 능력으로는 불가능한 일일 것이다. 그러기에 과학이 발달하여 전승화의 원리가 전산화되기를 희망했다.

창발이란 무엇인가?

미원의 주리생성론과 전승화론은 우주 만물이 창발 되어가는 원리와 작용을 설명한 이론이다. 미원은 동양철학에서 창발의 원리를 깨닫고 자신의 이론을 정립하였다. 미원의 사유체계를 이해하기 위해 서양의 창발론에 대해 살펴볼 필요가 있다. 서양의 학문에서 창발은 체계를 구성하는 부분들이 상호작용을 통하여 부분의 합으로 설명될 수 없는 새로운 체계적 특성이 나타나는 것을 뜻한다. 즉 부분으로 구성된 체계가 부분의 총합으로 설명될 수 없는 새로운 특성을 나타낼 때 이것을 창발성이라 한다.

자연현상에서 가장 적합한 예는 물의 특성이다. 물을 구성하는 요소인 산소와 수소가 화학적으로 만났을 때 산소와 수소의 개별적 특성으로 물의 특성을 설명할 수 없게 된다. 산소와 수소의 화학적 결합으로 인해 물이라는 특성이 새롭게 창발된 것이다. 또 다른 예는 인간의 의식이다. 의식은 인간의 신체를 이루고 있는 각 기관의 상호작용으로 나타난 새로운 특성이다. 의식은 신체 기관의 단순한 산술적 총합으로 설명될 수 없다. 이처럼 창발론은 전체의 특성을 부분의 총합으로 보는 환원주의적 인식론을 거부한다. 창발론은 부분과 전체의 관계를 종합적이고 입체적으로 파악하는 전일주의적 인식론을 필요로 한다.

창발 개념은 고대 그리스 철학자 아리스토텔레스의 형이상학으로 거슬러 올라간다. 전 장에서 이미 설명한 것처럼 아리스토텔레스는 존재 양태의 변화과정을 가능태(可能態, dunamis), 현실태(現實態, energeia), 완전태(完全態, entelecheia)로 구분했다. 가능태란 사물을 구성하는 재료, 즉 질료(質料, hyle)의 상태를 말한다. 질료는 모든 가능성을 내포하고 있다고 본다. 현실태란 질료가 일정한 구조원리, 즉 형상eidos)에 따라서 최종적으로 규정된 상태를 뜻한다. 완전태란 모든 존재의 목적이 완전히 구현된 상태이다. 아리스토텔레스의 완전태 개념은 오늘날의 창발 개념과는 차이가 있으나 후세 창발 개념의 발전에 많은 영향을 미쳤다.

아리스토텔레스와 달리 로마 시대의 철학자 플로티누스(Plotinus: 205~270)는 존재의 모든 위계질서가 하나(一者)로부터 나타난다고 보았다. 여기에서 하나(一者)란 불변하고 불가분적이며 어떠한 다양성도 없고, 창조되지도 소멸하지도 않는 절대적인 통일체, 곧 신(神)을 뜻한다. 마치 태양에서 빛이 나오듯이 신으로부터 만물이 나온다는 것이다. 플로티누스는 하나(一者)로부터 먼저 정신(nous)이 나온다고 보았다. 그는 이 정신이 만물의 질서를 이루는 보편지성 혹은 이성 능력이라고 보았다. 이 정신으로부터 세계영혼(World Soul)이 나오고 세계영혼으로부터 인간의 영혼이 나온다고 보았다. 플로티누스는 존재의 질서 중에서 최하위 단계에 있는 것을 물질이라고 보았다. 이것은 마치 태양에서 멀어질수록 빛의 밝기가 흐려지듯이 존재의 질서 또한 하나(一者)로부터 멀어질수록 그 완성의 정도가 떨어진다 고 보았다. 플로티누스는 최고의 단계에 있는 하나(一者)로부터 하향 적으로 모든 질서가 나온다고 보았다. 하위의 질서는 최고 상위에 있는 존재, 곧 신(神)을 지향한다고 봄으로써 만유의 질서를 쌍방향 적 인과론으로 설명하였다. 이와 같은 플로티누스의 이론은 정신과 신체의 관계에 대한 현대 심리 철학적 설명과 유사하다.

고대로부터 시작된 이러한 논의들은 근대에 이르러 유물론/유심 론, 기계론/생기론(生氣論), 환원론/전일론 논쟁으로 발전하였다. 17세 기에 이르러 과학적 연구방법론이 비약적으로 발전하면서 정량적이 고 객관적이며 보편적인 자연의 법칙성에 기반을 둔 기계론적 세계 관이 형성되었다. 기계론적 세계관을 철학적으로 집대성한 프랑스 의 철학자 데카르트는 우주 또는 자연이 거대한 기계이듯이 인간도 하나의 기계이며 물리법칙을 따른다고 보았다. 인간 몸의 각 기관 을 하나의 기계로 간주하였던 데카르트는 인간의 이성적 영혼 또한 뇌 속에 있는 송과선의 작용이라고 보았다. 데카르트는 인간의 생명현상을 기계론적으로 설명하면서 정신과 몸체를 이원론적으로 구별하였다. 즉 정신은 몸이 없이도 독립적으로 존재한다는 것이다. 그에 따르면 정신의 속성은 '생각'이요, 몸의 속성은 '연장'(延長, extension)이다. 그에게 있어서 정신은 '생각하는 실재'요, 몸은 '연장된 실재'이다.[115] 그는 이 실재들이 서로 인과적으로 상호작용한다고 주장했다. 그러나 독립적으로 존재하는 실재가 어떻게 인과적으로 상호작용하는가 하는 문제는 형이상학적 논쟁의 핵심이 되었다.

데카르트의 이원론을 부정한 결과로 나타난 것이 네덜란드의 철학자 스피노자의 심리-물리 병행론과 독일의 화학자 슈탈(Georg Ernst Stahl: 1660~1734)의 물활론(物活論)이다. 데카르트와 달리 스피노자는 실재의 속성이 독립적으로 존재한다고 하더라도 실재가 독립적으로 존재하는 것을 뜻한다고 보지 않았다. 그는 무한한 속성을 가진 하나의 실재만이 존재한다고 보았다. 이러한 관점에서 실재는 나누어질 수 없는 것으로 보았다. 그는 정신과 육체를 분리하는 데카르트의 이원론에 반기를 들었다. 그는 정신을 육체의 생각이라고 보았다. 그는 물리적 원인-결과는 생각의 원인-결과와 시간상 일치한다고 보았다.[116] 이러한 의미에서 스피노자의 이론은 심리-물리의 병행론이라고 불리었다. 스피노자의 철학적 관점은 이후 창발론자들에게 많은 영감을 주었다.

슈탈은 물활론을 주장했다. 물활론은 모든 물질에 영혼이나 혼 혹은 마음이 있다고 본다. 그는 육체의 모든 화학적 과정과 운동은 인간의 감각과 영혼에 의하여 일어난다고 보았다. 즉 육체는 단지 도구에 불과할 뿐 모든 생명현상의 근원은 영혼이라는 것이다. 슈탈은 무생물계와 달리 생물계에는 전혀 다른 법칙이 작용한다고 주장함으로써 데카르트의 기계론적 심신 이원론을 반박하였다. 그는 또한 육체와 영혼이 결합하여 유기체를 구성한다고 보았다. 그에 따르면 유기체는 단순히 여러 기관으로 구성된 하나의 개체가 아니라 통일과 조화를 이룬 전체이며 주변 환경에 적응하는 능력을 지닌 존재이다. 슈탈의 이런 주장은 당시 주류를 이루었던 유물론과 기계적 환원론에 대한 도전이었다.

　슈탈의 물활론은 여러 가지 형태의 생기론으로 계승되었다.[117] 생기론은 생명현상을 물리적 법칙으로 설명할 수 없다는 이론이다. 특히 20세기 초 독일의 생물학자 드리슈(Hans Adolf Eduard Driesch: 1867-1941)는 신생기론(新生氣論)을 정립하였다. 드리슈는 배아(胚芽)의 일부를 제거하더라도 나머지 조직이 일정한 규칙에 따라 재조직화하여 결국 성체로 성장하는 생물학적 현상을 주목하였다. 그에 따르면 생물체의 형태발생 과정에는 유전자가 물질적 원인을 제공하나 이와 별개로 유전자의 물리적, 화학적 작용을 통제하는 목적 지향적인 규칙이 존재한다는 것이다.[118] 드리슈는 이것을 아리스토텔레스의 용어를 빌려 엔텔레히(entelechie)라고 불렀다. 엔텔레히는 실험을 통해 검증할 수 있는 물질이나 에너지가 아니기에 결정론적으로 설명할 수는 없다. 그러나 이것은 유기체의 물리적, 화학적 과정에 확률적으로 영향을 미친다고 보았다. 생물학적 결정론의 대안 이론으로 등장한 드리슈의 신생기론은 과학적으로 설명될 수 없다는 한계를 가지고 있다. 그러나 생명체 전체의 특성과 목적성을 설명하고자 하였다는 점에서 생물학적 창발성 개념과 맥을 같이 한다.

근대 철학에서 창발 개념을 논리학적으로 해석한 인물이 독일의 철학자 헤겔이다. 헤겔은 존재의 본질을 끊임없이 변화하는 과정으로 파악하고 변증법(辨證法)이 존재파악의 유일한 논리적 형식이라고 주장하였다. 헤겔은 이 변화를 긍정, 부정, 부정의 부정 3단계로 설명한다. 헤겔의 설명방식은 독일의 철학자 살리베우스(Heinrich Moritz Chalybäus: 1796~1862)에 의해 정명제(正命題), 반명제(反命題), 종합명제(綜合命題)의 3단계 변증법으로 재해석 되었다. 이와 같은 변화의 결과물은 또 다른 변화의 출발점이 되어 정(正)·반(反)·합(合)의 변증법적 운동을 계속한다는 것이다. 헤겔의 관념론적 변증법은 자연의 질서와 역사의 발전과정을 설명하는 논리체계로 확장되면서 창발론적 사유의 지평을 넓혔다.

창발성 개념을 이론적으로 정립하기 시작한 것은 밀(John Stuart Mill: 1806~1873), 베인(Alexander Bain: 1810~1877), 루이스(George Henry Lewes: 1817~1878), 알렉산더(Samuel Alexander: 1859~1938), 모간(Lloyd Morgan: 1852~1936), 브로드(Charlie Dunbar Broad: 1887~1971) 등 영국의 창발주의자였다. 그들은 영국의 화학자이자 물리학자 돌턴(John Dalton: 1766~1844)이 입자의 실체를 실험을 통해 규명한 이후 발전한 원자론의 영향을 받아 물질적 입자가 만물을 구성하는 기본 요소라고 보았다. 그들은 각 입자는 고유의 특성이 있으며 각 입자가 배열되는 복잡한 구조의 수준에 따라 입자의 운동 법칙이 결정된다고 보았다. 이 운동 법칙은 하향인과율(下向因果律, downward causation)을 갖는 창발적 법칙이다. 하향인과율이란 창발된 결과물이 다시 원인이 되어 다시 부분에 영향을 주는 것을 뜻한다. 예컨대 인간의 정신적 스트레스는 바로 육체적 질병의 원인이 된다. 창발된 결과물인 인간의 의식이 육체에 영향을 미친다면 하향인과율이 작용하였다고 본다.

밀은 그의 저서『논리체계(A System of Logic)』(1843)에서 인과론을 구성법칙(構成 法則, laws of composition)과 이질 경로 법칙(異質 經路 法則, heteropathic laws)으로 구분하여 설명하였다. 즉 물리적 현상에는 구성법칙이 적용되어 그 결과를 연역적으로 추론하는 것이 가능하다. 그러나 화학적 현상이나 생명현상에는 이질 경로 법칙이 적용되어 그 결과를 연역적으로 추론하기 불가능하다. 여기서 이질 경로 법칙이란 정해진 경로에 따라 생명현상이 발생하지 않고 경로를 이탈하여 발생한다는 뜻이다. 이는 곧 창발을 뜻한다. 밀은 창발성 개념을 논리학적으로 설명하였으나 심리 현상을 단순한 생리적 원인으로 파악하였다.[119] 베인은 밀의 구성법칙과 이질 경로 법칙을 받아들이고 특별한 원인이나 요인이 복합적으로 작용할 때 잠재하였던 새로운 힘이 나타난다고 생각했다. 그는 새로운 힘이 나타나더라도 에너지 보존의 법칙에 벗어나지 않는다고 주장하였다.[120]

루이스는 그의 저서『생명과 마음의 문제(Problems of Life and Mind)』에서 '창발'이라는 용어를 처음 사용하였다.[121] 그는 이 저서에서 '결과적인 것'(resultants)과 '창발적인 것'(emergents)을 구분하였다. '결과적인 것'은 결과가 원인의 총합이라는 뜻이다. 반면 '창발적인 것'은 결과가 원인의 총합 이상이라는 뜻이다. 이것을 쉽게 설명하면 1+1=2가 '결과적인 것'이라면, 1+1=3은 '창발적인 것'이다. '결과적인 것'은 과학적 합리성에 따라 실험을 하거나 수학적으로 추론하여 결과를 예측하는 것이 가능하다. 반면 '창발적인 것'은 어떤 사건이 일어나기 전까지는 결과를 예측할 수 없다. 예상하거나 의도하지 않은 새로운 것이 만들어지기 때문이다. 루이스가 말하는 '창발적'인 것은 밀의 용어인 '이질 경로'와 같은 뜻이다.

알렉산더는 창발은 운동의 조합에서 나타난다고 보았다. 운동의 조합은 창발된 결과에서 나타나는 복합성이다. 그는 창발이 일어나는 조건과 과정을 다음과 같이 설명했다. (1) 시간-공간이 존재하고 (2) 일정한 발전법칙이 존재하며 (3) 시간-공간이 운동이 일어나면서 분화하며 (4) 물질이 조직됨으로써 분자 수준에서 물리적, 화학적 특성을 갖게 되며 (5) 물질이 어떤 수준의 복잡성에 이르게 되면 분자가 생명의 특성을 갖게 되고 (6) 살아있는 유기적 구조는 의식적 특성을 갖게 되며 (7) 그 의식은 일정한 수준에 이르게 되면 '경이로움'(驚異, piety)을 낳는다.[122] 즉 '시공간적 순간'에 나타나는 운동의 작용으로 먼저 물질이 창발되고 다음에 생명, 마음, 경이(驚異)가 창발된다.[123] 창발적 체계의 특성은 부분의 존재 수준에 뿌리를 두고 있으나 부분의 존재 수준에 속하지는 않는다. 관찰자의 입자에서 창발적 특성'의 존재는 '자연의 경이'로 받아들여지고 논리적 설명도 불가능하다.[124]

진화론적 관점에서 창발성을 설명한 모간은 루이스의 용어인 '결과적인 것'과 '창발적인 것'을 재해석하였다. 그에 의하면 창발성 없는 결과는 존재할 수 있으나 결과적 효과가 없는 창발성은 존재할 수 없다는 것이다. 예컨대 1+1=3에서 3안에는 2가 이미 포함되어 있다는 뜻이다. 즉 양(量)의 총합이 '결과적인 것'이라면 양(量)의 질

(質)적 변화는 창발적인 것이 된다. 그에 따르면 사건의 구성인자 사이에 존재하는 특별한 통합적 관계성이 창발을 일으킨다는 것이다.

그에 의하면 부분적 수준의 사건으로부터 '수반'(隨伴, supervenience)된 창발적 관계성은 다시 부분적 수준의 사건에 영향을 미치게 된다. 여기서 수반이란 부분으로부터 창발된 체계에서 부분의 변화가 없이는 체계의 창발성이 일어나지 않는다는 것을 뜻한다. 예컨대 분자와 원자의 관계에서 원자가 모여 분자의 특성이 나타난다. 분자의 창발적 특성이 나타나기 위해서는 원자의 특성에서 변화가 일어나야 한다. 이때 분자의 특성은 원자의 특성에 수반된다고 표현한다. 이로써 체계는 내재적 혹은 자율적 인과율을 갖게 된다.[125] 모간은 이렇게 수반 개념을 사용하여 하향인과율을 설명함으로써 창발성 개념을 정립하였다. 그는 또한 마음, 생명, 물질의 관계성에서 심리적 요인과 물질적 요인이 동시에 작용하는 것으로 파악하여 현대 심리철학의 발전에 크게 공헌하였다.

모간의 이론을 미원의 관점에서 해석하면 인류사회를 구성하는 개개인이 변화하지 않고서는 인류사회가 창발될 수 없다. 따라서 개개인의 의식혁명이 필요하다. 인류가 하나의 인류의식으로 통합되면 인류의식은 개개인의 의식에 영향을 미치게 된다. 이런 과정에서 실(實, 가능태의 잠재적 원인), 상(相, 현실태의 인식된 형상), 리(理, 완전태의 목적성)가 분리되지 않고 하나로 작용한다.

브로드는 '기계론'과 '창발론'을 명확히 구분하였다.[126] 그에 의하면 '기계론'은 다음과 같은 네 가지 조건이 충족될 때 성립된다. (1) 모든 실체는 근원적인 물질적 입자로 구성된다. (2) 그 입자는 힘을 생성하는 특성을 가진다. (3) 전체가 갖는 힘의 크기는 '구성의 원칙'에 따르고 부분의 특성에 의해 결정된다. (4) 전체가 갖는 힘의 크기는 전체의 구성요소가 갖는 힘의 벡터(vector: 방향과 양)를 합산하여 결정된다.

반면에 창발론은 위 네 가지 조건에서 (2)와 (3)을 부정한다. 즉 전체는 부분과 독립적인 힘을 생성한다. 그는 또한 다양한 질서의 총합을 설명하기 위해 '내적 서수의 법칙'(內的 序數의 法則, intra-ordinal law)과 '초월적 서수의 법칙'(超越的 序數의 法則, trans-ordinal law)이라는 용어를 사용하였다. '내적 서수의 법칙'이란 부분적 질서의 총합을 설명하는 법칙이다. '초월적 서수의 법칙'이란 부분적 질서의 총합이 새로운 특성을 발현하게 하는 법칙이다. 창발은 '초월적 서수의 법칙'에 의해 나타난다. 창발성은 알렉산더가 '자연의 경이'라고 불렀던 것처럼 설명될 수 없다.

프랑스 철학자 베르그송(Henri-Louis Bergson: 1859~1941), 미국의 철학자 제임스(William James: 1842~1910), 영국의 철학자 화이트헤드(Alfred North Whitehead: 1861~1947) 등의 과정철학자도 창발성 연구에 공헌하였다. 베르그송은 생명현상을 결정론적 인과관계가 아닌 비결정론적인 창조적 진화의 과정으로 보았다. 그는 이런 과정에서 새로운 것을 창조할 수 있는 자유의지의 영역을 인정하였다. 미원은 자신의 저서에서 베르그송을 언급하고 있어서 그의 이론을 수용하고 있음을 알 수 있다. 베르그송은 창조적 진화과정에 근원적인 힘이 있다고 보고 이를 '생명의 약동'(生命의 躍動, élan vital)이라고 불렀다. 그는 진화과정에 내재된 목적성과 특성을 부정함으로써 드리슈의 신생기론과 차별화를 꾀하였다.

다윈의 진화론과 실용주의적 관점에서 기능적 심리학을 정립한 제임스는 결정론적 물질주의와 환원론을 부정하였다는 점에서 베르그송과 유사하다.[127] 제임스는 의식의 흐름을 통하여 마음과 세계가 연결되어 있다고 보았다. 그는 마음, 경험, 자연이 분리될 수 없는 것이기 때문에 관찰자의 마음과 행위가 경험적 진실에 영향을 미친다고 보았다. 그는 진실은 사실로부터 나타나나 진실은 다시 사실에 영향을 미치고 이것은 다시 새로운 진실을 끊임없이 창조한다고 설명하였다. 그에게 있어서 진실은 상대주의적이다. 이렇게 보았을 때 제임스의 관점은 미원의 진실에 대한 견해와 매우 유사하다.

제임스는 기본적으로 인간의 의식을 진화과정의 산물로 보았으나 단순한 진화의 부산물이 아니라고 했다. 그는 인간의 마음이 가변적이고 자율적인 것이 생존에 유리하기 때문에 뇌의 특성으로 진화되었다고 보았다. 그에 의하면 인간의 정신은 정신상태가 통합된 결과가 아니라 전혀 새로운 특성으로 창발된 결과이다. 그는 또한 베르그송과 마찬가지로 새로운 것을 창조할 수 있는 자유의지의 영역을 인정하였다. 그는 결정되지 않은 상태로 존재하는 임의의 대안을 '우연'으로 보았다. 그리고 자유의지에 의해 한 대안이 선택되어 불확실한 미래가 기정사실화된 과거로 바뀐 것을 '필연'으로 보아 우연과 자유의지의 공존을 인정하였다. 우연과 필연에 관한 제임스의 관점 또한 미원의 관점과 유사함을 알 수 있다.

화이트헤드는 뉴턴의 기계론적 결정론과 데카르트의 물질/정신 이원론을 부정하고 유기체적 이론체계를 정립하여 '과정 철학'을 창시하였다. 그의 '과정 철학'은 심리적 창발론의 이론적 초석을 놓은 것으로 평가된다. 화이트헤드는 분리되고 불변하는 물질이 실재의 구성요소라는 사실을 부정하였다. 그에 따르면 실재는 정적으로 존재하는 것이 아니라 역동적으로 변화하는 과정으로 구성되어 있다.[128] 실체 사이의 관계와 상호작용을 통하여 '새로운 특성'이 나타난다. 이것은 인과론 혹은 기계론적 법칙에 따라 예측될 수 없다. 실체를 이해하기 위해서는 그것을 구성하는 물질적 특성과 정신적 특성의 유기적 연관성을 파악해야 한다.[129] 화이트헤드의 '과정 철학'은 이후 물리학, 화학, 생물학 등의 여러 분야에 적용되면서 창발 연구를 촉진하였다.

창발 이론은 1920년대 후반 양자역학의 등장과 분자생물학의 발전으로 화학과 생물학 분야에서 관심 밖으로 멀어지고 환원주의가 다시 대세를 이루게 된다. 창발성 이론이 재등장하게 된 계기는 1960년대에 심리철학 분야에서 비롯되었다.

미국의 수학자이자 철학자인 퍼트넘(Hilary W. Putnam: 1926~2016)은 '다중 실현성'(多重 實現性, multiple realizability)'이란 개념을 제시하였다. 특정의 심리적 상태는 여러 가지 다른 신체적 요인에 의해 나타난다는 것을 뜻한다. 예컨대 고통이라는 심리적 상태는 육체의 다양한 특성, 상태, 사건에 의해 일어난다. 이와 같은 논리는 심리적 상태와 뇌의 물리적, 화학적 상태가 일치한다고 보는 '마음-뇌 동일성' 이론을 반박한다. 퍼트넘의 주장을 요약하면 (1) 정신적 상태는 다양한 물리적 특성에 의해 영향을 받는다. (2) 그 정신적 상태는 어느 한 육체적 특성으로 설명되지 않는다. (3) 따라서 '마음-뇌 일치'

이론은 부정된다. 퍼트넘의 주장으로부터 촉발된 이론적 논쟁은 인지과학, 뇌과학, 심리철학의 주요 논쟁으로 현재까지 이어지고 있다.[130]

미국의 철학자 데이비드슨(Donald Davidson: 1917~2003)의 '예외적 일원론'(例外的 一元論, anomalous monism)은 마음과 육체가 분리되어 있다는 사실을 부정한다. 그리고 정신적 현상은 물질적 현상으로 설명되지 않는다고 본다. 그의 주장을 요약하면 (1) 정신이 물질에 영향을 미치며 (2) 모든 인과관계는 자연의 법칙으로 설명되나 (3) 정신적 현상과 물리적 현상을 연결해 주는 자연의 법칙은 존재하지 않는다. 그의 주장은 스피노자의 형이상학적 일원론에 뿌리를 두고 있다. 그러나 스피노자는 (1)을 부정하고 (3)을 인정하였다. 범신론적 관점을 취했던 데이비드슨은 (1)과 (3)을 통합하기 위해 '수반' 개념을 사용하여 정신적 현상과 물리적 현상의 관계를 설명하였다.[131] 즉 정신적 현상과 물리적 현상 사이에는 엄격한 심리-물리적 법칙이 존재하지 않는다. 그러나 정신적 현상은 어떤 의미에서 물리적 현상에 의해 수반된다. 데이비드슨의 '수반' 개념은 이후 창발론자 사이에서 논쟁의 핵심이 되었다.

미국의 철학자이자 인지과학자인 포더(Jerry A. Fodor: 1935~2017)는 퍼트넘의 '다중 실현성' 개념을 확장하여 '행태주의'(行態主義)의 대안으로 '기능주의'(技能主義)를 주장하였다. '행태주의'는 인간의 행위를 자극에 대한 인과적 반응으로 본다. 반면 '기능주의'는 인간의 행위와 자극 사이에 정신이 작용하는 것으로 본다. 이러한 관점에서 기능주의자들은 같은 정신적 특성이 다양한 종류의 물리적 자극으로 나타날 수 있다고 보았다.[132] 따라서 포더는 모든 학문이 물리학의 원리를 따른다는 주장을 부정한다. 그는 심리학은 특별한 과학으로서 물리학적 원리로 설명되지 않는 그 자체의 자율적인 인과율을 가지고 있다고 주장했다.[133]

1970년-80년대에 물리주의(物理主義, physicalism)가 심리철학에 도입되면서 창발성 개념은 더욱 정교한 이론체계를 갖추게 된다. 물리주의는 정신을 물리적 작용의 결과로 보는 관점이다. 물리주의에서 정신적 현상은 신경 생리적 현상과 같다. 심리철학에서는 이것을 '표식 동일성'(token identity)이라 불렀다. 정신이라는 창발적 특성은 신체의 신경생리 체계에 '수반'된다는 것이다

심리학자들은 창발성을 보다 정교하게 설명하기 위해 '다중 실현성'(multiple realizability) 개념과 '흐트러진 비접합'(wild disjunction) 개념을 연계하였다. 그들에 따르면 '다중 실현성'만으로는 창발성을 온전히 설명할 수 없다. 창발 후 상태와 창발 전 상태 사이에 '흐트러진 비접합' 상태가 존재해야 한다.[134] 예컨대 심리적 상태를 설명하는 개념이나 용어와 신경 생리적 상태를 설명하는 개념이나 용어의 조합 사이에 일관성 있는 접합점이 없다면 이것을 창발이라고 볼 수 있다. 이처럼 창발론자들은 수반 개념이 다중 실현성 개념과 흐트러진 비접합 개념으로 보완될 때 창발성이 설명될 수 있다고 주장하였다.

위에서 본 것처럼 창발성이란 결국 '새로운 특성'이 나타나는 것을 의미한다. 창발성은 '강창발성'과 '약창발성' 두 가지 형태로 분류된다.[135] 강창발성과 약창발성을 구별하는 기준은 창발된 체계의 특성

이 그것을 구성하는 부분에 인과적 작용력을 가지고 있느냐의 여부이다. 예컨대 정신이 육체에 많은 영향을 미친다면 정신은 강창발성이라고 본다.

1970년대에 헝가리 출신의 영국 화학자이자 철학자인 폴라니(Michael Polanyi: 1891~1976)와 미국의 신경심리학자 스페리(Roger W. Sperry: 1913~1994) 등은 강창발성론을 주도하였다. 물리 화학자인 폴라니는 그의 저서 『묵시적 차원(The Tacit Dimension)』(1966)에서 "인간의 생각은 감추어진 실재를 묵시적으로 감지함으로써 시작된다"라고 말하였다.[136] 그는 인간의 '묵시적 감지' 능력이 곧 창발성인 것이라고 보았다. 폴라니의 관점은 미원의 '의식적 지도성'과 매우 유사하다. 미원은 인간의 의식적 지도성에 의해 미래의 운명을 바꿀 수 있다고 보았다. 미원은 인간의 의식이 인과적 작용력이 있다고 본 것이다.

스페리는 인간의 의식이 단순한 뇌의 작용이 아니고 의식적 생각과 결정이 뇌의 기능에 모종의 작용을 한다고 보았다. 그는 대뇌의 신경 패턴이 가지고 있는 의식적 특성은 신경조직의 작용에 의해 결정된다고 보았다. 그의 입장은 '창발적 상호주의'(創發的 相互主義)라고 불렸다.[137] 이후에 그는 의식이 뇌의 신경적, 화학적 작용에 영향을 미치기는 하나 뇌를 구성하는 요소와 직접 상호작용을 하는 것은 아니라고 자신의 견해를 수정하였다.[138] 그는 의식의 창발성에 대해 뇌 생리학적인 증거를 제공함으로써 강창발성을 과학적으로 입증하고자 노력하였다.

한편 약창발성 개념은 일반적으로 인지과학, 복잡계 이론 등에서 주로 복잡성, 기능적 조직, 자기조직, 비선형을 설명하는 개념으로 사용된다. 이런 맥락에서 창발성이란 체계를 구성하는 부분이 갖지 않는 새로운 체계적 특성이 나타나는 것을 뜻한다. 세포 자동자(cel-lular automata)에서 나타나는 복잡한 패턴, 네트워크의 체계적 특성, 상전이(相轉移, phase transition), 교통 혼잡, 새들의 질서 있는 비행 등이 창발성이라는 것이다. 이런 현상들은 결정론적 법칙에 따라 지배를 받으나 미세한 초기조건의 불확실성으로 인해 우리는 그 현상의 미래 결과를 예측할 수 없다.

미국의 철학자 윔셋(William C. Wimsatt: 1941~)은 창발성을 환원성과 양립한다고 보았다. 그는 약창발성을 '전체는 부분의 총합'이라는 의미의 '집합성'과 구별하였다. 즉 창발성은 체계를 구성하는 부분의 총합이 아니라 부분이 조직됨으로써 나타나는 체계적 특성이라고 했다.[139] 미국의 철학자 바터만(Robert W. Batterman)은 주로 물리학 분야에서의 상전이와 같이 통계역학에 의해 환원적으로 설명될 수 없는 복잡계의 특성을 창발성이라고 보았다. 그는 창발성의 본질이 인과적 작용력 유무가 아니라고 보았다. 그에 의하면 어떤 현상을 환원적으로 설명할 수 없는 이론적 한계가 있다면 그것이 창발성이라고 주장하였다.[140] 영국의 철학자 클라크(Andy Clark: 1957~) 또한 창발적 현상을 복잡계의 체계적 현상이라고 보았다. 그는 창발성을 '집합적 자기조직', '프로그램화되지 않은 기능성', '상호적 복잡성', '시뮬레이션 없이 예측될 수 없는 현상'으로 분류하였다. 이러한 창발성은 모두 환원적인 설명이 가능하기에 약창발성으로 볼 수 있다는 것이다.[141]

창발론이 인간의 사회적 관계에 적용되었을 때 이것을 사회적 창발이라고 한다. 사회적 창발론은 사회를 개인들로 구성된 하나의 체계로 본다. 인간사회는 개인의 총합으로 설명되지 않는 새로운 특성을 띠게 된다. 이 새로운 특성이 사회적 창발성이다. 사회적 창발 개념을 처음 언급한 사람은 프랑스의 철학자 콩트(Auguste Comte: 1798~1857)였다. 그는 사회적 창발이라는 용어를 사용하지는 않았으나 그의 저서『실증철학의 체계(System of Positive Philosophy)』(1830)에서 창발은 비환원적인 현상이며 인과적 작용력을 가진다고 언급하였다. 그의 이론은 동시대 영국의 창발론자들에게 영향을 주었다.

콩트의 영향을 받은 프랑스 사회학자 뒤르켐(Émile Durkheim: 1858~1917) 또한 사회적 창발이라는 용어를 사용하지는 않았고 '독특한'(sui generis)이라는 용어를 통하여 창발적 사회현상을 설명하였다. 그는 '사회적 사실'(social fact)과 '집단적 표상'(collective representations)이 창발적 사회현상이라고 보았다. 사회학에서 '사회적 사실'이란 사회구조나 제도를 의미한다. 사회적 창발은 개인의 집합으로부터 생성된 사회체계의 '독특한' 특성이다. '사회적 사실'은 인과적 작용력을 발휘한다. 이것은 개인이 제도에 구속된다는 것을 뜻한다. 이런 사회적 창발성은 사회집단의 내적 구성에서 나타난다. 사회집단의 내적 구성은 사회적 '환경 혹은 토대'(milieu or substratum)와 사회적 '풍조'(currents)에 의해 영향을 받는다. 사회적 환경 혹은 토대는 사회적 관계에 있는 개인들의 규모, 역동적 밀도 등을 포함한다. 사회적 풍조란 사회 전반에 걸쳐있는 어떤 경향을 의미한다. 내적 구성의 밀도가 증가할수록 창발의 조건이 증가한다.[142] 이러한 뒤르켐의 관점은 미원의 '환류' 개념과 매우 비슷하다.

사회적 창발론에는 '개인적 창발주의'와 '집단적 창발주의' 두 가지 관점이 있다. 개인적 창발주의자들은 사회적 특성이 원칙적으로 어느 한 개인이 가지고 있는 특성과 다르다는 점을 인정한다. 개인적 창발주의자들은 사회적 특성을 개인적 특성이 합해져서 나타난 특성으로 설명한다. 사회학에서 이러한 입장은 '방법론적 개인주의'(methodological individualism)라 불린다. 즉 사회적 특성은 궁극적으로 사회를 구성하고 있는 개인의 행위를 분석함으로써 설명될 수 있다는 것이다. 이러한 방법론을 취하고 있는 대표적인 학자가 독일의 사회학자 베버(Max Weber: 1864~1920)이다.

행태주의 사회학의 창시자라 불리는 미국의 사회학자 호만스(George C. Homans: 1910~1989)는 개인적 창발주의 관점에서 그의 '교환이론'(exchange theory)을 설명하였다. 교환이론에 따르면 개인은 자신의 만족을 극대화하기 위해 행동하며 개인 간의 상호작용에서 보상을 추구한다. 그는 방법론적 개인주의 관점에서 개인 간의 상호작용을 분석함으로써 집단 혹은 사회 특성을 설명한다. 호만스는 이후에 상호작용 구성 효과가 복잡해질 경우 개인 간의 상호작용으로 만으로 설명이 어렵다는 것을 인정하였다.[143]

합리적 선택 이론에 의해 사회현상을 수학적으로 설명하고자 했던 미국의 사회학자 콜먼(James S. Coleman: 1926~1995)도 개인적 창발주의자이다. 콜먼은 사회체계를 분석할 때 개인들의 구성과 상호작용에 주목하였다. 그는 체계 수준에서 개인들의 상호작용이 '의도되지 않은 결과'(unintended consequences)를 가져올 때 이것을 창발성이라고 보았다. 의도되지 않은 결과는 단순히 개인적 행위의 총합의 결과가 아니라 사회적 조직의 결과로 나타나는 것이다.[144] 예컨대 어떤 제도를 만들었을 때 처음 의도와 전혀 다른 결과가 나타나는 경우가 있다. 그는 이렇게 발생한 의도되지 않은 결과를 창발성이라고 보았다.

집단적 창발주의는 사회적 특성이 개인 간의 상호작용만으로 설명될 수 없다고 본다. 미국의 사회학자 블라우(Peter Blau: 1918~2002)는 호만스의 교환이론을 바탕으로 사회구조 이론을 설명하였다. 사회적 교환의 결과로 신분과 권력의 분화가 일어난다. 이런 신분과 권력 분화의 결과로 사회구조 내에 정당성, 조직, 갈등과 변동이 나타난다.[145] 인구가 증가함에 따라 사회가 복잡해지고 사회적 창발이 일어난다. 창발적 사회구조는 개인의 특성으로 설명될 수 없으며 개인에게 인과적 작용력을 가진다.[146]

영국의 과학철학자 바스카(Ram Roy Bhaskar: 1944~2014)는 사회적 실재의 토대는 물질이며 사회적 변동은 물질적 토대의 변화를 가져온다고 보았다.[147] 메커니즘, 사건, 경험이 실재의 영역에 중첩되어 존재한다. 사회적 구조가 개인의 행위로 만들어진다고 하더라도 그 구조는 개인의 행위로 설명되지 않으며 자율적으로 존재하는 실재다. 사회구조에는 개인에게 인과적으로 작용하는 '생성 메커니즘'(generative mechanism)이 있다. 생성 메커니즘은 경향성(tendencies), 속성(liabilities), 힘(power)이 동시에 작용하여 사건을 일으킨다. 자연현상에 비유하자면 물과 불의 관계에 있어서 물은 불을 끄는 경향성이 있으며, 물은 불에 의해 꺼지는 속성이 있고, 물은 불을 끄는 힘이 있다. 이것이 동시에 작용하면 소화 메커니즘으로 작동되어

물에 의해 불이 꺼지는 사건이 일어난다. 메커니즘은 사건과 독립적으로 존재하는 실재이며 메커니즘이 일으키는 작용력이 창발이다.[148]

영국의 사회학자 아쳐(Margaret Archer: 1943~)는 바스카와 마찬가지로 창발적 사회구조의 인과적 작용력을 인정하였다. 아쳐는 구조와 행위의 관계에 시간적 변수를 도입하여 설명하였다. 사회적 특성은 과거에 존재했던 개인적 특성에 의해 창발 된다. 일단 창발적 특성이 나타나면 그것은 상대적인 자율성을 갖게 되며 자율적 특성은 스스로 독립적인 인과적 작용력을 띠게 된다. 따라서 현재의 사회구조는 현재의 개인 행위로 설명되기 어렵다. 이런 창발적 과정이 '형태발생'(morphogenesis)이다.[149] 아쳐의 창발론은 학자들에 의해 비판을 받았다. 즉 사회구조가 과거의 개인적 행위로 창발 되었으나 현시점에서 개인에 대한 인과적 작용력을 갖기 위해서는 개인과 공시적(共時的, synchronous) 관계가 필요하다는 것이다.[150]

엘더 바스(Dave Elder-Vass)는 바스카의 이론에 기초하여 '관계적 창발론'(relational emergence theory)을 주장하였다. 사회구조와 개인 행위는 모두 창발성을 갖는 실체이며, 상호작용을 통하여 사회적 사건을 일으킨다. 사회적 창발성을 설명하기 위해서는 (1) 실체를 구성하는 부분, (2) 부분 간의 상호작용, (3) 실체를 현재의 형태로 존재케 한 형태 발생적(morphogenetic) 원인, (4) 실체의 안정, 유지를 가능케 한 형태 안정적(morphostatic) 원인, (5) 부분과 그 관계가 실체의 특성을 결정하는 메커니즘을 파악해야 한다.[151] 그의 관계적 창발론은 사회구조가 개인에게 미치는 인과적 작용력을 개인 행위의 특성과 조직방식의 결과로 설명하였다.

　미국의 심리학자 소여(R. Keith Sawyer: 1960~)는 사회적 창발론이 사회학의 다양한 이론적 논쟁을 통합할 수 있는 새로운 패러다임이라고 주장하였다. 그에 의하면 사회학 이론이 구조 패러다임(1950년대~1960년대), 상호작용 패러다임(1960년대~1990년대)을 거쳐 창발 패러다임(1990년대~현재)으로 진화하고 있다는 것이다. 창발 패러다임은 사회를 구성하는 개인, 개인 간의 상호작용, 상호작용으로부터 나타나는 창발성과 사회구조를 모두 포괄하여 설명할 수 있다고 본다. 그는 개인 간에 언어를 통한 의사소통이 사회적 창발을 일으키는 핵심 고리(missing link)라고 생각하였다.[152] 그러나 소여는 개인 간의 의사소통이 어떻게 사회적 창발을 일으키는지 명백히 설명하지 못했다.

　미원의 철학 이론은 창발론에 바탕을 두고 있다. 미원은 동양 철학의 관점에서 자신의 창발론을 정립하였다. 미원의 주리생성론과 전승화론은 대립하는 실체의 상관 상제 작용으로 새로운 특성이 나타난다고 보는 직관적 창발론이다. 서양에서 발전되어 온 창발론은 매우 복잡하고 섬세한 분석적 창발론이다. 미원이 간파했듯이 창발은 우주 생성의 원리를 밝히는 열쇠다. 그러나 현재의 창발론은 여전히 창발이 일어나는 메커니즘을 규명하고 있지 못한다. 뇌 과학과 양자물리학과 같은 과학이 더 발전된다면 그 메커니즘이 밝혀질 것으로 기대한다.

1 조영식, 『민주주의 자유론: 자유 정체의 탐구』, (서울: 경희대학교 출판문화
   원, 2014), p. 13.

2 Ibid., p. 9.

3 Ibid., p. 14.

4 Ibid., p. 47.

5 조영식, 『인류사회의 재건』 (서울: 경희대학교 출판문화원, 2021), p. 43.

6 Ludwig von Bertalanffy, *General System Theory: Foundations, development, appli-
   cations* (New York: G. Braziller, 1968).

7 R. Keith Sawyer, *Social Emergence: Societies as Complex Systems* (Cambridge:
   Cambridge University Press, 2005), p. 1.

8 Talcott Parsons, *The Social System* (Glencoe, IL: The Free Press, 1951).

9 20개의 중요한 하위체계는 재생산자(reproducer), 경계(boundary), 섭취자(in-
   gestor), 분배자 (distributor), 변환자(converter), 생산자(producer), 물질-에너지
   저장(matter-energy storage), 압출자(extruder), 발동기(motor), 지원자(supporter),
   투입 전환자(input transducer), 내부 전환자(internal transducer), 통로와 망
   (channel and net), 해독자(decoder), 연결자(associator), 기억(memory), 결정자
   (decider), 암호기(encoder), 산출 전환자(output transducer)이다.

10 James G. Miller, *Living System* (New York: McGraw-Hill, 1978).

11 '오토포이에시스'는 칠레의 인지생물학자 마투라나/봐렐라(Humberto Matur-
   ana & Francisco Varela)가 처음 사용하였다.

12 Niklas Luhmann, *Social Systems: Outline of a General Theory* (Stanford, CA:
   Stanford University Press, 1984).

13 평형 모델을 간략히 요약하면 다음과 같다. 평형 체계는 상대적으로 고립되
   어 있고 엔트로피(entropy)를 발생시킨다. 평형상태로 돌아가기 위해서는 일반
   적으로 체계의 구조변화가 수반되며 최소한의 에너지가 필요하다. 평형 체계
   는 오직 외부의 영향에 의해서만 변화가 일어나고 평형 체계의 구성요소들은
   에너지의 교환으로 연결된다. 평형 체계는 피드백 고리(feedback loop) 혹은 적

응능력이 없다.

14 조영식, 『인류사회의 재건』, p. 124.

15 조영식, 『문화세계의 창조』, p. 32.

16 Ibid., p. 35.

17 Edward Hallet Carr, *What is History?* (Cambridge: Cambridge University Press, 1961).

18 조영식에 의하면 문화 규범으로 일컬어지는 정사선악의 판단기준은 다음과 같다. 선이란 인간적이고 참되고, 인간 생활에 도움이 되는 모든 것은 선이며 그 반대로 해가 되는 것은 악이라고 해야 한다. 둘째, 문화를 일으키고 그것을 유지 발전하도록 하는 것은 선이요, 그것을 파괴하는 것은 악이다. 셋째, 보편적 민주주의 정신에 도움이 되는 것은 선이고 그에 반하는 것은 악이다. 넷째, 인간의 협동 생활과 사회생활에 도움이 되는 것은 선이요 그 반대되는 것은 악이다. 다섯째, 위 네 가지 기준을 유지하고 발전시키는 것이 정의요, 저해하고 파괴하는 것은 불의다. 조영식, 『지구공동사회대헌장』, pp. 53-54.

19 조영식은 "그러므로 선악이란 무엇인가 하고 나에게 묻는다면 나는 서슴치 않고 한마디로 요약하여 선이란 사회적 요청에 부합된 인간 행위라고 대답하겠다... 선악이란 것은 어떤 고정된 절대자의 의사에 기하여 인간에게 하명하는 지상명령이 아니라 일반적 사회적 요청에 의하여 우리 행동을 공통선에 부합되도록 일치시키는 곳에 선의 진의를 이해할 수 있다"라고 쓰고 있다. 조영식, 『문화세계의 창조』 (서울: 문성당, 1951), p. 41.

20 조영식, 『오토피아』 (서울: 경희대학교 출판국, 1979), p. 196.

21 이러한 이론적 논쟁의 중심에 있는 대표적인 학자가 기든스(Anthony Giddens)이다. Anthony Giddens, *The Constitution of Society* (Berkeley and Los Angeles: University of California Press, 1984).

22 Paul David, "Clio and the economics of Qwerty", *American Economic Review*, Vol. 75, No. 2, pp. 332-337; W. Brian Arthur, *Increasing Returns and Path Dependence in the Economy* (Ann Arber: The University of Michigan Press, 1994).

23 조영식, 『문화세계의 창조』, p. 77.

24 Ibid., p, 29.

25 Ibid., p. 29.

26　Ibid., p. 29.

27　"사람들이 모두 불인지심(不忍之心)을 가지고 있다고 말하는 이유는...자 지금 어떤 사람이 문득 갓난아기가 막 우물 속에 빠지려는 모습을 보았다고 치자. (그렇다면) 그 누구든 깜짝 놀라고 측은한 마음을 갖게 될 것이다. (이런 마음을 갖게 되는 까닭은) 그 갓난아기의 부모와 잘 사귀고자 함도 아니요, 마을 어른이나 친구들에게 명예를 얻기 위함도 아니요, 갓난아이가 우는 소리가 싫어서 그런 것도 아니다." 孟子,『公孫丑』, "所以謂人皆有不忍之心者, 今人乍 見孺子將人於井, 皆有怵惕惻隱之心, 非所以內交於孺子之父母也, 非所以要譽於鄕黨朋友也, 非惡其聲而然也."

28　노상균, '맹자 성선설 비판,'『중어중문학』, Vol. 29 (2002. 12), p. 5.

29　이런 관점에서 맹자는 군주를 비롯한 사회의 권세가들이 "인간 누구나 가지고 있는 불인인지심·사단지심을 최대한 확이충지(擴而充之)하여 그 마음으로 아랫사람들과 백성들을 대한다면, 이들이 마음으로 순복하여 따를 것이고, 백성들이 마음으로 따르는 사회는 안정되고 강력한 사회가 될 수밖에 없다"라고 보았다. 김기현, '맹자의 성선설과 순자의 성악설에 대한 현대적 조명,'『철학연구』, 제79집 (2001. 8), p. 54.

30　"飢而欲飽, 寒而欲暖, 勞而欲休."

31　"好利而惡害."

32　『荀子集解』, 第17卷 性惡篇. "目好色, 耳好聲, 口好味, 心好利, 骨體膚理, 好愉佚."

33　『荀子集解』, 第13卷 禮論篇 第19. 순자는 성악설을 주장하였으나 인간에게는 선천적으로 도덕적 역량이 있다고 보았다. 그에 따르면 인의법정(仁義法正)을 알 수 있고 행할 수 있는 길은 누구에게나 열려 있다. 즉 길 가는 사람 누구에게나 인의법정을 알 수 있는 총명함(質)이 갖추어져 있고, 누구에게나 인의법정을 실행할 수 있는 능력(具)이 갖추어져 있다. 길 가는 사람 누구나 다 안으로는 부모와 자녀의 관계가 어떠해야 하는가를 알고 있으며, 밖으로는 임금과 신하의 관계가 어떠해야 하는가를 알고 있다. 그렇다면 알 수 있는 역량인 질(質)과 행할 수 있는 역량인 구(具)가 길 가는 사람 누구에게나 갖추어져 있다는 것은 확실하다.

34　권영백, '순자의 성악설과 자연법사상,'『아세아연구』, 통권 제18호 (1965. 6), p.

71.

35 Ibid., p. 8.

36 "사람의 본성은 소용돌이치면서 흐르는 물(湍水 단수)과 같습니다. 그 물을 동쪽으로 터놓으면 동쪽으로 흐르고, 서쪽으로 터놓으면 서쪽으로 흐릅니다. 사람의 본성에 선함과 선하지 않은 구분이 없는 것은, 물에 동쪽과 서쪽의 구별이 없는 것과 같습니다". 『孟子·告子』上篇, "性猶湍水也, 決諸東方則東流, 決諸西方則西流, 人性之無分於善不善也, 猶水之無分於東西也."

37 『에밀』(Émile, ou De l'éducation)은 장자크 루소가 쓴 교육서이다. 생전에 출판된 다섯 권에서 에밀이라는 가상의 소년을 등장시켜 이상적인 시민을 교육하는 방법을 제시하였다.

38 Elliott Sober & David S. Wilson, *Unto Others: The Evolution and Psychology of Unselfish Behavior* (Cambridge: Harvard University Press, 1998), p. 224.

39 자연선택은 1859년 다윈(Charles Darwin)이 『종의 기원』에서 제창한 개념으로 종의 진화를 주도하는 메커니즘이라 볼 수 있다. 다윈에 따르면 생물은 기하급수적으로 자손을 출산하는데 개체 수가 많아지면 이들 사이에 필연적으로 생존경쟁이 일어난다. 또한 형태나 습성에 개체변이가 나타나고 그 중 환경에 가장 잘 적응하는 개체, 즉 가장 유리한 변이를 가진 개체가 살아남아 자손을 번식시킨다. 유리한 변이가 자손에게 유전된다면 그 자손 역시 생존경쟁에서 유리하게 될 것이다. 이러한 자연선택의 효과가 오랫동안 계속되면 차츰 생물이 변화하여 새로운 종이 생긴다. 즉 유전자의 변이개체는 자연선택이 일어나서 생존하고, 이러한 유리한 형질이 집단에 고정되어 그 집단의 유전적 성질을 변화시킨다.

40 Richard Dawkins, *The Selfish Gene* (Oxford: Oxford University Press, 1979).

41 집단선택이 일어나기 위한 조건은 다음과 같다. 1) 집단선택이 일어나려면 한 집단보다 더 많은 집단의 군집이어야 한다. (2) 집단은 그 집단 안의 이타적 유형의 비율이 고정되어 있지 않고 항상 변화해야 한다. (3) 이타적 개체가 많은 집단은 그렇지 못한 집단보다 더 생존 적응력을 가져야 한다. (4) 한 집단의 이기적 개체들은 다른 집단의 이타적 개체들로부터 도움을 받을 수 없어야 한다. (5) 이타주의는 개체선택의 관점에서 생존에 도움이 되지 않으나 집단선택의 관점에서는 생존에 도움이 되어야 한다. (vi) 이타주의가 집단선택

의 조건이 충분히 갖추어지며 진화해야 한다. 최종덕, '생물학적 이타주의의 가능성,' 『철학연구』 제 64집 (2004년 봄호).

42 Edward O. Wilson, *On Human Nature* (Cambridge: Harvard University Press, 1987), p. 155.

43 William Donald Hamilton, "The genetical theory of social behavior," I.II.J. *Theoretical Biology*, Vol. 12, No. 1, (1964), pp. 12-45.

44 Robert Trivers, "The evolution of reciprocal altruism," *Quarterly Review of Biology*, Vol. 46, No. 4, (1971), pp. 35-57.

45 사회생물학자들은 이와 같은 이론을 죄수의 딜레마(prisoners' dilemma) 게임이론과 Tit-for-Tat 컴퓨터 시뮬레이션에 적용하여 상호수혜 관계가 '적응력 있는' 전략임을 이론적으로 증명하였다. '죄수의 딜레마'에 대해서는 David P. Gauthier (eds.), *Morality and Rational Self-Interest* (Englewood Cliffs, N.J.: Prentice-Hall Inc., 1970), Tit-for-Tat 컴퓨터 시뮬레이션에 대해서는 Robert Axelrod, *The Evolution of Cooperation* (New York: Basic Books, 1984) 참조.

46 정연교, '도덕성의 진화에 대한 사회생물학적 접근,' 『문화의 진보에 대한 철학적 성찰』 (서울: 철학과 현실사, 1998), p. 344.

47 Michael Ruse, "The Significance of Evolution," in Peter Singer (ed.), *A Companion to Ethics* (Cambridge: Basil Blackwell, 1993).

48 Edward O. Wilson and Charles Lumsden, *Gene, Mind, and Culture* (Cambridge: Harvard University Press, 1981), p. 370.

49 예를 들면 고소공포증이나 뱀에 대한 두려움 등이 우리 유전자에 내재한 후성적 규칙의 결과라고 볼 수 있는데 이러한 후성적 규칙이 없었다면 인류의 생존은 보장될 수 없었을 것이다.

50 김성한, '사회생물학적 의미의 이타성과 보편윤리,' 『철학연구』 (2000), p. 318.

51 Matt Ridley, *Nature Via Nurture: Genes, Experience, and What Makes Us Human* (London: HarperCollins, 2003).

52 조영식, 『인류사회의 재건』 (서울: 경희대학교 출판문화원, 2021), p. 219.

53 Ibid., p. 223.

54 Ibid., p, 221.

55 조영식, 『문화세계의 창조』, pp. 33-40.

56 Ibid., p. 48.

57 John Rawls, *A Theory of Justice as Fairness* (Oxford: Oxford University Press, 1971).

58 프리드먼(Milton Friedman, 1912년 7월 31일~ 2006년 11월 16일)은 미국의 경제학자이자 대중적인 지식인이다. 자유주의 시장경제 옹호자로 거시경제학을 위시하여 미시경제학, 경제사, 경제통계학에 크게 공헌하였다. 1976년에 소비분석, 통화의 이론과 역사 그리고 안정화 정책의 복잡성에 관한 논증 등의 업적으로 노벨 경제학상을 수상하였다. 그러나 세계 진보주의자들로부터 신제국주의를 효율적으로 실행하기 위한 이론을 만든 '금융 제국주의 앞잡이'라고 비판받기도 한다. 프리드먼은 케인즈와 더불어 20세기에 가장 큰 영향을 준 경제학자로 여겨진다. 프리드먼은 폴 새뮤얼슨과 학문적 라이벌 관계를 유지했다. 『자본주의와 자유』(1962)에서 자유시장 내 정부가 맡는 역할이 축소되어야 한다고 주장하였다. 텔레비전 시리즈인 『선택의 자유(Free to Choose)』(1980년대 PBS 방송국에서 방영)에서 프리드먼은 자유시장이 어떻게 작동되는지를 설명하고 여타의 체제에서 풀지 못한 정치적·사회적 문제를 해결할 수 있는 자유시장의 작동원리를 강조하였다. 나중에 이 시리즈의 내용은 자신의 아내 로즈 프리드먼과 공동저자로 책으로도 출판되었다.

59 노직(Robert Nozick)은 1971년 롤스의 『정의론』이 발표되자 이에 대항하여 1974년 『무정부, 국가, 그리고 유토피아』를 써서 '경제적 자유주의'를 외쳤다. 그는 '평등적 자유주의-경제적 자유주의 논쟁'에서 경제적 자유주의 이론을 대표하는 철학자로 이름을 떨쳤다. 이는 자유지상주의 이론에 토대를 형성하였다. 이후 노직의 '최소정부론'은 수많은 철학자들에게 비판의 대상이 되었다. 하지만 노직은 비판에 대해 구체적인 반박 논문이나 책을 내지 않았다. 그는 5년 동안만 정치철학을 했으며, 이후 정치철학을 떠나 새로운 주제를 연구했다. 『철학적 설명』(1981), 『합리성의 본질』(1993), 마지막 저서인 『불변성: 객관적 세계의 구조』(2001) 등에서 그는 인식론, 합리적 선택 이론, 마음 철학, 윤리학 분야에서 중요한 공헌을 했다.

60 샌델은 능력주의(meritocracy)를 폭정이라고 신랄하게 비판하였다. Michael J. Sandel, *The Tyranny of Merit: What's Become of the Common Good?* (London: Penguin Random House UK, 2020).

61 샌델(Michael J. Sandel, 1953년 3월 5일~)은 미국의 정치철학자이다. 그는 온라인 수강이 가능한 하버드 교육 강의 'Justice'로 익히 알려진 바 있다. 그는 존 롤스(John Rawls)의 정의론을 비판한 『자유주의와 정의의 한계(Liberalism and the Limits of Justice)』를 1982년에 발표하면서 세계적인 명성을 얻었다. 오늘날 대표적인 공동체주의자, 공화주의자이며 자유주의에 대한 비판가로 유명하다. 현재 그의 저서를 통해 공동체주의적 공화주의라는 새로운 정치 이론을 표방하고 있다. 그는 현재 미국 예술 및 과학 아카데미(The American Academy of Arts and Sciences)의 특별 연구원으로 선출되어 활동하고 있으며, 미국 하버드 대학교수로 재임 중이다.

62 메킨타이어(Alasdair Chalmers MacIntyre, 1929년 1월 12일 ~)는 도덕 철학과 정치철학, 철학의 역사, 그리고 신학 분야에 공헌한 스코틀랜드의 철학자이자 기독교 윤리학자이다. 『덕의 상실(*After Virtue*)』(1981)은 그의 대표작이다. 그는 노트르담 대학교의 명예교수이며, 브랜다이스 대학, 듀크 대학, 밴더빌트 대학교 및 보스턴 대학교에서 가르쳤다. 스탠리 하우어워스(Stanley Hauerwas)와 함께 덕 윤리학을 주도하고 있다.

63 조영식, 『문화세계의 창조』, p. 160

64 Marvin Harris, *Theories of Culture in Postmodern Times* (Walnut Creek, CA: Alta Mira Press, 1999).

65 Op. cit., p. 299.

66 Johan Galtung, Carl G. Jacobsen and Kai Frithjof Brand-Jacobsen, *Searching for Peace: The Road to Transcend* (London: Pluto Press, 2002).

67 1959년 노르웨이에서는 오슬로 평화연구소(Peach Research Institute Oslo: PRIO)가 설립되었고 1964년 이후 『평화연구』(*Journal of Peach Research*)라는 학술지를 발간하였다. 1961년에 네덜란드의 그로닝겐 대학교(University of Groningen)대학교는 전쟁연구소(Polemology Institute)를 설립하였다. 스웨덴은 1966년에 150년간 평화가 계속된 것을 기념하여 스톡홀름국제평화연구소(Stockholm International Peace Research Institute: SIPRI)를 설립하고 군비와 군축에 관한 연구에 집중하였다. 그리고 1969년에는 핀란드가 탐페레 평화연구소(Tampere Peace Research)를 설립하였다. 미국에서도 1957년 보울딩(Kenneth Boulding)과 라포포드(Annatol Repoport)의 주도로 미시건 대학에서

갈등해결연구소가 창설되고 『갈등해결』(*Journal of Conflict Resolution*)을 발간하기 시작하였다. 1963년에 창립된 미국평화연구협회(US Conference on Peace Research and History)는 『평화와 변화』(*Peace and Change*)를 발간하기 시작하였다.

68 여기서 중요한 역할을 하였던 인물로 노르웨이 출신의 미국 사회학자 보울딩(Elise Boulding)이었다. 보울딩은 평화와 자유를 위한 여성국제연맹(Women's International League for Peace and Freedom: WILPF)이 1962년에 설립한 '평화연구에 관한 국제협력위원회'(International Consultative Committee on Peace Research) 위원장을 맡았다. 그는 국제평화연구 뉴스레터를 발간하기 시작하였고 평화연구의 국제적 조직화를 시도하였다. 1963년에 스위스에서 퀘이커 교도의 후원으로 국제평화연구회의가 개최되었다. 이것이 계기가 되어 1964년 네덜란드 그로닝겐에 본부를 둔 국제평화연구학회(IPRA)가 창립되었다. IPRA는 90개국 1300여 명의 회원이 참여하는 세계 최대의 평화연구학회이다.

69 1991년 열린 제10회 세계평화의 날 기념 국제학술회의 'New World Order: The Post-Ideological World in the 21st Century'와 1992년에 열린 제11회 세계평화의 날 기념 국제학술회의 'Democracy and New International Order in the 21st Century'도 이러한 경향을 대변한다.

70 밝은사회연구소, 『밝은사회운동30년사』 (서울: 한다문화사, 2007), p. 289.

71 왜 스칸디나비아에서 평화학이 발전했는가에 대한 분석은 김명섭, '평화학의 현황과 전망,' 하영선 편, 『21세기 평화학』 (서울: 풀빛, 2002), pp. 127-151.

72 조영식, 『오토피아』, p. 32.

73 Ibid., p. 196.

74 Thomas More, *Utopia*, Introd., J. Warrington (London: Dent, Everyman's Library 1974).

75 Op. cit., pp. 206-207.

76 조영식은 삼정행을 바로 하면 인생에서 불가능이 없다고 누누이 강조하였다.

77 Allan Combs and Mark Holland, *Synchronicity: through the eyes of science, myth, and the trickster* (New York: Marlowe & Company, 1996).

78 Ira Progoff, *Jung, Synchronicity, and Human Destiny: V.G. Jung's Theory of Mean-*

ingful Coincidence (New York: The Julian Press, Inc., 1973), pp. 60-66.

79 Ervin Laszlo, *What is Reality?: The New Map of Cosmos and Consciousness* (New York: Select Books, Inc., 2016.

80 조영식, 『오토피아』, p. 63.

81 David Bohm, *Wholeness and the Implication* (New York: Routledge & Kegan Paul, 1980).

82 조영식, 『인류사회의 재건』 (서울: 경희대학교 출판문화원, 2021), p. 221.

83 소강절, 노영균 (역) 『황극경세서』 (서울: 대원출판, 2002).

84 조영식, 『오토피아』, p. 63.

85 Ibid., 64.

86 Ibid., 64.

87 Kurt Lewin, *A Dynamic Theory of Personality* (New York: McGraw-Hill, 1936).

88 조영식, 『오토피아』, p. 64.

89 Ibid., p. 64.

90 Ibid., p. 173.

91 Juan Martin Maldacena, "The Large N Limit of Superconformal Field Theories and Supergravity," *Adv.Theor.Math.Phys,* Vol. 2, (1998), pp. 231-252.

92 조영식, op. cit., pp. 66-67.

93 Ibid., p. 174. 조영식은 여기서 '현상' 대신 유교적 용어인 '체용'(體容)을 사용하였다.

94 Ibid., p. 61.

95 Ibid., P. 73.

96 Ibid., p. 102.

97 조영식, 『인류사회의 재건』, p. 249.

98 조영식, 『오토피아』, p. 49.

99 하이젠베르크, 김용준 (역), 『부분과 전체』 (지식산업사: 서울, 2000), p. 123.

100 최우석, 『복잡성과학의 이해와 적용』 (삼성경제연구소: 서울, 1997), pp. 72-73.

101 조영식, op. cit., pp. 109-110.

102 John H. Miller and Scott E. Page, *Complex Adaptive System: An Introduction to Computational Models of Social Life* (Princeton and Oxford: Princeton University

Press, 2007).

103 장은성, 『복잡성과학』(서울: 전파과학사, 1999), pp. 97-98.

104 Ilya Prigogine and Isabelle Stengers, *Order out of Chaos: Man's New Dialogue with Nature* (New York: Bantam Books, 1984).

105 만델브로(Mandelbrot)는 프랙탈 차원(fractal dimension)의 개념으로 자연현상의 불규칙적인 패턴을 연구하여 자기유사성 개념을 창안했다.

106 최우석, op. cit., p. 118.

107 조영식, op. cit., p. 156.

108 Ibid., p. 176.

109 Ilya Prigogine and Isabelle Stengers, op. cit.

110 조영식, op. cit., p. 172.

111 Ibid., p. 5.

112 Ibid.

113 Ibid., p. 191.

114 Ibid., pp. 178-188.

115 황상익, '생기론과 기계론: 17, 8세기적 함의,' 『醫史學』 제2권 제2호, (1993), pp. 99-113.

116 Benedict de Spinoza, *Ethics*, James Gutmann, ed. (New York: Hafner, 1949), p. 83.

117 생기론의 계보를 이은 학자로는 보르두(Théophile de Bordeu: 1722~1776), 바르테쓰(Paul J. Barthex: 1734~1780), 비샤(Marie Fronçois Bichat: 1771~1802)가 있다.

118 Rupert Sheldrake, *Morphic Resonance: The Nature of Formative Causation* (Rochester: Park Street Press, 2009), p. 37.

119 David Blitz, *Emergent Evolution: Qualitative Novelty and the Levels of Reality* (Dordrecht: Springer, 1992), pp. 77-78.

120 Ansgar Beckermann, Hans Flohr, Jaegwon Kim (Eds.), *Emergence or Reduction?: Essays on the Prospects of Nonreductive Physicalism* (Berlin: Walter de Gruyter, 1992), p. 29.

121 George Henry Lewes, *Problems of Life and Mind. Series* 1, Vol. 2 (London: Trub-

ner and Co. 1853).

122 Philip Clayton, "Conceptual Foundations of Emergence Theory," in Philip Clayton and Paul Davies, (Eds.), *The Re-Emergence of Emergence: The Emergentist Hypothesis from Science to Religion* (Oxford: Oxford University Press, 2006).

123 Ibid., p. 44.

124 Samuel Alexander, *Space, Time, and Deity*, Vol. 2. (London, Macmillan, 1920), p. 45.

125 Lloyd Morgan, *Emergent Evolution* (London: Williams and Norgate, 1923), p. 7.

126 Charlie Dunbar Broad, *The Mind and Its Place in Nature* (London: Routledge and Kegan Paul, 1925).

127 Michela Bella, "Novelty and Causality in William James's Pluralistic University: From Psychology to Metaphysics," *European Journal of Pragmatism and American Philosophy*, XI-2, (2019), p. 3.

128 Alfred North Whitehead, *Process and Reality: An Essay in Cosmology* (The Free Press: New York, 1978).

129 Arran Gare, "Process Philosophy and the Emergent Theory of Mind: Whitehead, Lloyd Morgan and Schelling," Concrescence: *The Australian Journal of Process Thought*, Vol. 3, (2002), pp. 1-12.

130 "Multiple Realizability," *Stanford Encyclopedia of Philosophy*, https://plato.stanford.edu/entries/multiple-realizability/ (검색일: 2020년 7월 31일).

131 Donald Davidson, "Mental Events," reprinted in Essays on Actions and Events (Oxford: Clarendon Press, 1980).

132 Jerry Forder, *The Language of Thought* (New York: Crowell, 1975).

133 Jerry Forder, "Special Sciences (Or: The Disunity of Science as a Working Hypothesis)," *Syntheses*, Vol. 28, (1975), pp. 97-115.

134 Ibid.

135 David Chalmers, "Strong and Weak Emergence," in P. Clayton and P. Davids, eds, *The Re-emergence of Emergence* (Oxford: Oxford University Press, 2006).

136 Michael Polanyi, *The Tacit Dimension* (Garden City, NY: Doubleday Anchor Books, 1967).

137 Roger Sperry, "A Modified Concept of Consciousness," *Psychological Review*, Vol. 76, (1969), pp. 532-536.

138 Roger Sperry, "Consciousness and Causality," in R. L. Gregory (ed.), *The Oxford Companion to the Mind* (Oxford: Oxford University Press, 1987).

139 William C. Wimsatt, "Emergence as non-aggregativity and the Biases of Reductionalisms," *Foundations of Sciences*, Vol. 3, No. 3, (2000), pp. 269-297.

140 Robert W. Batterman, *The Devil in the Details: Asymptic Reasoning in Explanation, Reduction, and Emergence* (Oxford: Oxford University Press, 2001).

141 Andy Clark, *Mindware: An Introduction to the Philosophy of Cognitive Science* (Oxford and New York: Oxford University Press, 1997).

142 Èmile Durkheim, *The division of labor in society* (New York: The Free Press, 1984); Èmile Durkheim, *The rules of sociological method* (New York: The Free Press, 1964).

143 George C. Homans, "Commentary," *Sociological Inquiry*, Vol. 34, pp. 221-31.

144 James S. Coleman, *Foundation of social theory* (Cambridge, MA: Harvard University Press, 1990).

145 Peter M. Blau, *Exchange and power in social life* (New York: Willy, 1964).

146 Peter M. Blau, "A macrosociological theory of social structure," *American Journal of Sociology*, Vol. 83, pp. 26-54.

147 그의 이론은 '비판적 현실주의'(critical realism) 혹은 '초월적 현실주의' (transcendental realism)라 불렸다. Roy Bhaskar, *The possibility of materialism* (New York: Routledge, 1979).

148 Roy Bhaskar, *A realist theory of science* (New York: Verso Classics, 1975).

149 Margaret S. Archer, *Realist social theory: The morphogenetic approach* (New York: Cambridge University Press, 1995).

150 John Symons, "Emergence and reflexive downward causation," *Principia*, Vol. 6, pp. 183-202.

151 Dave Elder-Vass, *The Causal Power of Social Structures: Emergence, Structure and Agency* (Cambridge: Cambridge University Press, 2010).

152 R. Keith Sawyer, *Social Emergence: Societies as Complex Systems* (Cambridge:

Cambridge University Press, 2003).

제3장 코드의 발견

> "
> 온 겨레 함께 나서 오늘의 난제 풀어
> 밝아오는 동아시아 샛별이 되자
> "

미원 조영식

하나가 되라

맑고 깨끗한 아침의 나라

배달의 땅에 동천이 트니

선인(仙人)의 나라 금수강산에

선인도인(仙人道人)의 풍류정신과

홍익인간(弘益人間)의 건국이념으로

한밝산 위에 배달나라 세웠다

삼신산(三神山)에 개국하신

그 어른 이르신다

하나가 되라

하나가 되라

천문봉(天文峯)에 홀로 서서

천지(天池)를 굽어보며

경건한 마음 담아 기도 드릴 때

배달나라 후예에 이르신다

우리에겐 남과 북이 있어도 아니되고

휴전선이 있어도 아니되고

미움과 동족상쟁 더욱 안된다

하루 속히 불신 걷고 화합하여서

조국통일 서둘러 하나가 되라

하나가 되라

하나가 되어 삼맥(三脈)을 이르라

끊어진 이산가족의 혈맥을 잇고

이질화된 국민감정에 심맥을 잇고

갈라 놓은 장벽 헐어 국맥을 이르라!

밝아오는 새 시대 아침의 나라

조양(朝陽)의 땅에

온 누리 등촉 들어

이 세상 밝히라

미원은 1989년 7월에 일천만 남북 이산가족 재회추진위원회 간
부들과 함께 백두산 천지에 올라 기도를 하며 위 시를 지었다. 위
시에는 미원이 저술한 책들이나 공식 연설문들에서 드러나지 않은
중요한 '코드'가 담겨 있다. 미원은 자신의 속마음을 시의 형식을 통
해서 표현했다. '미래가 이끈 삶'과 '사색의 여정'에서 알 수 있는 것
처럼 미원은 평생 세계평화와 인류사회의 재건을 부르짖었고 또 실
천에 옮겼다. 그는 세계주의자였다. 그러나 그의 가슴 한구석에는
한민족을 향한 뜨거운 동포애와 비전이 있었다. 이제 그의 사상과
실천을 관통하는 '코드'가 무엇인지 풀고자 한다.

코드는 문화 속에서 형성된다. 문화는 민족이나 종교 그리고 지
역 등 환경에 따라서 다르게 나타난다. 한국 문화의 코드는 한국의
문화를 나타내기 위한 체계이며 국민성이나 국가 정체성 등 문화적
무의식으로 형성된 결과이다. 프랑스의 문화 인류학자인 라파이유
(Clotaire Rapaille: 1941~)는 "코드는 무의식 속에 있고 문화 코드란 우
리가 속한 문화를 통해 일정한 대상에 부여하는 무의식적인 의미
다"라고 설명하였다.[1] 문화 코드의 형성은 융이 말하는 집단 무의식
과 관련이 있다. 융은 집단 무의식을 인류 이전부터 전해지는 원시
적 이미지의 저장고라고 보았다. 여기서 이미지는 개인에 내재화되
어 세계를 경험하고 해석하는 중요한 코드로 작용한다. 코드는 인
간의 내면 심리 속에 자리 잡은 원형(原型, archetype)이다. 이와 같은

이유로 미원의 무의식 속에 있는 코드를 해석하는 것은 그의 사상의 핵심을 이해하는 열쇠다.

동방 정신문화 코드 '셋이 하나'(三而一)

'하나가 되라'는 미원의 시에는 '3신산'(三神山)과 3맥(三脈)이 등장한다. 3신산은 백두산을 달리 표현한 것이다. 3맥은 혈맥(血脈), 심맥(心脈), 국맥(國脈)을 일컫는 것으로 분단된 한반도를 세 가지 차원에서 설명한 것이다. 미원이 이 시에서 3이란 숫자를 반복하고 있는 것은 우연일까?

미원의 생애와 사상을 살펴보면 3이란 숫자가 자주 등장한다. 경희대학교의 3대 교훈인 학원의 민주화, 사상의 민주화, 생활의 민주화/동서 의학의 융합인 제3 의학/자유, 평등, 공존·공영 3가지를 핵심 가치로 하는 제3의 민주혁명/오토피아의 핵심사상인 '정신적으로 아름답고(B), 물질적으로 풍요로우며(A), 인간적으로 보람 있는(R)'이라는 의미의 BAR/밝은사회운동의 3가지 핵심 가치인 선의(G), 협동(C), 봉사-기여(S)를 의미하는 GCS/경희대학교의 3대 정신인 '창의적 협동, 진취적 기상, 건설적 협동'/공동사회의 세 요소인 공동목표, 공동규범, 공동과업/지역협동사회, 지구공동사회, 지구통합사회의 3단계 발전과정/경희대학교 3개 캠퍼스/경희대학교 서울캠퍼스 학생기숙사 이름인 삼의원(三儀元)/경희대학교 서울캠퍼스 본관 앞 분수대에 세워진 지, 덕, 체를 상징하는 3인의 여인상/경희대학교 광릉캠퍼스 학생기숙사 이름인 삼정서헌(三正書軒)과 명상관 입구에 새겨져 있는 3가지 목표인 자아발견, 자아완성, 자아실현/ 경희대학교 광릉캠퍼스 본관 앞 잘살기운동과 밝은사회운동을 상징하는 조형물 밑에 새겨진 3송이의 무궁화 등이 그것이다.

위에서 보듯 3이라고 하는 숫자는 미원에게 매우 중요한 의미가 있음이 분명하다. 이 상징 코드를 푸는 열쇠는 바로 백두산의 또 다른 이름 3신산(三神山)과 기숙사 이름 삼의원(三儀元)에 있다. 이 두 이름은 모두 천(天), 지(地),인(人) 3재(三才) 사상을 담고 있다. 미원의 3차원적 우주관은 여기서 시작된다.

조선 초기의 문신 이맥(李陌: 1455~1528)이 쓴 『태백일사』(太百逸史)에는 환웅이 백두산에 올라 신시(神市)를 열었을 때 천부경(天符經)과 삼일신고(三一神誥)를 풀어서 백성들을 가르치고 교화하였다고 기록되어 있다.

천부경은 한민족의 가장 오래된 경전이다. 천부경은 하늘의 이법(理法)을 기록한 경전이란 뜻이다. 이 경전은 구전되어 오다가 신라시대 최치원에 의해 한문으로 번역되었고 1917년 묘향산에서 계연수(桂延壽: 1864~1920)에 의해 발견되어 오늘에 이른다. 모두 81자에 불과한 짧은 글이지만 천지인(天地人)의 창조와 변화원리를 압축적으로 보여주고 있다. 천부경은 다음과 같이 시작한다.

"하나(一)는 천지 만물이 시작된(始) 근본이나 아무것도 없는 곳(無)에서 시작된 하나(一)이다. 이 하나(一)가 나누어져 삼극(三極), 즉 천지인(天地人)으로 작용해도 그 근본은 다할(盡) 것이 없

다."²

여기서 하나(一)가 의미하는 것은 우주 만물의 시작이며 근원이
다. 3극(三極)은 우주가 시작된 이래 펼쳐진 삼라만상, 즉 천지인(天地
人)이다. 모든 삼라만상이 결국 하나라는 뜻이다. 천부경은 이어서
삼라만상의 변화가 3이라는 숫자로 조화를 이루며, 인간이 삼라만
상의 중심이라고 설명한다.³

삼일신고는 총 366자로 집일함삼(執一含三)과 회삼귀일(會三歸一), 즉
하나 속에 셋이 있고 셋이 모여 다시 하나로 돌아가는 원리를 설명
한다.⁴ 여기서 3신(三神)이란 천일(天一), 지일(地一), 태일(太一)이다. 천일
은 만물을 낳는 조화(造化)를 주관하고, 지일은 만물을 기르는 교화
(敎化)를 주관하고, 태일은 세계를 다스리는 치화(治化)를 주관한다.
삼일신고에서는 3신일체(三神一體), 즉 하늘(天)과 땅(地)과 사람(人)이
하나라고 보고 있다. 하늘과 땅과 인간이 각기 변화의 이치를 품고
있으나 삼위일체가 우주 만물이 창조되고 생성되는 원리라는 것이
다. 인간은 성품(性), 목숨(命), 정기(精)를 가지고 있는데 이 세 가지가
또한 분리될 수 없는 하나라는 것이다. 여기서 인간을 크다는 의미
의 태(太)로 표현한 것은 인간이 천지와 교감하며 역사를 창조할 수
있는 존재라는 의미이다. 이것은 인간중심주의 사상을 표현한 것
이다.

『주역』은 음양의 원리에 의해 태극, 음양, 4상, 8괘, 64괘로 이어지
는 2진법 사유체계를 가지고 있다. 그러나 『주역』에서 말하는 도(道)
는 천도(天道), 지도(地道), 인도(人道)의 3재지도(三才之道)와 천극(天極),

지극(地極), 인극(人極)을 포함하는 3극지도(三極之道)로 설명된다. 이것은 '하나이면서 셋이고, 셋이면서 하나'인 삼이일(三而一)의 원리를 뜻한다. 즉 1로서의 도(道)에는 천도·지도·인도인 3도가 내재 되어 있고, 1로서의 태극에는 천극·지극·인극이라는 3극이 내재 되어 있다. 이것을 표현하고 있는 것이 3태극도(三太極圖)이다. 중국의『한서』(漢書)에는 "태극 원기는 셋을 품고 하나가 된다"라고 쓰여 있다.[5] 결국『주역』에서는 우주 근원을 설명하는 본체론 논리는 삼이일(三而一)로 설명하고 우주가 펼쳐지는 자기 전개 논리는 2진법 원리를 바탕으로 한다.[6]

위에서 본 바와 같이 삼이일(三而一)은 동방 정신문화의 사유체계로 깊은 뿌리를 가지고 있다. 주역의 2진법 사유체계가 유교로 계승되었다면 삼이일(三而一) 사유체계는 도교로 계승되었다. 노자(老子)는『도덕경』(道德經) 제42장에서 "도는 일(一)을 낳고, 일은 이(二)를 낳고, 이는 삼(三)을 낳는다. 만물은 음기(陰氣)를 겉에 가지고, 양기(陽氣)를 안에 간직하며, 충기(沖氣)로 조화를 이룬다"라고 썼다.[7] 이것은 다름 아닌 삼이일(三而一)에 의한 생성의 원리를 설명한다. 흥미로운 것은 천부경이나 삼일신고에서 나타나는 삼이일 사상이『주역』이나『도덕경』보다 역사적으로 훨씬 앞선다는 사실이다. 따라서 이러한 사상이 한민족의 정신문화에서 발원됐다고 볼 수도 있다.

동방문화에서 3은 완성을 의미한다. 그뿐만 아니라 3은 새로운 변화가 일어나는 계기로서의 뜻을 지닌다. 남(陽)과 여(陰)가 결합하여 새로운 생명이 탄생되는 원리이다. 이 생명은 완성을 의미함과 동시에 새로운 변화의 시작이다. 모든 생명은 태어난 후 다시 이전의 상태인 우주(一)로 돌아간다. 이러한 원리가 3이란 숫자로 표현된다. 옛날에 자식을 잉태하기 위해 3신(三神)에게 비는 풍속이 여기에서 시작되었다. 이뿐만 아니라 동방문화에는 3이란 숫자와 관련된 수많은 신화, 전설, 민담, 유적 등이 전해진다. 삼이일(三而一)은 동방 정신문화의 집단 무의식이며 원형인 것이다.

미원의 사유체계는 바로 삼이일(三而一) 사상이 내면화된 결과이다. 그의 주리생성론에서 실(實), 상(相), 이(理)가 하나라는 논리는 바로 이러한 사유체계에서 연유한 것이다. 그는 저서 『오토피아』에서 여러 차례 '삼이일'(三而一)이라는 용어를 사용하고 있다. 한 가지 의문은 그가 '3차원적 우주관'에 대한 발상을 어디서 떠올렸는가 하는 것이다. 그는 일찍이 유교 경전을 접하였기에 『주역』의 천지인(天地人) 3재(三才)를 먼저 알았을 것이다. 그리고 이에 대한 철학적 사유를 하였을 것이다. 그리고 이후 민족 경전인 천부경, 옛부터 전승되어 온 고기(古記), 도교 등을 접하면서 이 사상이 본래 한민족의 사상이었음을 알게 되었을 것이다. 그리고 한민족의 위대성을 발견하였을 것이다. 그러나 그는 이것을 공개적으로 드러내기 어려웠을 것이다. 그의 사상이 세계주의와 인류주의를 지향하고 있었기 때문이다. 그래서 미원은 자신의 내면 깊숙한 사상을 코드로 남겨놓았을 것으로 추정한다.

미원은 1978년 6월 24일에 테헤란에서 열린 제4차 세계대학총장 회의에서 밝은사회운동에 대한 국제적 지지를 끌어내고 '테헤란 선언문'을 채택하였다. 그 내용의 일부를 소개하면 아래와 같다.

"우리는 모든 인간사회에서 점진적으로 인간이 비인간화되어가고 있는 현대문명의 슬픈 현실을 직시하고 G, C, S, 즉 선의(Good Will), 협동(Cooperation), 봉사-기여(Service)의 정신을 인류사회의 새로운 행동규범으로 삼아야 한다. 그리고 지구궤도를 맴도는 파멸의 위험성을 제거하고 인류의 평화복지 및 안전을 확고히 해주는 순수한 인간 지구마을을 재창조할 것을 결의한다."

"우리는 정치·경제·문화적으로 상이함에도 불구하고 협동정신을 바탕으로 정신적으로 아름답고 물질적으로 풍요하며 인간적으로 보람 있는 지구협동사회(Global Cooperative Society: GCS)를 구현한다는 사상을 지지한다. 우리는 이와 같은 높은 인류 목표를 성취할 수 있도록 모든 노력을 경주한다."[8]

'테헤란 선언문'은 미원사상의 기본골격이며 실천 의지의 표현이다. 여기서 우리가 주목해야 하는 것은 '테헤란 선언문'에서 '밝은사회'라는 용어를 쓰지 않은 것이다. 미원은 '밝은사회'를 '지구협동사회'(Global Cooperative Society)로 표현한다. 그리고 밝은사회운동의 핵심 가치인 선의(Good Will), 협동(Cooperation), 봉사-기여(Service)를 언급함으로써 밝은사회운동과 지구협동사회운동을 등치시킨다. 영어 약자로 GCS는 밝은사회와 지구협동사회를 동시에 의미한다. GCS라는 용어를 중의적으로 사용한 것은 한국에서 발생한 밝은사회운동을 세계적 운동으로 확산시키기 위한 절묘한 세계화 전략이었다.

GCS라는 영어 약자는 밝은사회의 '밝음'과 '세 개의 가치가 곧 하나'
라는 의미가 결합된 미원의 코드다

한민족의 정신문화 코드 한밝

「하나가 되라」는 시에는 먼저 '선인도인(仙人道人)의 풍류정신'이란
표현이 나온다. '선인도인'은 한민족이 '선인'과 '도인'을 추구한다는
의미이다. 선인은 곧 신선(神仙)이다. 신선은 인간에게 불사약을 가져
다주는 구원자인 존재였다. 그러나 도교(道敎)가 종교화되면서 보통
사람도 수행을 통해 깨달음을 얻어 신선과 같은 존재가 될 수 있다
고 믿었다. 도인은 진리를 깨달은 사람이다. 우리 한민족에게는 이
러한 진리추구의 심리가 내면 깊이 자리 잡고 있다.
　한민족의 내면 깊숙이 있는 심리는 풍류(風流) 정신으로 나타난다.
'풍류'를 글자 그대로 해석하면 '바람이 흐른다'는 뜻이다. 이것은
멋, 흥, 신바람으로 해석될 수 있다. 멋이 있다거나, 예술적인 것에
조예가 있다거나, 혹은 제대로 놀 줄 아는 사람을 풍류가 있는 사람
으로 평가하기도 한다. 한민족은 전통적으로 풍류가 있는 삶을 추
구해 왔다. 그런데 이 풍류가 도(道)와 연결이 되면 '풍월도'(風月道),
혹은 '풍류도'(風流道)가 된다. 이렇게 되면 풍류의 의미는 더 심오하
게 된다. 그러면 풍류 정신은 어떤 뜻인가?[9]
　육당 최남선(崔南善: 1890~1957)에 의하면 풍류는 '밝은 뉘'(光明理世)라
는 뜻으로서 이것은 당시 한국말인 '부루'(夫婁)의 한자식 표기라고

주장하였다. 부루란 '불', '밝', '환', '하늘'을 가리키는 말인데 우랄 알타이어의 '부르칸'에서 왔다고 한다. 부르칸은 '불', '밝', '환', '한', '한울', '태양'을 의미한다. 안호상은 풍(風)은 '바람' 혹은 '배람'의 한자 표현이고 월(月)은 '달', 류(流)는 '달아난다'는 말의 한자 표현이라고 했다. 그는 풍류도는 '밝달길' 풍월도는 '배달길'의 의미가 있는 것으로 해석하였다. 풍류 사상은 한민족이 전통적으로 '밝음'을 추구하였음을 보여준다. 이것은 태양숭배 의식을 반영한다.

최치원(崔致遠: 857~미상)은 『난랑비서』(鸞郎碑序)에서 풍류를 다음과 같이 설명하고 있다.

> "나라에 현묘한 도가 있으니 이를 풍류라 한다. 가르침을 세운 근원은 선사(仙史)에 자세히 실려 있다. 그 내용은 유교, 불교, 도교의 3교를 본디부터 포함한 것으로서, 그 도로 뭇 생명을 교화한다. 집에서는 효를 극진히 하고 나라에는 충성을 다 하는 것이 공자의 사상과 같고, 무위자연으로 묵묵히 실천함을 가르치는 것은 노자의 가르침과 같으며, 악행을 짓지 않고 선행(善行)을 행함이 석가의 가르침과 같다."[10]

신라 시대에는 풍류를 '현묘한 도'라고 인식하였다. 풍류도가 화랑도(花郞徒) 정신의 바탕이 되었다. 화랑도 정신이 곧 풍월도이고 풍류도다. 화랑도들은 도의를 닦고 노래와 춤으로 화합했고 산과 물을 찾아다니며 수련을 하였다. 그리고 화랑을 국선(國仙)이라 불렀다. 풍류를 깊이 연구한 김정설(金鼎卨: 1897~1966) 또한 화랑도 정신과 풍류도를 같은 것이라고 보았다.[11] 풍류도가 사상이라면 화랑도는 제도라는 것이다. 이렇게 보았을 때 미원이 시에서 언급한 '선인 도인의 풍류 정신'은 한민족의 내면에 깊숙이 있는 밝음과 진리를 추구하는 정신 그리고 충효 사상을 뜻한다.

미원은 이어서 홍익인간, 한밝산, 배달나라를 언급한다. 이것은 모두 한민족의 시원(始元)과 관계가 있다. 위 시에 등장하는 '한밝산'은 백두산(白頭山)을 뜻한다. 백두산의 옛 이름은 태백산(太白山)이었다. 태백산은 '크고 희다'는 뜻이다. '태백'의 순우리말이 '한밝'이다. 그렇다면 '한'과 '밝'은 어떤 뜻이 있을까? 두 글자는 간단해 보이지만 낱말 속에 포함된 내용과 의의는 매우 광범위하다.[12] 그것이 우리 민족사상의 출발점이 되고 한민족 문화의 원천이 되었다는 점에서 자세히 살펴볼 필요가 있다.

'한'은 일반 용어로 쓰이는 경우와 특수한 명사로 쓰이는 경우가 있다. '한'이 일반 용어로 쓰이는 경우 첫째, '크다'(大, 太)는 뜻이 있다. 대전(大田)을 순수한 우리말로 '한밭'이라 불렀다. 둘째, '하나'(一)라는 뜻이다. 한번, 한 시간, 한 가지 등은 하나의 뜻이 있다. 셋째, 시(始), 원(元)이라는 뜻이다. 숫자에서 하나는 모든 것이 시작되는 뜻이 있다. '한배'는 시조, 원조를 의미한다. 넷째, 정(正)의 뜻이다. 한낮(正午), 한밤중(子正), 한복판 등이 여기에 해당한다. 다섯째, 최(最)와 극(極)의 뜻이다. '한껏'이라는 말은 최고, 극대의 뜻을 담고 있다. 여섯째, '넓다'(廣)라는 뜻이다. '한내'라는 말은 넓은 시냇물을 의미한다. 일곱째, '같다'(同一)는 뜻이다. '한 가지'라는 말은 같다는 뜻이다. 여덟째, 항상(恒常), 무궁(無窮)하다는 뜻이다. '한결같이'는 '똑같이', '끝없이'의 의미를 담고 있다. 위에서 보았듯이 우리말 '한'은 다양한 의미를 포함하고 있으며 한자로 표기될 때 다양한 한자어가 사용된다.

한편 '한'이 특수한 명사로 사용되는 경우 하늘, 통치자, 국명 등으로 사용된다. 천등산(天登山, 안동)은 한등산, 천검산(天儉山, 선천)은 한검산으로 불리는데 이때 '한'은 하늘을 뜻한다. 또한 '한'은 천신(天神)을 뜻하기도 한다. 승려 일연(一然: 1206~1289)이 지은 『삼국유사』에 등장하는 '환인'(桓因)의 환은 우리말 '환하다'에서 유래한 한자어이다. 환인은 세상을 환하게 만드는(因) 존재, 즉 '하느님'을 뜻한다. 이것은 불교의 석재환인(釋帝桓因)에서 나온 것으로 석가모니를 하늘이라 보는 신앙을 표현한 말이다. 환웅(桓雄)은 '한숫'으로 하늘의 아들이라는 뜻이다. 순우리말로 고구려의 동명왕(東明王)은 '새밝한'이다. 한자어로 '새'는 東, '밝'은 明, '한'은 王으로 번역된 것이다. '한'이 국호로 사용된 예는 마한(馬韓), 진한(辰韓), 변한(卞韓) 등이 있다.

'밝'은 본래 밝다는 뜻으로 광명을 뜻한다. 이것은 태양의 밝은 빛과 관련이 있고 태양숭배 신앙과 관계가 있다. '밝'이 한자로 표현된 것이 '환'(桓) '백'(白, 伯, 百), '박'(朴) 등이다. 신라의 왕 박혁거세의 '박'(朴)은 '밝음', '광명'을 나타낸다. 환인(桓因), 환웅(桓雄), 박혁거세, 백이(百夷), 백민, 백족, 백두산, 백악산, 백산, 백마산(白馬山) 등의 명칭은 모두 '밝다'는 뜻을 내포하고 있다. 우리 한(韓)민족을 백의(白衣)민족으로 표현한 것은 흰옷을 즐겨 입었다는 뜻과 함께 '밝음'을 추구하는 민족이라는 해석도 가능하다. 우리의 국호 대한민국의 대한(大韓)은 '크다, 하나다, 밝다'라는 뜻이다.

미원이 시에서 '배달나라'라고 표현한 것은 우리 민족의 시원이 단군왕검이 세운 조선(朝鮮)이 아니라 환웅이 세운 배달(倍達)이라는 뜻이다. 배달은 조선보다 먼저 존재했었던 나라이다. 신라 십성(十聖) 중의 한 사람이었던 안함로(安舍老: 579~640)가 지은 『삼성기전』(三聖記全) 상편에 '오환국(吾桓國)이 최고(最古)'라는 구절이 나온다. 이것은 "우리 환족이 나라를 세운 것이 가장 오래다"라는 뜻이다. 고조선 이전에 이미 환국이 존재했다는 역사적 선언이다. 환국을 건립했던 민족이 바로 한민족이라는 뜻이다. 이후 환(桓)은 한(韓)으로 바뀌었다. 따라서 한(韓)은 하늘의 광명이 인간에게 내려왔다는 뜻이다. 즉 한(韓)이라는 글자는 인간이 하늘의 광명을 내려받은 신성한 존재라는 뜻이다.

그리고 『삼성기전』(三聖記全) 상편에 보면 다음과 같은 기록이 있다.

"그 후 환웅씨가 환국을 계승하여 일어나 하늘에 계신 신(天神)의 명을 받들어 백산과 흑수 사이에 내려오셨다. 그리하여 천평(天坪)에 우물을 파고 청구(靑邱)에 농사지을 땅을 구획하셨다. 환웅께서 천부인(天符印)을 지니고 오사(五事)를 주관하시어 세상을 신교의 진리로 다스려 깨우쳐 주시고, 인간을 널리 이롭게 하시며, 신시에 도읍을 정하여 나라 이름을 배달이라 하셨다. 삼칠일(21일)을 택하여 천신에게 제사 지내고 바깥일을 꺼리고 삼가 문을 닫고 수도하였다. 주문을 읽고 공덕이 이루어지길 기원하셨으며, 선약을 드시어 신선이 되셨다. 괘를 그어 미래를 아시고, 천지 변화의 움직임을 파악하여 신명을 부리셨다."¹³

그리고 『태백일사』(太白逸史) 제3권 신시본기(神市本紀)에 다음과 같이 기록되어 있다.

"그리고 환웅에게 천부(天符)와 인(印) 세 개를 주시고 세상에 보내어 다스리게 하셨다. 환웅께서 무리 3,000명을 거느리고 처음으로 태백산 신단수 아래에 내려오시니, 이곳을 신시라 한다. 그리고 풍백, 우사, 운사를 거느리시고 농사, 왕명, 형벌, 질병, 선악을 주장하게 하시고, 인간의 360여 가지 일을 주관하여 신교(神敎)의 진리로써 정치와 교화를 베풀어 인간을 널리 이롭게 하시니, 이분이 바로 환웅천왕이시다."**14**

이것이 우리 민족을 배달민족이라 부르는 이유이다. '배달'은 '배'(밝)와 '달'(산, 땅)의 합성어이다. 즉 '빛(광명)의 산(터)'이라는 뜻이다. 배달은 중국의 흑룡강성에 있는 도시 '하얼빈'과 관련이 있다. 환웅이 시베리아의 광대한 호수 바이칼을 넘어 긴 고난 끝에 도달한 곳은 만주의 드넓은 벌판 하얼빈이었다. 『삼성기전』(三聖記全) 상편에 나오는 흑수와 백산은 곧 흑룡강(黑龍江)과 백두산을 뜻한다. 하얼빈이 이 지역 사이에 있는 것이다. 하얼빈의 옛 이름은 '아사달'(阿斯達)이다. 사학자 단재 신채호는 하얼빈이 아사달이라고 고증한 바가 있다. '아사'는 아침, 광명을 뜻하며, '달'은 산 또는 땅이란 뜻이다. 중국의 지리지 문헌 『산해경』(山海經)은 아사달을 '조양'(朝陽)이라고 기록하고 있다. 미원은 시에서 우리나라 이름을 '조양'이라 쓰고 있다. 조양(朝陽)은 아침의 태양이 빛나는 땅이란 뜻이다. 환웅은 이

곳에 터를 잡은 후 하느님에게 제사를 드릴 산을 발견하게 된다. 그것이 한밝산이다. 이것을 한자로 표현하면 태백산(太白山)이 된다. 이 산이 눈으로 싸여 희게 보였기에 후에 백두산으로 불리게 된 것이다. 미원은 '한밝산'이라는 단어를 통하여 우리 민족의 정신이 '한밝'에 있음을 표현한 것이다. 이 '한밝 사상'이 구체적으로 표현된 것이 바로 '홍익인간'이다.

미원은 위와 같은 민족 서사를 시에 고스란히 담아 표현했다. 우리 민족이 본래 '밝음', '광명'을 추구하는 민족이었음을 밝힌 것이다. 그리고 그는 우리 민족에게 부여된 사명이 바로 광명이세(廣明理世)라고 보았다. 광명이세란 밝은 빛의 이치로 세상을 다스린다는 뜻이다.

미원은 1964년 10월 2일에 개최한 경희대학교 제9회 학원제 기념식에서 개교 100주년이 되는 2051년의 기념식에 보내는 메시지를 발표하였다.[15] 이 메시지를 보면 '광명'이라는 단어가 두 번 나온다.

> "오늘의 세계에는 확실히 지나치게 발달된 핵무기와 신예 과학 병기, 그리고 극도로 대립된 이데올로기와 지도자의 지나친 공명심, 또 인구문제 등 허다한 아포리아(aporia)가 우리의 '광명'을 차단하여 암흑으로 뒤덮고 있지만, 우리는 그 검은 먹구름 뒤에는 여전히 우리의 생명을 불어 넣어주는 눈부신 '광명'이 있음을 잘 알고 있습니다."

당시 43세였던 미원은 한민족의 '광명' 사상을 알고 있었을 뿐만 아니라 그의 내면에 깊숙이 가지고 있었다는 것을 이 메시지를 통해 알 수 있다. 광명 사상이 한민족의 정신이라는 생각은 그가 1973년에 지은 시 「선구자의 꽃 목련화」에서도 확인된다.

오 내 사랑 목련화야

그대 내 사랑 목련화야

희고 순결한 그대 모습

봄에 온 가인과 같고

추운 겨울 헤치고 온

봄길 잡이 목련화는

새 시대에 선구자요

배달의 얼이로다

미원은 목련화가 흰색이라 우리 민족을 상징한다고 여겼다. 목련화는 추운 겨울을 지나 가장 먼저 봄을 알리는 봄의 전령사다. 마치 그동안 수많은 역경과 시련을 헤쳐 나온 한민족의 운명과 같은 것이었다. 그래서 목련화를 '배달의 얼'이라고 표현했다. 배달민족이 새 시대를 열어갈 선구자임을 암시하고 있다. 이것이 미원이 「선구자의 꽃 목련화」라는 시에 숨겨놓은 코드이다. 이 시는 1975년에 가곡으로 만들어져서 전 국민이 즐겨 부르고 있다. 미원은 국민이 이 노래를 부르면서 한민족에게 부여된 역사적 사명을 느끼게 하고 싶었을 것이다. 1975년 11월 11일에 제4차 세계대학총장회의(IAUP)가 보스턴에서 열렸을 때 하버드 대학교 합창단 글리 클럽이 미원이 작사한 '목련화'를 불렀다. 이때 수천 명의 참석자들은 노랫말의 뜻을 몰랐음에도 하나됨을 느끼며 흥취에 젖었다.

미원은 1972년에 세계대학총장회의 회장으로 취임하였다. 그리고 기관지 『룩스 문디(Lux Mundi)』를 발행하였다. '룩스 문디'는 라틴어로 '세상의 빛'이라는 뜻이다. 그리고 1984년 경기도 남양주시 광릉(光陵)에 경희대학교 평화복지대학원을 설립하였다. 그리고 교수아파트에 'Lux Mundi'라는 이름을 붙였다. '빛의 언덕'이라는 뜻의 광릉(光陵)에 '세상의 빛'이라는 뜻의 룩스 문디, 이 또한 미원사상의 코드였다. 미원이 1970년 중반에 '밝은 사회운동'을 창시할 때 이러한 광명사상을 반영하여 '밝은' 사회운동이라 이름을 지었을 것이다.

한반도의 미래 코드 등불

미원은 1978년 12월 2일에 교육평론사 사장 허일만과의 대담에서 밝은사회운동의 취지를 다음과 같이 설명하였다.

> "밝은사회운동은 인간을 존엄히 생각하고 불신을 몰아내고 건전한 생활을 통해서 서로 인정이 깃든 단란한 가족적인 인간사회를 만들고, 그리고 퇴폐풍조를 몰아내고 우리 사회를 평화사회로 이끌고 협력하여 더 많은 문화를 창조할 수 있는 사회로 만들자는 것이 요점입니다. 다시 말하면 선의와 협동과 봉사-기여의 정신을 가지고 밝은 사회를 만들어보자 하는 것입니다."[16]

이 대담에서 미원이 진정 밝은사회운동을 통해서 이루고자 했던 것이 무엇이었나를 엿볼 수 있는 대목이 나온다. 미원은 대담의 끝에 이렇게 말한다.

"동양민족의 순수한 정신을 유지하는 민족이 어디냐, 한민족입니다. 〔중략〕 밝은사회운동만이 공산주의를 이기는 유일한 길이라고 보고 있습니다. 어떻게 전쟁을 통해서 평화가 올 수 있겠습니까? 〔중략〕 내가 생각하는 한국의 모범국가, 경제적으로 성장하고 정신적으로 모범이 돼가는 체제가 이루어진다면 이것은 한국인만의 행복이 아니라 온 인류에게 등불을 켜주는 일이라고 나는 여러 해 전부터 생각하여 밝은사회운동을 실천해 오고 있습니다."[17]

이 대담에는 미원사상의 또 다른 코드를 푸는 단서가 있다. 그것은 '등불'이다. 미원이 밝은사회운동을 통해서 궁극적으로 이루고자 한 것은 한민족을 통해서 인류문명의 등불을 밝히는 것이었다. 미원은 동양 3국 중에서 중국은 공산주의 사상에 물들었기 때문에 동양 정신의 순수성을 상실했고, 일본은 너무 서구화되어 본연의 동양 정신이 없다고 판단한 것이다. 따라서 잘살기운동을 통해 한국이 경제적 부흥을 이루고 밝은사회운동을 통해 정신혁명을 일으킨다면 인류문명을 선도할 수 있다고 본 것이다.

미원의 이와 같은 생각은 목련화와 무궁화를 통해 표현되었다. 무궁화는 우리나라의 국화(國花)이다. 무궁화는 꽃 피는 기간이 여름에서 가을에 걸쳐 약 100일 동안 핀다. 『산해경』은 우리나라를 무궁화가 많이 피어 있는 군자의 나라라고 소개하고 있다. 무궁화는 우리 민족을 상징하는 꽃이다. 미원은 경희대학교 개교 30주년을 기념하여 1966년 5월 7일에 서울캠퍼스에 잘살기 운동탑과 밝은사회 운동탑을 나란히 세웠다. 그리고 그 밑에 목련화와 무궁화를 부조하여 새겨 넣었다. 이것은 우리나라가 잘살기운동으로 물질혁명을 이루고 밝은사회운동으로 정신혁명을 이루고 목련화 같은 선구자적 정신으로 무궁하라는 의미를 담은 것이다. 그리고 경희대학교 광릉캠퍼스 본관 앞에 잘살기운동과 밝은사회운동을 상징하는 동상을 세우고 그 밑에 무궁화를 새겨 넣었다. 이 또한 마찬가지 의미다. 목련화와 무궁화는 미원사상의 코드다.

경희대학교 광릉캠퍼스 본관 앞
밝은사회운동 조형물과 무궁화

결국 '밝은사회'란 바로 '한민족의 정신인 홍익인간이 실현된 인류 사회'라는 해석이 가능하다. 미원은 이것을 인도의 시성 타고르가 1929년에 지은 시를 통해 우회적으로 표현하였다.

A Lamp-Light of The East

In the golden age of Asia
Korea was one of its lamp - bearers
And that lamp is waiting to be lighted once again
For the illumination in the East.

동방의 등불

일찍이 아시아의 황금시대에
그 등불의 하나인 코리아
그 등불 다시 한번 켜지는 날에
너는 동방의 밝은 빛이 되리라.

미원은 이 예언자적 시를 경희대학교 국제캠퍼스 '사색의 광장'에 시비(詩碑)로 만들어 세워 놓았다. 미원은 또한 이 시를 광릉(光陵)에 있는 경희대학교 평화복지대학원 명상관에 붙여 놓으라고 지시를 하였다. 학생들이 이 시가 의미하는 바가 무엇인지 곰곰이 생각해 보라는 뜻이었을 것이다.

미원은 중국 태산(泰山)에 올라서 지었던 시 「인인지국 욕거기지(仁人之國 欲居基地)」에서 "내 나라 자랑스럽다 광명이세(光明理世)의 나라, 동방(東方)의 밝은 등불 다시 켜 21세기 밝히자!"라고 하였다.[18] 그는 「국민화합 운동에 나서자」라는 시에서는 "온 겨레 함께 나서 오늘의 난제 풀어 밝아오는 동아시아 샛별 되자"라고 썼다. 미원의 시에 등장하는 '온 누리 등촉'과 '동방의 밝은 등불', '동아시아 샛별'은 미원 사상의 코드이다. 그러면 미원은 왜 우리 한민족이 세상을 밝히는 등불이라고 생각했을까? 우리는 그 실마리를 그가 30세 때 지은 『문화세계의 창조』에서 발견할 수 있다. 그는 이 책의 서문에서 다음과 같이 쓰고 있다.

"새 세기는 새로운 정치이념을 요망한다. 세계는 바야흐로 창망한 대해에 조난하여 구원을 애원하는 파선 모양으로! 어쨌든 묘안과 신 방안이 나서지 않는 한 그의 침몰은 아주 결정적일 것이다. 현금 빙탄상용(氷炭相容)할 수 없는 상극된 양대 조류(민주와 공산)는 첨예한 대립과 각축으로 말미암아 때와 장소를 불문하고 '붙으면 열전이요 떨어지면 냉전'인 바 때로는 창해의 노도와 같이 포효하고 대공(大空)의 뇌벽과 같이 진동하며 때로는 풍랑 진만 만경창파와도 같이 살풍경하게 냉엄한 반목질시를 계속하고 있다. 〔중략〕

우리는 이러한 투쟁의 양상을 더욱이 금반 한국동란을 통하여 여실히 체감한 이상 하루빨리 제화하기 위하여 무엇보다도 상투(相鬪)하는 두 사회를 하나로 지양하고 순화 통합할 수 있는 신정치이념을 창조하여 대립과 분열 투쟁이 없는 문화세계로 창건하기 위하여 가진바 인류의 온갖 역량을 집결하도록 노력하여야 하겠다. 이러한 인류의 대과업을 어째 동란에 조우하고 있는 한 민족만의 임무이며 과업이라 할 수 있으랴! 〔중략〕

그러므로 한국의 통일 이념은 세계통합의 이념이 아닐 수 없음으로 우선 세계평화와 순화 통일을 위해서는 한국의 통합과 순화를 귀결 지을 수 있는 신 정치이념에 입각한 새 방책의 출현이 무엇보다도 긴요한 것으로 간주되는 것이다."[19]

미원은 월남하기 이전에 공산주의 정치와 월남하여 미 군정 치하의 민주주의 정치를 온몸으로 느끼면서 새로운 정치이념을 모색하게 되었다. 그는 한국이 세계정치 판도의 축소판과 같기에 한국의 통일 이념이 세계통합 이념이 아닐 수 없다고 생각했다. 그는 한반도 문제의 해결이 곧 세계 문제 해결의 시작이라고 생각한 것이다. 동양의 경전 『주역』의 설괘전(說卦傳)에 있는 "간(艮)은 동북의 괘로서 만물의 종말을 이루게 하는 것이자 그 시작인 것이다. 그러므로 간(艮)에서 성취한다"[20]라고 하는 사상과 맥을 같이하는 것이다. 여기서 간(艮)은 동북 방향, 즉 한반도를 의미한다.

동양철학의 역학적 원리로 한국의 미래를 설명하였던 사람이 동양 철학자 최봉수(崔鳳秀: 1929~2020)이다. 최봉수는 1976년에 배달문화연구원 원장 안호상, 성균관장 이병주, 불교 철학자 이종익, 법학자 이항녕, 국문학자 이강로 등과 함께 '진리과학연구회'를 창립하였다. 진리과학연구회는 동양철학을 과학화하여 인류문명에 기여하기 위한 목적으로 설립되었고 1999년까지 활동하였다. 당시 최봉수는 『역우(易友)』에 '미래세계와 한국의 사명'이라는 글을 연재하였다.[21] 그는 한반도가 분단된 것은 문명사적 사건이며, 태극의 원리에 의해 한반도에서 문명사적 모순이 해결되고 여기서 새로운 문명이 탄생한다고 썼다. 그리고 여명의 나라 대한민국에는 천시(天時)와 지리(地理)와 인사(人事)를 합친 전 인류의 사명이 부여되었다고 했다.[22]

『주역』의 원리를 알고 있었던 미원은 일찍이 한반도에서 새로운 제3의 민주주의가 출현하여 고도의 물질문명과 정신문화가 조화를 이루는 문화세계와 종합문명이 이루어진다는 사상을 가지게 되었다. 그는 이러한 사상을 바탕으로 한반도가 새로운 문명을 열어가는 '등촉'이 될 것이라고 믿었다.

미원의 이와 같은 믿음은 1994년 9월 14일에 개최된 제13회 이산가족의 날 기념식에서 일천만이산가족재회추진위원장의 자격으로 한 연설문에서 다음과 같이 확인된다.

> "우리는 21세기를 바라보며 희망찬 동북아 시대를 맞고 있습니다. 이 희망찬 동북아 시대에 우리 한민족은 세계 문명의 중심에 나서서 인류문명을 올바른 방향으로 계도할 중차대한 사명을 지니게 되었습니다. 이 시대적 소명을 우리 한민족이 담당하기 위해서는 먼저 남북의 국맥을 잇는 평화통일을 이룩해야 합니다."[23]

한민족이 세계 문명을 이끌어야 한다는 미원의 사상이 반영된 것이 '경희'(慶熙)라는 교명이다. 경희라는 이름에는 미원의 사상과 비전이 담겨있다. 동양 역학(易學)에 정통한 미원의 코드가 숨겨져 있는 것이다. '경'(慶)은 경사롭다는 뜻으로 오행(五行) 중에서 목(木)에 해당한다. 목은 동쪽을 의미하며 만물이 발생하는 봄을 뜻한다. 봄이 되면 만물이 일제히 긴 겨울잠에서 깨어나 소생하는 원리를 상징한다. 목은 또한 정신문화를 의미한다. '희'(熙)는 빛난다는 뜻으로 오행 중에 화(火)에 해당하며 남쪽과 여름을 뜻한다. 여름이 되면 나무가 태양의 에너지를 흡수하여 최대한으로 성장한다. 이처럼 나무(木)는 성장을 위하여 반드시 태양의 열과 빛인 불(火)이 필요하다. 화는 또한 물질문명을 의미한다. 미원은 이 두 글자의 조합으로 동양의 정신문화와 서양의 물질문명이 조화를 이루는 문화세계가 동방의 나라 한국에 있는 경희대학교에서 시작될 것임을 암시했다.

미원은 이러한 의미를 경희대학교 본관인 석조전에 부조로 새겼다. 전국 14도를 상징하는 14개의 코린트 양식의 기둥이 받치고 있는 3각형 안에 부조가 있다. 3각형 우측에는 물질문명, 좌측에는 정신문화를 상징하는 부조를 새겨넣어 물질과 정신이 조화를 이루는 종합문명을 표현했다. 3각형 위 꼭지에는 '광명'을 상징하는 빛나는 태양이 있고, 3각형 밑변 좌우 꼭지에는 우리나라를 상징하는 무궁화가 새겨져 있다. 각 기둥의 상단에는 한 개의 2태극 문양과 2개의 3태극 문양이 있고 그 밑에는 3개의 무궁화가 새겨져 있다. 1953년 11월에 기공되어 1956년 7월에 완공된 본관의 중앙 석조전은 미원의 사상을 집약하여 표현하고 있다.

또한 '경희'는 음(陰)과 양(陽)의 순환을 의미한다. 경희는 한글의 기역(ㄱ)에서 출발하여 히읗(ㅎ)으로 끝나는 글자이다. 한글 12개의 자

경희대학교 서울캠퍼스 본관 중앙 석조전

음은 12개의 지지(地支)와 일치한다. 이 지지에는 모두 음양오행이 배속되어 있다. 한글도 마찬가지이다. 따라서 경희라는 이름에는 음양오행이 순행하고 완성되는 원리가 담겨있다. 따라서 '경희'라는 이름에는 미원의 사상과 비전이 오롯이 함축되어 있음을 알 수 있다.

우리는 위에서 미원의 코드가 무엇을 의미하는지 확인하였다. 미원은 한민족의 시원 사상이 광명이세임을 알게 되었을 것이다. 그리고 이로부터 우주 생성변화의 원리가 하나에서 시작되어 셋으로 분화되는 원리를 깨달았을 것이다. 그는 위대한 사상을 가진 한민족이 새로운 인류문명을 밝혀줄 등불이 될 것이라고 확신하였던 것이다.

1 Clotaire Rapaille, *The Culture Code: An Ingenious Way to Understand Why People Around the World Live and Buy as Thy Do* (London: Crown Publishing, 2006).

2 "일시무시일(一始無始一) 석삼극(析三極) 무진본(無盡本)."

3 조영식은 1988년 3월에 한국학술원 회원과 정신문화연구원장을 역임한 유승국(1926~2007)을 경희대학교 평화복지대학원 원장으로 초빙하였다. 그는 동양철학에 있어서 당대 최고 대가 중의 한 명이었다. 조영식은 유승국에게 천부경에 관한 특강을 요청하였다. 그리고 자신도 그 특강에 참석하였다. 이 것은 조영식이 학생들에게 동양사상을 가르쳐주고 싶었기 때문이었다. 유승국은 "한민족의 인간관은 신본주의에 대립하는 인본주의가 아니라 하늘의 뜻이 내 몸에 깃들어 있는 전인적 인관관이다"라고 말했다. 이것은 인간 속에 하늘과 땅의 요소가 중화를 이뤄 성숙한 경지를 지향하는 인간관을 말한다.

4 "所以 執一含三者乃一基氣而三基神也, 所以 會三歸一者是亦神爲三而氣 爲一也…一氣者乃有三神…三神者外包一氣."

5 『漢書』, 卷21 上. "太極元氣, 函三爲一."

6 우실하, 『3수 분화의 세계관』 (서울: 소나무, 2012), p. 89.

7 진고응 『노자』, 최재목, 박종연 역 (경산: 영남대학교출판부), p. 275. "道生一, 一生二, 二生三, 三生萬物, 萬物負陰而抱陽, 冲氣以爲和."

8 경희대학교 인류사회재건연구원 밝은사회연구소, 『밝은사회운동 30년사』 (서울: 한다문화사, 2007), p. 152.

9 한국의 풍류정신에 대한 해석은 이종상이 쓴 '한국의 풍류정신'을 참조하였다.

10 "國有玄妙之道, 曰 風流, 設敎之源, 備祥仙史, 實乃包含三敎, 接化群生, 且如入則孝於家, 出則忠於國, 魯司寇之旨也, 處無爲之事, 行不言之敎, 周枉史之宗也, 諸惡莫作, 諸善奉行, 竺乾太子化也."

11 소설가 김동리의 친형인 범부 김정설은 『화랑외사』, 『풍류정신』 등의 저술을 통해 풍류도의 정신을 고양하기 위해 노력하였다. 김정설은 5.16 이후 '오월동 지회' 부의장을 역임하며 박정희 정권을 자문하였다.

12 한밝에 대한 해석은 이종익을 참조하였다. 이종익은 불교학자로 동국대 교수

를 지녔으며, 한국의 전통사상을 깊이 연구하였다.

13 "後에 桓雄氏繼興하사 奉天神之詔하시고 降于白山黑水之間하사 鑿子井
女井於天坪하시고 劃定地於靑邱하시며 持天符印하시고 主五事하사 在世
理化하사 弘益人間하시며 入道神市하시고 國稱倍達하시니라. 擇三七日하
사 祭天神하시며 忌愼外物하사 閉門自修하시며 呪願有功하시며 腹藥成仙
하시며 劃卦知來하시며 執象運神하시니라."

14 "乃授天符印三個하사 遣往理之하신대 雄이 率徒三千하사 初降于太白山
神壇樹下하시니 謂之神市라 將風伯·雨師·雲師하시고 而主穀하시며 主命
하시며 主刑하시며 主善惡하시며 凡主人間三白六十餘事하사 在世理化하
사 弘益人間하시니 是謂桓雄天王也시니라."

15 조영식은 또한 미래의 학생들에게 친필로 편지를 남긴다. 그는 이 편지에서
"시대적 카오스를 헤치고 새로운 코스모스를 창조하려는 경희맨의 창의적 노
력과 진취적 기상을 기대한다"며 "우리 겨레와 인류사회에 크게 공헌할 수 있
는 대학이 되도록 키워 달라"고 당부한다. 그는 이때 당시 5개 단과대 재학생
(1천 명 추정)을 대상으로 미래사회에 대한 설문 조사를 하였다. 개교 50주년
이 되는 1999년과 개교 100주년이 되는 2049년에 한국의 국민소득과 제3차
세계대전의 발발과 한국의 통일 가능성을 예측하라는 설문 조사였다. 이것
은 미래를 예측해 보라는 의도였다. 그러나 당시 학생들의 답변내용은 현재
모두 빗나갔다. 이 편지와 설문 조사 내용은 오랫동안 알려지지 않다가 우연
히 2020년 10월에 유품을 정리하던 중 본관 학원장실 금고에서 발견됐다. 조
영식의 연설문과 설문내용은 언론을 통해 소개된 바가 있다.

16 조영식, 『아름답고 풍요하고 보람 있는 사회』 (서울: 경희대학교 출판국,
2003), pp. 833-834.

17 Ibid.

18 조영식, 『조국이여 겨레여 인류여: 21세기를 밝히자』 (서울: 교학사, 1994), p.
33.

19 조영식, 『문화세계의 창조』, pp. 7-13.

20 노태준 역해, 『주역』 (서울: 홍신문화사, 1978), p. 286. "艮東北之卦也 萬物之
所成終而所成始也 故曰成言乎艮."

21 최봉수는 1978년 『역우』에 게재한 논문에서 공산주의의 발생과 과정을 역학

적으로 설명하고 1986~1989년 사이에 공산주의가 붕괴할 것임을 예고하였
다. 그의 예상대로 공산주의는 1989년에 몰락하였다.

22 최봉수, '미래 세계와 한국의 사명,' 『역우』, (1978년 6월), p. 3.

23 조영식, 『아름답고 풍요하고 보람 있는 사회』(서울: 경희대학교 출판국, 2003), pp. 1146-1147.

제4장 문명의 새벽

> "
> 생각하는 사람이
> 천하를 바로 세운다
> "

미원 조영식

내 조국에 영광 있으라

밝아오는 21세기 동아시아 황금기에
영광된 조국 위해 하나가 되어
내일의 인류문명 창조의 기수가 되자

내 사랑하는 조국이여 영원 하라!

그대 있는 곳에 너와 내가 있고
우리가 있는 곳에
인류세계의 밝음과 희망·번영이 있다

제2의 르네상스의 햇불 높이 치켜들고
신천지 개척하여
인간적인 인간세계 오토피아 이루자

    이 시는 1994년에 출판된 시집인 『조국이여 겨레여 인류여: 21세
기를 밝히자』에 들어있는 「내 조국에 영광 있으라」의 마지막 부분이
다. 21세기의 시작을 6년 앞둔 시점에서 쓴 이 시는 조국에 대한 사
랑과 기대 그리고 인류문명에 대한 전망을 함축적으로 담고 있다.
미원은 이 시에서 21세기가 동아시아의 황금기라고 예상하고, 이

시기에 통일 한반도가 새로운 인류문명을 창조할 것임을 암시하였다. 그리고 이것을 위해 제2의 르네상스의 횃불을 높이 들어야 한다고 주문하고 있다.

미원이 이미 통찰하였듯이 세계 문명의 중심축은 동아시아로 넘어오고 있다. 중국은 G2 국가로 미국과 패권을 겨루는 강대국으로 부상하였다. 하버드 매거진에 따르면 중국은 이미 미국을 경제적으로 추월하였다고 분석하고 있다. 세계 총생산량에 있어서 미국이 18%를, 중국은 29%를 차지하고 있다는 것이다.[1] 한국은 세계 경제 10위권의 선진국이 되었고 기술과 문화 등의 분야에서 선망의 대상이 되고 있다. 동남아시아 국가들은 높은 경제 성장률을 달성하며 비약적인 발전을 계속하고 있다. 반면 일본은 여전히 오랜 경제 저성장의 늪에서 헤어나지 못하고 있다. 이렇게 보았을 때 넓게는 동아시아, 좁게는 동북아가 21세기 세계 문명을 주도할 가능성이 있다.

그러나 여기에는 수많은 난관이 있다. 미·중 간 전략경쟁이 가속화되면서 동북아지역에 긴장이 높아지고 있다. 그리고 러시아의 푸틴이 우크라이나 침공이라는 명분 없는 전쟁을 벌임으로써, 세계는 또다시 전쟁의 참혹함을 목격하고 있다. 미국의 패권에 대응하기 위해 중국과 러시아는 협력관계를 강화하고 있어서 신 냉전 시대의 도래를 예고하고 있다.

한반도에는 1945년 냉전체제의 결과로 외세에 의해 야기된 분단 상태가 여전히 유지되고 있다. 북한은 체제 유지를 위해 핵무기를 개발함으로써 한반도와 세계안보에 큰 위협요인이 되고 있다. 이러한 문제를 해결하기 위해 많은 노력을 하였으나 여전히 미완의 과제로 남아 있다. 현재로선 이 문제 해결을 위한 실마리가 보이지 않는 상황이다.

　세계적으로는 전 인류가 문명사적 전환의 시기에 진입하고 있다. 세계화가 급속히 진전되면서 전 세계적으로 사회경제적 양극화가 깊어지고 있다. 급속한 기술발달로 인해 세계는 초 연결시대가 되었다. 인터넷과 전자통신기술의 발달로 말미암아 시간과 공간의 제약 없이 인류 전체가 네트워크로 연결되는 시대를 맞고 있다. 인공지능 기술의 발달로 기계가 인간의 노동력을 대신하는 시대를 예고하고 있다. 그리고 급격한 산업화로 인해 지구상에 유한한 화석연료는 고갈상태에 있고 에너지 전환이 시급한 시점에 있다. 그동안 인간이 분출한 이산화탄소는 지구의 평균기온을 높여 지구온난화는 가속화되고 있다. 이로 인해 야기된 기후변화는 인류의 생존을 위협하고 있다. 전 지구를 팬데믹으로 몰아넣었던 COVID-19는 지구가 바이러스의 공격으로부터 안전하지 못하다는 사실을 여실히 보여주었다. 세계 곳곳에 출몰하는 UFO는 광활한 우주에서 지구와 인류는 과연 누구인가 하는 근본적인 질문을 던져주고 있다. 우리 인류는 그야말로 생태계, 에너지, 기술, 문화, 제도, 정체성을 포괄하는 문명전환의 '분기점'에 놓여 있는 것이다.

　이러한 분기점을 시스템 이론을 통해 설명한 사람이 라즐로이다. 그는 지구 생태계를 하나의 열린 시스템으로 파악한다. 이 지구에서 생명 활동이 가능한 것은 에너지가 태양 빛의 형태로 흘러들어오기 때문이다. 이런 시스템에서는 에너지를 많이 사용할수록 엔트로피, 즉 무질서가 증가한다. 그리고 어느 순간에 시스템 전체가 임계점에 도달하게 된다. 이러한 임계점에 도달하게 되면 체계 자체가 붕괴하거나 사라진다. 예를 들어 모래를 위에서 떨어뜨려 모래탑을 쌓을 때 임계점에 이르면 마지막 한 알갱이의 모래가 모래탑 전체를 무너트린다. 이것은 실험을 통하여 입증되었다.[2] 이러한 상황을 막기 위해서는 시스템 자체가 재 조직화 되어야 한다. 지구시스템이 붕괴하느냐 아니면 재조직화되느냐 하는 문제는 인간이 얼마나 위기상황에 민감하게 대응하느냐에 달려있다.[3] 즉 인류가 문명의 위기를 얼마나 의식하고 대처하느냐에 인류의 존망이 달려있다는 말이다. 라즐로는 이것을 위해 인간의 의식혁명이 필요하다고 주장하였다.

문명의 위기를 공감(empathy)과 엔트로피의 이율배반(paradox)적 관계로 설명한 사람이 미국의 미래학자 리프킨(Jeremy Rifkin: 1945~)이다. 그의 설명에 따르면 인류문명의 진보는 에너지의 소비량에 비례하여 일어났다. 에너지 혁명은 통신혁명을 수반하며 사회를 더욱 복잡한 구조로 변모시켰다. 이에 따라 더욱 많은 다양한 사람들이 연결되면서 공감적 민감성(empathic sensitivity)은 높아졌고 인간의 의식은 확장이 되었다. 바로 이러한 문명화가 더 많은 에너지를 소비하였고, 결과적으로 에너지 고갈상태를 초래하였다는 것이다. 이것의 대가는 엔트로피의 증가이다. 바로 이것이 재앙적 기후위기의 원인이라는 것이다. 따라서 이 문제를 해결하기 위해서는 새로운 차원의 '지구적 공감'(global empathy)이 필요하다고 주장하였다.[4]

미원은 이미 오래전부터 인류문명이 전환점에 직면해 있다는 것을 통찰하였다. 그러기에 그는 기회가 있을 때마다 인류사회가 새로운 문명을 준비해야 한다고 역설하였다. 현재 우리 인류가 당면하고 있는 모든 문제가 인류문명의 종말로 이어질지, 아니면 새로운 문명의 새벽이 될지는 인류의 의식전환 여부에 달려 있는 것이다. 미원이 통찰한 대로 의식전환이 일어나면 우리는 새로운 문명의 새벽을 맞이할 것이다. 그리고 미원이 시에서 암시한 바와 같이, 이러한 의식의 전환이 한반도에서 시작된다면, 우리는 새로운 문명의 등불을 밝히는 주역이 될 것이다. 문명전환의 모든 문제를 여기서 모두 언급하는 것은 이 책의 범위를 넘는 일이다. 따라서 여기서는 미원사상이 우리에게 주는 메시지를 세 가지 키워드를 중심으로 정리하고자 한다.

미래의 회고

'미래의 회고', 이 말은 우리가 미래를 회고적 관점에서 바라보아야 한다는 뜻이다. 미래는 아직 오지 않은 시간이기에 우리가 결코 회고할 수는 없다. 우리가 회고할 수 있는 것은 오직 과거뿐이다. 우리는 과거의 역사를 회고함으로써 현재 상황을 이해할 수 있고 미래를 예견할 수 있다. 역사학자들은 과거에 일어났던 사건들의 인과관계를 추적함으로써 일정한 법칙을 발견하고자 하였다. 그리고 역사는 반복된다고 주장했다. 그러나 똑같은 역사는 반복될 수 없다. 다만 유사한 원인이 작용하면 유사한 결과가 나타날 가능성이 있을 뿐이다. 그러기에 우리는 과거의 경험에 비추어 미래를 예측할 수 있고, 또 미래의 관점에서 현재를 회고할 수 있는 것이다. 그러나 '미래의 회고'는 이러한 것만을 의미하지 않는다. '회고'는 성찰과 반성을 수반한다. 이것은 미래에 일어날 사건을 예측하고 그 사건이 가져올 결과를 현재의 관점에서 성찰하고 반성하는 것이다.

미래의 회고적 관점에서 변화와 혁신을 설명한 사람이 미국 MIT 대학 교수 오토 샤머(Claus Otto Scharmer)이다. 그는 "미래를 현재화하여야 한다"라고 주장한다. 그는 U의 왼쪽에서 자각(sensing)으로 시작해서 U의 가장 밑바닥에서 미래의 현재화(presensing)를 거쳐 U의 오른쪽 실현(realizing)에 이르는 U 이론을 주장하였다.[5] 그는 "내면 무언가가 변화하면서 몰입을 경험하게 되고 시야가 열리면서 모든 사람들과 더불어 성공적인 변화가 가능하다"는 사실을 밝혀냈다. 이를 계기로 그는 10년에 걸쳐 그 '내면 공간'을 파헤쳐 U 이론을 완성한 뒤 8년간 현장에 이론을 적용하면서 그 효과를 입증했다.

샤머는 이렇게 3단계로 이루어지는 U 프로세스를 다음과 같이 설명한다. 첫째 단계는 습관적인 태도를 버리고 낡은 해결책으로 새로운 도전에 반응하는 일을 멈추어야 한다. 그리고 잠시 멈춰 마음을 열고 내 주변에서 일어나는 일을 관찰해야 한다. 둘째는 관심을 자기 안으로 돌려서 자신의 내면 깊숙이 있는 지혜와 소통해야 한다. 셋째는 외부로의 개방과 내면으로의 개방을 통해 행동 동기를 인식하고, 번득이는 아이디어나 영감 또는 가능성을 즉시 행동으로 옮긴다. 그는 이와 같은 과정으로 변화가 일어난다고 주장한다. 즉 자신의 행동 원천인 의식과 관심의 변화를 통해 '너' 또는 '우

리', 아니면 자신이 속한 더 큰 시스템을 고려하여 의식을 확장해야 한다는 것이다.[6]

샤머의 위와 같은 설명은 미원의 주장과 매우 흡사함을 발견한다. 미원은 1975년에 출판한 『인류사회의 재건』에서 전환기에 처한 오늘의 세계를 진단하였다. 그는 인류 역사가 걸어온 길을 회고하였으며, 현대문명의 미래를 예견하였다. 미원은 이 책에서 다음과 같이 말하였다.

> "이를 실현하기 위해서 무엇보다 현 인류의 생활방식을 비판적으로 성찰하는 과정이 필요하다. 무엇이 어떻게 잘못되었는지 솔직히 시인해야 한다. 현 인류가 이룬 것들이 인류 역사의 최고 가치라고 믿는 맹목을 벗어나야 한다. 인류역사가 어떤 문제를 안고 있는지 알지 못하는 '진보 사관'을 버려야 한다. 최고 정점이라 간주하는 진보의 찬란함 속에 퇴보와 멸망이라는 어두운 징조들이 깃들어 있다. 인류 역사에 대한 성찰을 통해 다시 깨달아야 한다. 잘못을 잘못으로 알지 못하면 스스로 반성할 수도 없다. 스스로 반성하지 않으면 새로운 삶의 발전도 얻을 수 없다."[7]

"인간은 불완전한 존재이기에 더 높은 목표를 향해 나아가야 한다. 감성에서 이성으로, 불완전에서 완전으로, 옳은 교육을 받고 지식과 기술과 교양을 넓히고자 노력해야 한다. '판단은 현실에서, 계획은 미래에서'라는 말이 있다. 세상의 모든 위대한 것은 진실과 완전이라는 두 개의 기초 위에서 이루어져야 한다. 미래 인류사회는 이처럼 숭고한 정신과 목적으로 설계돼야 한다."[8]

> "그 점에서 무엇보다 의식혁명이 필요하다. 인류를 하나로 생
> 각하고 모든 사람을 사해동포로 알고 사랑하고 협력하는 일체
> 의식이 요청된다. 인류를 마음에 품고 자신과 자국의 위치와 사
> 명을 바르게 인식하는 새로운 삶의 태도가 요구된다. 의식혁명을
> 통해 세계가 진정한 의미에서 하나의 공동체임을 새롭게 깨달아
> 야 한다."[9]

우리가 위에서 주목해야 하는 구절은 '비판적 성찰', '판단은 현실
에서, 계획은 미래에서', '의식혁명'이다. 이러한 사유방식은 샤머의
U 이론과 매우 유사하다. 미원은 샤머가 U 이론을 개발하기 40여
년 이전에 이미 유사한 생각을 하였다. 그리고 인류문명전환을 위
한 의식혁명이 필요하다고 역설하였다. 미원은 이때 미래를 회고적
관점에서 성찰하였다. 그리고 미원은 문명전환의 방향을 제시한다.
첫째, 인간의 의식구조가 인류 의식을 중심으로 개혁되어야 하고,
둘째, 국제사회가 정치, 경제, 사회, 문화 등에서 협력구조를 제도화
해야 하고, 셋째, 전쟁을 거부하고 평화와 안전을 구현하여 공동번
영을 지향해야 한다는 것이다.[10]

미원의 사상에서 뚜렷이 나타나는 것이 '목적 지향성'이다. 이것은
미래 회고적 사유의 결과이다. 그는 미래 회고적 사유를 통해 현재
의 문명을 진단하고, 이를 바탕으로 인류가 지향해야 할 미래 문명
의 방향을 제시한 것이다. 이러한 목적 지향성은 현재의 우리에게

인과적 힘(causal force)으로 작용한다. 이러한 원리를 주장한 사람은 아리스토텔레스, 라이프니츠, 융 등이다. 라이프니츠는 물질계는 동력인(efficient causes)의 지배를 받으나 정신은 욕망, 결과, 의미를 통해 목적인(final causes)의 지배를 받는 것으로 보았다. 제2장에서 이미 설명한 바와 같이 융 또한 인간의 심리 현상은 목적론의 지배를 받기 때문에 '동시성'과 같은 현상이 발생한다고 보았다.

우리는 여기서 왜 인간의 미래 지향성이 현재 상태에 영향을 미치는지 생각해 볼 필요가 있다. 이것은 에너지와 정보의 흐름과 관련이 있다. 물질계에서는 에너지와 정보가 과거에서 현재로, 현재에서 미래로 흐르면서 엔트로피가 증가한다. '엔트로피'(entropy)라는 말에서 'en'은 분산(diverging)을, 'tropy'는 경향(tendency)을 의미한다. 즉 물질계에서 에너지와 정보는 분산되는 경향이 있다는 뜻이다. 이와 반대되는 개념이 '신트로피'(syntropy)이다. 여기서 'syn'은 수렴(converging)을 뜻한다. 신트로피의 경우 에너지와 정보가 미래의 원인으로 수렴한다. 즉 아직 일어나지 않은 미래의 사건이 원인이 되어 현재의 결과를 초래한다는 말이다. 모든 생명현상에는 이러한 신트로피의 원리가 작용한다. 엔트로피가 무질서를 생산한다면 신트로피는 질서를 조직화한다.

엔트로피가 지배하는 물질계에서는 시간의 흐름에 따라 현상이 펼쳐지기 때문에 우리가 눈으로 확인할 수 있다. 그러나 신트로피가 지배하는 생명현상에는 에너지와 정보가 미래로부터 오기 때문에 우리가 눈으로 확인할 수가 없다. 이것은 마치 중력과 같이 보이지 않는 힘으로 우리에게 작용한다. 엔트로피와 신트로피는 마치 동양의 음양의 원리와 같이 상보적으로 존재하는 원리이며, 힘이며, 경향이다.

이러한 신트로피 개념의 원형은 베르그송의 '생명의 약동', 드리슈의 '엔텔레히'에서 발견된다. 그러나 신트로피를 처음 수학적으로 설명한 사람은 이탈리아의 수학자 환타피에(Luigi Fantappiè: 1901~1956)였다. 그에게 있어서 신트로피는 역 엔트로피의 개념이다. 자연현상에 있어서 엔트로피가 있으면 반드시 신트로피가 존재해야 했다. 우주에는 에너지와 정보의 총량이 보존되어야 했기 때문이다. 그는 이러한 이론을 통하여 물리현상과 생명현상을 통합적으로 설명하는 이론을 수립하고자 했다. 그는 『물리와 생물 세계의 통합이론(The Unitary Theory of the Physical and Biological World)』(1942)을 발표하였다.

한편 프랑스의 진화생물학자 샤르댕(Teilhard de Chardin: 1881~1955)은 비슷한 시기에 『인간현상과 수렴성(The Phenomenon of Man and Towards Convergence)』(1955)이라는 책을 통하여 신트로피와 유사한 '신토니'(syntony) 개념을 발표하였다. 샤르댕 역시 생명이 목적성에 의해 수렴된다고 보았다. 그리고 그는 생명의 진화와 수렴의 최종 목적지를 '오메가 포인트'(Omega Point)라고 하였다. 오메가 포인트는 생명을 포함한 우주가 그곳을 향해 진화해가는 최고 수준의 복잡성과 의식이다.[11] 환타피에는 신트로피를 자아(self)의 원인이며 생명의 힘이라고 보았다. 드 샤르댕은 오메가 포인트를 의식이라고 보았다. 환타피에와 샤르댕은 인간의 생명현상은 결국 '의식'이라는 에너지에 의해 미래로 끌려간다는 것을 주장하고 있다.

이렇게 보았을 때 환타피에의 신트로피와 샤르댕의 신토니는 미원이 주의생성론에서 주장했던 '의식적 지도성'과 같은 개념이라는 결론에 도달한다. 인간은 의식적 지도성에 의해 미래를 지향한다. 그리고 인간의 의식이 머물고 있는 미래는 인간을 그 방향으로 이끄는 것이다. 미원은 미래의 회고를 통해 현재 인류문명이 처한 제 문제를 진단하고, 인류가 지향해야 할 미래 문명을 제시하였다. 이러한 의식적 지도성이 인류 차원에서 작용하기 위해서는 또 다른 원리가 필요하다. 그것은 '지구적 공명'이다.

지구적 공명

우리 인류는 현재 지구가 위기상황에 놓여 있다는 것을 대부분 인식하고 있다. 그러나 이러한 지구적 차원의 문제일수록 '집단 행위의 문제'에 봉착하게 된다. 집단 행위의 문제란 인간이 합리적으로 행동하여 자신의 이익을 추구하게 되면 공공선을 달성하기 어렵게 되는 문제를 말한다. 예컨대 사람들은 지구적 기후위기에 직면하여 탄소 배출량을 줄이는 것이 공공선임을 일반적으로 인식하고 있다. 이러함에도 불구하고 사람들은 비용을 지출하지 않고 무단으로 탄소를 배출하는 것이 자신들에게 유리하다고 여긴다. 무임승차하는 것이 그들에게 최선의 합리적 선택이 되는 것이다. 이러한 결과로 초래되는 것이 '공유지의 비극'(The tragedy of the commons)이다. 탄소의 배출량이 임계점을 초과하게 되면 지구의 평균온도가 상승하게 된다. 그리고 지구의 생태계는 기후가 변화하면서 불가역적으로 파괴되는 비극을 맞게 된다.

이런 문제를 해결하기 위한 유일한 방법은 관계자들이 탄소배출을 줄이기로 합의를 이루는 일이다. 그리고 그들이 합의를 준수할 수 있도록 여러 가지 제도적 장치를 마련하는 일이다. 그런데 이러한 합의에 도달하기 위해서는 공통의 문제의식이 있어야 한다. 인류적 차원의 문제에는 인류의식이, 지구적 차원의 문제에는 지구의식이 선행되어야 한다. 그리고 의식은 '공명'(共鳴, resonance)을 통해서 확장되고 증폭되어야 한다.

공명은 물리학적 개념이다. 진동하는 물체는 물체의 모양, 재질 등에 따라 결정되는 고유진동수를 가지고 있다. 진동하는 모든 물체는 여러 진동수로 진동할 수 있다. 그러나 진동하는 두 물체가 특정 진동수에서 맞물리면 진동은 증폭하게 된다. 이 현상을 공명이라고 부른다. 예를 들어 그네를 고유진동수에 맞게 밀어주면 흔들리는 폭이 빠르게 커지지만, 그렇지 않고 다른 진동수로 밀어주면 제대로 흔들리지 않는다. 특히 밖에서 힘이 가해질 때 외부 힘의 주기가 그 물체의 고유진동수와 같다면 진폭이 빠르게 증가한다. 좁은 의미에서는 이것만을 공명이라고 부른다. 공명은 진동이 있는 모든 물체에서 일어나는 보편적 물리현상이다. 우주상에 존재하는 모든 물체는 진동하고 고유의 파장을 가지고 있다. 예컨대 모든 악기는 공명통이 있어서 소리가 크게 증폭된다. MRI(Magnetic Resonance Imaging)는 공명 원리가 의학에 적용된 경우이다. 소리를 듣고 화면을 보기 위해 라디오나 TV의 주파수를 맞추는 것도 모두 공명의 원리가 적용된 경우이다.

지구적 공명은 이 지구가 양자로 연결된 거대한 시스템(量子場)이라는 사실을 전제로 발생한다. 지구에 존재하는 모든 생물과 무생물도 또한 각각 하나의 하위 시스템이다. 인간의 공동체, 즉 인류도 하나의 시스템이다. 그리고 인류를 구성하고 있는 인간은 인류의 하위 시스템이라 할 수 있다. 각각의 시스템은 하나의 홀론(Holon)이다. 홀론은 부분이 동시에 전체인 시스템을 뜻하는 용어다. 양자장 안에서 모든 양자와 원자가 서로 얽혀 있으며, 거리와 관계없이 상호작용한다. 즉 모든 것은 공명을 일으키는 것이다. 이러한 공명효과는 양자 수준의 미시세계는 물론 살아있는 세포와 뇌에서도 발생한다.[12] 진동으로부터 발생하는 파동이 서로 간섭하고 증폭을 일으키는 공명현상은 보편적인 자연현상인 것이다.

공명현상을 인간의 사회적 관계에 적용한 개념이 사회적 공명(social resonance)이다.[13] 인간은 언어를 통하여 사회적 소통을 한다. 음성은 음파를 타고 상대방의 청각을 통해 뇌로 전달된다. 뇌로 전달된 소리 신호는 뇌신경의 인식작용을 통해 의미로 해석된다. 사람 사이의 상호 간 인식작용은 모두 공명에 의한 것이다. 인간의 사회적 관계는 모두 사회적 공명을 전제로 한다. 사회적 공명이 증폭되면 사회적 힘으로 작용하여 집단적 연대 형성을 가능하게 한다. 집단적 연대는 사회를 변동시키는 힘으로 작용한다.

1989년에 동유럽에서 일어났던 공산권의 연쇄적 붕괴와 2010년에 일어났던 아랍의 봄 등이 이러한 사회적 공명으로 설명될 수 있는 대표적인 역사적 사례이다. 전자는 '헬싱키 최종협약'(Helsinki Final Act)이라는 인권 규범이 채택되면서 시작되었고, 후자는 튀니지아에서 일어났던 소규모의 시위와 분신 사건이 기폭제가 되었다. 사회적 공명에 의한 대규모의 사회변동은 사례에 따라 모두 그 원인과 전개 과정이 다르다. 여기에서 동유럽의 사례를 좀 더 자세히 살펴볼 필요가 있다. 그것은 미원이 '지구공동사회대헌장'을 통한 인류사회 변혁을 시도했기 때문이다.

'헬싱키 프로세스'는 1975년 헬싱키에서 미국과 캐나다를 포함한 유럽 35개 국가에 의해 채택된 '헬싱키 최종협약'이 시발점이 되었다. 헬싱키 프로세스란 '헬싱키 최종협약'에 따라 설립된 '유럽안보협력회의'(Conference on Security and Cooperation in Europe: CSCE)가 1989년에 유럽의 냉전 종식에 공헌했던 일련의 과정을 뜻한다. '헬싱키 최종협약'에는 국가 간의 관계를 규정하는 '10개의 원칙'(Decalogue)이 있다. 이 중 제7 원칙이 '사상, 양심, 종교 혹은 신앙의 자유를 포함한 인권의 존중'이다. 그리고 '헬싱키 최종협약'에는 사람, 사상, 정보의 자유로운 이동을 보장하는 인도주의적인 조항이 포함되어 있었다. 이러한 조항들이 14년 후 동구권의 붕괴라는 '의도되지 않은 결과'를 가져왔다. 이것을 '헬싱키 효과'라 부른다. 유럽에서 헬싱키 효과가 어떻게 나타나게 되었는지 살펴보자.[14]

1975년 '헬싱키 최종협약'이 선포되자 이 사실은 즉각 언론을 통해 전 세계 특히 소련을 비롯한 동구권 국가의 반체제 인권운동가들에게 알려졌다. 동구권 국가들은 그들이 요구했던 '국경불가침 원칙'이 포함된 '헬싱키 최종협약'을 서구진영에 대한 승리로 간주하였다. 반면 서구진영은 '헬싱키 최종협약'에 포함된 인권조항이 서구의 인권 규범을 동구권에 확산시킬 수 있는 외교적 수단이 될 수 있다고 판단했다. '헬싱키 최종협약'이 선포되면서 동서 양 진영 간의 프레임 전쟁이 시작되었다.

'헬싱키 최종협약'은 미국과 소련을 포함한 동구권 국가 인권활동가들이 연대하는 계기로 작용하기 시작했다. '헬싱키 최종협약'은 서구와 동구권 국가에서 활동하는 인권운동가들에게 인권조항을 준수하도록 자국 정부에 요구할 수 있는 규범적 정당성을 제공하였다. 미국에서는 1975년에 입법-행정 합동 '유럽안보협력위원회'(Commission on Security and Cooperation in Europe)가 만들어져 인권조항이 지켜지는지 점검하기 시작했다. 소련에서는 1976년 물리학자 유리 오를로프(Yuri Orlov)를 포함한 저명한 반체제 인사들이 '모스크바 헬싱키 그룹'(Moscow Helsinki Group)을 결성하여 활동을 시작하였다. 이것을 필두로 하여 70년대를 거치면서 수많은 헬싱키 관련 NGO가 우후죽순처럼 나타나게 되었고 이들 관련 기관 간의 네트워크 연대가 형성되게 되었다. 초국가적 연대가 시작된 것이다.

'헬싱키 최종협약'에 대한 정보가 유럽안보협력회의 회원국가로 확산되면서 인권운동가들 사이에 인권을 중심으로 한 프레임 공명(frame resonance)이 일어났다. 여기서 중요한 역할을 한 것이 비엔나에 기반을 둔 '인권을 위한 국제 헬싱키 연맹'(International Helsinki Federation for Human Rights: IHF)이었다. IHF는 초국가적 헬싱키 네트워크를 통하여 헬싱키 인권 규범의 정당성을 전 세계로 확산시켰다. IHF의 역할로 인해 '헬싱키'는 인권운동가들에게 인권 프레임을 제공했고 '헬싱키'라는 이름은 곧 '인권'이라는 용어와 동일시되었다.

헬싱키 규범에 기초한 프레임 공명은 초국가적 인권운동 네트워크에 의해 증폭되었다. 이들은 협력을 통하여 헬싱키 규범의 위반 사례를 발굴하여 대중들에게 확산시켰다. 그들은 또한 각종 보고서를 만들어 출판하였다. 그들은 상징성 있는 사례를 발굴하여 언론에 제보함으로써 대중들의 이목을 집중시켰다. 그들은 또한 영향력 있는 인사들에게 압력을 가하는 방식을 통하여 헬싱키 규범을 이행하도록 촉구하였다. 마지막으로 그들은 공산권 국가의 지도자들이 '헬싱키 최종협약'에 서명한 당사자임을 부각하여 책임성을 강조하였다.

그리고 부메랑 효과가 일어났다. 부메랑 효과란 국내와 국외와의 연계전략에 의해 나타나는 효과를 의미한다. 즉 동구나 소련에 있는 인권운동가들이 먼저 자국 내 인권 규범 위반 사례를 적발하고자 국내에서 홍보를 통해 부당성을 확산시켰다. 자국 정부가 이를 고의로 무시하거나 탄압을 가할 때 해외 단체와 연대를 모색하여 인권 탄압 정부를 압박하였다.

초국가적 네트워크에 의한 프레임 공명이 어느 한계점에 도달하면 공명효과에 의해 사회구조의 틀을 바꿀 수 있는 작용력을 갖게 된다. 1989년에 동구권에서 일어났던 일련의 혁명은 하루아침에 발생한 것이 아니었다. 점차적인 변화가 임계점에 이르러 일시적으로 폭발되어 일어난 대변혁이었다. 헬싱키 프로세스의 경우 비엔나 검토회의(1986.11.4~1989.1.19.)가 임계점이 되었다. 이 회의에서 비엔나 인권 메커니즘이 만들어졌고 인권에 관한 소련의 입장이 변화하기 시작하였다. 이와 같은 배경에서 1991년에 소련은 모스크바에서 인도주의적 문제에 대한 회의 개최를 결정했다. 소련의 변화는 고르바쵸프의 등장에서 기인했다. 비엔나 회의가 끝날 무렵 '철의 장막'은 흔들리기 시작하고 동구권 국가들의 붕괴가 도미노처럼 시작되었다.

이러한 과정을 거쳐 유럽에서 냉전은 해체되고 1990년 11월에 정상들이 모여 '새로운 유럽을 위한 파리 헌장'(The Charter of Paris for a New Europe)을 채택함으로써 냉전 종식을 공식적으로 선언했다. 이러한 과정을 보았을 때 유럽의 냉전 종식을 초래했던 많은 요인이 있었으나 1975년에 채택된 '헬싱키 최종협약'이 프레임 공명의 원인이 되었고 이것이 중요한 요인이 되었음을 확인할 수 있다. 요컨대 현상변화를 거부하는 프레임과 현상변화를 추구하는 프레임 중에서 어느 프레임이 우위에 있느냐에 의해 사회변동의 향방이 결정된다.

미원은 '하나의 인류사회'를 강조하며 인류의식으로의 전환을 주장하였다. 그리고 '공동선언' 혹은 '대헌장'의 형식으로 보편규범을 제시하며 사회적 공명을 일으키고자 노력하였다. '헬싱키 최종협약'이 큰 공명효과를 가져왔던 것은 이것이 국가적 차원의 합의였으며 보편성을 가지고 있었기 때문이었다. 그리고 당시의 특별한 역사적 환경이 있었기에 가능했다. 미원이 주도했던 '지구공동사회대헌장'도 보편적 가치에 기초한 것이었다. '지구공동사회대헌장'도 역사적 환경이 바뀌면 새로운 프레임으로 작용할 수 있다. 분명한 것은 현재 일어나고 있는 모든 문제는 지구적 공명을 통한 인류 차원의 의식전환이 일어나야 해결될 수 있다는 것이다.[15]

이러한 의식전환이 문화적 변화를 가져와 인간의 본성이 바뀔 수 있을 것인가가 관건이다. 이것은 오늘날 '유전자와 문화의 공진화'라는 개념으로 설명된다. 이 개념은 유전자가 자연선택에 따라 진화하는 것처럼 문화도 문화선택에 따라 진화한다는 가정을 전제로 하고 있다. 자연선택에서 유전자가 이기적 복제자로서 자신의 확산을 목표로 하는 것과 같이 문화에도 밈(meme)이라 불리는 문화요소가 존재하여 자신을 확산하고자 하는 속성이 있는 것으로 본다.[16] 여기서 밈이란 유전자(gene)가 생체 정보 단위이듯이 문화 정보 단위를 뜻한다.

미국의 진화생물학자 더럼(William H. Durham: 1873~1912)에 따르면 유전자적 진화와 문화적 진화는 상호작용을 하기에 독립된 과정으로 분리되어 분석될 수 없다고 본다.[17] 따라서 이 상호작용은 '유전자와 문화의 공진화'라 불린다. 자연선택이 변이, 재생산, 선택의 세 단계로 이루어지는 것과 매우 유사하게 문화선택도 혁신, 모방 혹은 전파, 선택의 세 단계로 이루어진다고 본다. 특히 문화선택에 있어서 가장 중요한 요인은 의식적 선택이라 보았다. 더럼의 이론에서 '의식적 선택'은 바로 미원이 주장하는 '의식적 지도성'과 정확하게 일치하는 개념이다.

한편 유전자와 문화가 공진화한다는 이론에는 견해를 같이하나 두 요소 중 어느 쪽이 더 우세한가에 대해서는 상반된 견해가 존재한다. 더럼은 유전자와 문화요소(meme)와의 상호작용을 균형적인 것으로 보았다. 미국의 철학자 보이드(Robert Boyd: 1942~2021)와 미국의 생물학자 리처슨(Peter Richerson: 1943~)은 문화적 진화가 유전적 진화에 우선할 수 있다고 보았다. 반면 미국의 생물학자 윌슨(Edward O. Wilson: 1929~2021)과 미국의 생물학자 럼스덴(Charles J. Lumsden: 1949~)은 유전적 진화가 문화적 진화를 통제한다고 보았다.[18]

이와 같은 논쟁을 통해 합의된 결론은 인간은 백지상태로 태어난 것이 아니라 특정의 행동 양식을 쉽게 학습할 수 있는 유전적 성향을 지니고 태어난다는 것이다. 예컨대 맛이 좋은 음식 A와 건강에 좋은 음식 B가 있을 때 문화적 선택에 따라 건강에 좋은 음식 B를 선호하게 되고 이것이 장기간에 걸쳐 계속될 때 유전적 변이를 일으켜 사람의 입맛을 변하게 할 수도 있다는 것이다. 이와 같은 사실은 문화가 유전자의 변이를 일으킬 수 있다는 것을 인정하는 것이다.

또 한 가지 중요한 사실은 문화적 진화가 유전적 진화보다 더 빨리 효과적으로 일어날 수 있다는 점이다.[19] 그 이유는 다음과 같다. 첫째, 획득된 형질은 유전될 수 있기에 유전된 획득형질은 자연선택에 필요한 변이의 원인이 된다.[20] 둘째, 맹목적이고 무작위적인 유전자의 돌연변이와는 달리 문화적 혁신은 목적 지향적이며 예측할 수 있다. 셋째, 문화선택은 반드시 한 개인의 탄생이나 사망과 관련이 없다. 사람은 일평생 동안 얼마든지 특정 문화를 선택할 수 있다. 넷째, 문화적 재생산 혹은 전파는 부모로부터 자손에게만 일어나는 것이 아니라 사람들 사이에서 광범위하게 일어날 수 있다. 종의 진화와는 달리 사회적 진화는 문화의 재생산 혹은 전파로 인해 일어날 수 있다.

문화와 유전자가 공진화한다는 사실과 공진화 과정에서 문화적 진화가 더 빨리 효과적으로 일어날 수 있다는 사실만으로 문화가 인간의 이기적 본성을 근본적으로 바꿀 수 있다고 결론 내리기는 어렵다. 그러나 인간의 의식적 지도성에 입각하여 문화적 진화를 진보로 유도한다면 '문화세계의 창조'가 불가능하지만은 않을 것이다.

미원이 주장하는 새로운 문명전환은 다음과 같은 세 단계를 거쳐 일어날 수 있다. 첫째는 문화혁신이다. 미원이 주장하는 '문화세계'의 창조를 위한 혁신은 '지구공동사회대헌장'에서 '인간중심주의'(H), '문화 규범'(C), '보편적 민주주의'(U), '지구협동사회'(G), 'Pax UN'(P) 이라는 새로운 문화요소의 밈 복합체(meme complex)의 형태로 이미 제시되었다.[21] 둘째는 문화전파이다. 새롭게 고안된 아이디어, 지식, 이념은 세대 간의 수직적 전달, 동 세대 간의 수평적 전달, 집단적 사회화 등의 다양한 방법을 통해서 전파되어야 한다. HCUGP라는 밈 복합체는 다양한 채널을 통하여 전파되어 지구적 공명을 일으켜야 한다. 여기서 같은 신념체계를 공유하고 있는 인식공동체(epistemic community)의 적극적 역할이 매우 중요하다.[22] 셋째는 문화선택이다. 아무리 좋은 아이디어가 있더라도 타인에 의해 선택되지 않는다면 그 아이디어는 살아남지 못한다. 온갖 밈이 넘치는 정보화 사회에 HCUGP가 선택되기 위해서는 그 자체로서 의미가 있어야 하고 이해하기 쉬워야 한다. 의미가 없거나 이해하기 어려운 정보는 인간이 기억하기 어렵기 때문이다. 따라서 정보화시대에 맞는 디지털 전략이 필요하다.

창발적 평화

　인류평화는 문명전환의 종착점이다. 모든 인류가 정신적으로 아름답고, 물질적으로 풍요로우며, 인간적으로 보람 있는 삶을 사는 사회, 자유와 평등의 가치가 조화를 이루고 모두가 공존·공영하는 사회가 만들어진다면 진정한 인류평화가 왔다고 할 수 있을 것이다. 이것이 이상적인 사회인 것은 분명하다. 그러나 미원도 지적하였듯이 이러한 사회가 되기 위해서는 사회와 국가의 구조가 제도화되어야 한다. 문명전환을 위해 필요한 것은 국제적 차원에서 평화를 위한 제도화가 이루어져야 한다. 국가들이 합의하여 다자주의적 제도를 만들고 이 국제제도가 '자기 조직화'(self-organization)를 통해 항구적으로 평화를 유지해야 한다. 이것이 '창발적 평화'(emergent peace)이다.[23]

　창발적 평화가 일어나는 과정을 간략히 살펴보자. 모든 사회질서는 사회적 구조와 인간의 행위 사이에 발생한다. 사회질서가 발생하는 시공간을 '형태발생의 장'(morphogenetic field)이라고 한다. 지구상의 모든 생물체가 전자기장의 영향권 안에 있듯이 인간도 특정 시공간의 사회적 영향권 안에 존재한다. '형태발생의 장' 안에서 미원이 말하는 사기체의 상호작용이 일어난다. '형태발생의 장' 안에서 상호작용하는 개인은 자신만의 개인적 선호(preference)가 있다. 이것이 미원이 말하는 '의식적 지도성'이다. 개인적 선호는 장(場) 안에 존재하는 사회적 구조에 의해 영향을 받는다. 개인적 선호는 사회적 상호작용을 통하여 집단적 선호를 형성하게 되고 집단논리를 발전시킨다. 집단논리는 사회적 공명을 통하여 증폭되고 사회적 합의를 바탕으로 사회 제도로 정착된다. 정착된 사회 제도는 하나의 구조로서 스스로 조직하기 시작한다. 자기 조직적인 사회 제도는 이때부터 자율적 특성을 띠게 된다. 이것이 사회적 창발성이다. 창발된 사회 제도는 공진화를 통하여 개인의 선호에 영향을 미치고 개인의 행동을 제한하게 된다. 이렇게 되면 개인적 선호와 사회적 선호가 평화롭게 공존한다. 이것이 창발적 평화이다.

같은 논리를 국제사회에 적용할 수 있다. 주권국가는 안보를 최우선의 가치로 추구한다. 이것은 필연적으로 '안보 딜레마'(security dilemma)를 발생시킨다. 안보 딜레마는 한 국가가 자국의 안보를 추구하면 필연적으로 타국의 안보를 위협하는 딜레마를 뜻한다. 안보 딜레마를 해소하는 유일한 방법은 주권국가들 간의 합의를 통해 국제제도를 만드는 것이다. 국제관계에서 창발적 평화가 일어나기 위해서는 국제제도가 '다자화'(multilateralism)되어야 한다.[24] 여기서 '다자화'란 국제제도에 참여하는 국가들이 국제제도의 가치와 이익을 차별 없이 평등하게 공유한다는 뜻이다. 다자화된 국제제도가 자기조직성을 갖게 되면 주권 국가들은 스스로 국제제도를 준수하게 된다. 이렇게 하여 창발적 평화가 일어나는 것이다. 예를 들어 유럽연합(EU)에 참여하는 국가 사이에는 안보위협을 느끼지 않는다. 이러한 상태를 '안보 공동체'(security community)라고 한다.

미원은 이미 1970년대에 그의 저서 『인류사회의 재건』과 『오토피아』에서 창발의 원리를 통찰하였다. 인류 차원에서 창발적 평화에 도달하기 위해서는 인류 차원에서 '사회적 창발'이 일어나야 한다.

미원은 인류 전체가 인류의식을 공유할 때 이것이 가능하다고 보았다. 인류적 창발은 개개인의 의식이 인류의식으로 통합되는 의식전환이 이루어질 때 일어난다. 이것이 미원이 생각했던 문명전환이다. 앞에서 설명했듯이 미원은 이것을 '새로운 의미의 세계'라고 표현하였다.

최근 서양에서 패러다임의 전환을 주장하는 학자들이 늘고 있다. 그들은 '퀀텀(양자) 의식'이 대안이라고 주장한다. 퀀텀 의식이란 우주가 양자장 안에서 파동을 통해 하나의 의식으로 연결되어 있다는 뜻이다. 이제는 퀀텀 의식을 통해 인류 차원에서 창발이 일어나는 메커니즘을 밝혀야 한다. 그러나 이것은 쉽지 않은 과제이다. '경로 창발성' 이론에서는 '공명'이 핵심 메커니즘이라고 주장한다.[25] 특히 사회적 공명은 고도의 심리적 현상이기에 현재까지 경험적으로 측정할 수 있는 과학적 방법론이 발견되지 않았다.

여기에서 사회적 창발을 통해 창발적 평화를 이룬 한 사례로 유럽연합의 통합과정을 살펴보자, 미원은 지구공동사회에 도달하기 이전에 지역협동사회를 거쳐야 한다고 주장하였다. 유럽연합이 지역협동사회의 대표적인 사례다. 유럽연합은 사회적 창발을 통해 창발적 평화를 이룬 사례이다.

제2차 세계대전(1939~1945)이 종결된 이후 유럽은 통합의 과정을 걷기 시작했다. 그 통합의 출발점은 유럽석탄철강공동체(European Coal and Steel Community)였다. 이 시기에 유럽은 유럽석탄철강공동체 창설을 통해 유럽통합을 시작하였다. 전후 유럽에는 세 가지의 통합 동기가 있었다. 첫째는 권력 동기이다. 전후 유럽은 새롭게 부상한 미국과 소련에 초강대국의 지위를 양보할 수밖에 없는 현실에 직면하였다. 이런 상황에서 분열되어 있었던 유럽국가들을 통합함으로써 중심세력으로서의 전통적 지위를 회복하고자 했다. 둘째는 평화 동기다. 유럽은 두 차례의 세계대전을 경험하면서 전쟁의 원인이 되었던 유럽국가들 사이의 뿌리 깊은 반목, 특히 프랑스와 독일 사이의 대립을 근본적으로 해결하고자 하는 방안을 모색하게 되었다. 셋째는 경제 동기이다. 전후의 폐허 속에서 유럽인들은 자유롭고, 평등하며, 풍요로운 대륙을 건설하고자 하는 열망을 품게 되었다.

이와 같은 통합 동기로 유럽석탄철강공동체라는 초국가적 기구를 창설한 인물은 프랑스의 국제사업가 모네(Jean Monnet: 1888~1979)[26]와 외무장관 슈망(Robert Schuman: 1886~1963)[27]이다. 모네의 창의적 유럽통합 아이디어와 슈망의 적극적 수용이 없었다면 유럽통합은 시작되지 못했을 것이 자명하다. 슈망은 독일의 총리 아데나워(Konrad Adenaur: 1876~1967)와 미국의 국무장관 에치슨(Dean Acheson: 1893~1971)을 비밀리에 접촉하여 합의를 끌어냈다.

모네의 유럽통합안은 독일과 프랑스 간의 관계개선, 전쟁의 수단과 평화의 수단이 동시에 될 수 있는 석탄과 철강의 공동관리, 유럽 연방을 건설하기 위한 초국가적 기구의 창설로 요약될 수 있다. 이렇게 보았을 때 모네의 유럽통합안은 경제적 통합보다는 정치적 통합에 초점이 맞추어져 있었다. 그리고 정치적 통합은 초국가적 성격의 기구인 공동관리청이라는 제도의 도입에서 시작되었다. 이것은 연방식 유럽통합을 지향한 것이었다. 이렇게 하여 유럽석탄철강공동체 창설을 위한 협상이 1950년 6월 20일부터 시작되었고 1951년 4월 18일 파리에서 최초의 유럽공동체 창설을 위한 조약이 6개국(프랑스, 독일, 이탈리아, 베네룩스)에 의해 조인되었다.

유럽통합의 지배 논리를 제도화시키는 데 모네와 슈망 두 인물의 역할이 결정적이었다. 제1차 및 2차 세계대전이라는 역사적 사건과 유럽의 분단, 냉전체제의 등장 그리고 이러한 역사적 상황을 통합이라는 수단을 통하여 극복하고자 했던 두 프랑스인의 결정적 역할이 없었다면 유럽통합은 시작되지 않았을 것이다.

유럽석탄철강공동체를 출발점으로 하여 시작된 유럽통합은 그동안 수많은 장애와 위기가 있었음에도 심화와 확대를 계속하였다. 1957년도에는 로마조약이 체결되면서 유럽경제공동체(European Economic Community)와 유럽원자력공동체(European Atomic Community)가 창설되었다. 1965년에는 유럽석탄철강공동체와 유럽경제공동체, 유럽원자력공동체가 유럽공동체(European Community)로 통합되었다. 1992년에는 마스트리히트(Maastricht) 조약을 체결하면서 유럽 단일시장을 발족시키고 이름을 유럽연합(European Union)으로 개칭하였다. 현재 유럽연합(EU) 회원국은 총 27개국으로 증가하였다. 2012년에는 세계평화에 공헌한 공로로 EU에게 노벨 평화상이 수여되었다. 2020년에는 영국이 유럽연합을 탈퇴하였다. 그러나 이것이 유럽연합의 붕괴를 의미하지는 않는다.

전쟁으로 점철되었던 유럽의 과거 역사를 돌이켜 볼 때 이 시기에 유럽공동체 회원국 간에 정착되었던 평화문화는 유럽통합의 창발 효과라 보기에 부족함이 없다. 정치통합이 좌절된 상황에서도 회원국 간에는 서로를 더는 적대적 관계로 보지 않고 대화와 협력의 동반자 관계로 인정하는 안보 공동체가 구축된 것이다. 이것은 유럽공동체 내외의 다양한 이슈 영역에서 공동정책을 입안하고 추진하는 과정에서 대화와 타협이 제도화되었기 때문이다. 즉 유럽에서 새로운 갈등관리 문화가 태동한 것이다.[28] 유럽통합의 평화효과는 사전에 계획되고 의도된 결과가 아니라 통합의 과정에서 나타난 창발성의 결과인 것이다. 이러한 창발성은 몇 가지 요인이 복합적으로 작용하여 나타난 결과라고 추측할 수 있다.

첫째는 공동체 출범 초기 단계에서 나타난 외부위협의 효과이다. 동·서 냉전의 상황에서 공산권의 위협이라는 요인이 통합을 가속화하는 계기가 되었다. 소련의 핵무기 실험 성공, 중국의 공산화, 한국전쟁 등과 같은 외부적 요인의 발생으로 말미암아 이에 대처하기 위한 대안을 모색하게 된 것이다. 역설적으로 외부적 위협이 존재할 때 공동체는 내부적으로 결속을 강화하게 되고 평화상태를 유지하게 된다.

둘째는 통합이 진행되면서 나타나는 상호인정을 통한 신뢰 구축 효과이다. 통합조약의 체결은 기본적으로 주권 국가들의 권리와 의무를 규정함으로써 국가 관계의 투명성을 높인다. 따라서 유럽공동체의 회원국 간에는 상당한 수준의 신뢰가 구축되어 더는 상대국을 적대국으로 보지 않는 근본적 인식의 변화가 발생하였다.

셋째는 경제적 상호 의존 효과이다. 통합이 진행됨에 따라 경제적 상호의존관계가 깊어졌다. 공동체 내 자유무역으로 인한 경제적 상호의존이 갈등을 심화시킬 수도 있으나 일반적으로 회원국 간에 전쟁을 억지하는 효과가 있다.[29] 유럽공동체의 경우 갈등이 주로 정치적 이유에서 발생하였다는 점을 고려할 때 경제적 상호의존에 의한 평화효과는 인정된다.

넷째는 사회통합 효과이다. 유럽통합은 본래 정치 엘리트 간의 합의에 따라 시작되었으나 점차 통합이 진행되면서 그 효과는 회원국의 일반 시민에게도 미치게 되었다. 기본적으로 노동, 상품, 자본, 서비스의 자유로운 이동을 추구하는 통합을 통해 유럽 시민들 간에 접촉의 빈도수가 증가하기 시작하였고 상호 간의 이해가 깊어졌다.

위와 같은 효과의 복합적 작용으로 유럽공동체 내의 회원국 간에 상호 간 인정을 통한 대화와 협상의 관행이 제도화됨으로써 더는 상대 회원국을 적으로 간주하지 않는 상태의 안보 공동체가 형성되었다. 유럽연합은 다자주의적 제도의 자기 조직화를 통해 사회적 창발이 일어났고 결과적으로 창발적 평화를 가져온 대표적 사례이다.

그렇다면 동북아는 어떠한가? 동북아는 유럽과 달리 여전히 냉전 체제가 유지되고 있다. 이 지역 내에서 그동안 경제적 상호의존성이 높아지면서 동북아공동체 구축에 관한 관심이 높아져 왔다. 그러나 의미 있는 결실을 거두지 못하였다. 동북아지역이 같은 유교 문화권임에도 불구하고 통합이 지지부진한 이유는 여러 가지가 있다. 우선 과거의 그림자가 너무 짙게 깔려 있어서 여전히 부정적 요인으로 작용하고 있다. 제국주의 시대의 잔재와 냉전 시대의 잔재가 여전히 강하게 작용하고 있다. 그래서 국가 간 상호불신의 장벽이 높아서 협력을 어렵게 하고 있다. 따라서 이 지역에서 역사문제는 여전히 가장 민감한 외교 현안으로 등장하고 있다.

이 지역을 구성하고 있는 동북아 6개 국가의 가치체계는 매우 이질적이라 볼 수 있다. 우선 경제체제 측면에서 동북아는 자본주의 시장경제체제를 유지하고 있는 미국, 일본, 한국과 이행경제체제에 있는 중국과 러시아, 폐쇄적인 계획경제 체제하에 있는 북한으로 구성되어 있다. 정치체제의 측면에서 동북아는 자유민주주의를 유지하고 있는 미국, 일본, 한국, 일인 장기집권을 유지하고 있는 러시아, 여전히 공산당에 의한 일당 독재체제를 유지하고 있는 중국, 주체사상에 따라 국가권력을 세습화하고 있는 북한으로 구성되어 있다. 문화적 측면에서 유교 문화를 공유하고 있는 한국, 중국, 일본, 기독교 문화를 기초로 하여 건국되었으나 다원주의적 가치를 추구하는 미국, 러시아 정교의 문화적 전통을 유지하고 있는 러시아, 유교 문화에 뿌리를 두고 있으나 가부장적 권위주의 문화로 변질된 북한으로 구성되어 있다. 이처럼 동북아 지역에는 이질적인 가치체계가 공존하고 있어서 협상을 통해 공동규범을 창출하는 것이 쉽지 않다.

이 지역에서는 국가들 간의 힘의 배분도 매우 비대칭적이다. 미국과 중국이라는 초강대국, 일본, 러시아와 같은 지역강대국, 한국이라는 중위권 국가, 북한이라는 약소국가로 구성되어 있다. 이 중 미국과 일본, 미국과 한국은 군사동맹 관계를 유지하고 있고 한국, 미국, 일본 3국은 대북정책에서 협력관계를 유지하고 있으나 북한, 러시아, 중국은 전통적 의미의 군사동맹 관계가 없어진 상태이다. 그러나 최근에 이르러 이 국가들 간의 외교적, 군사적 협력관계는 강화되고 있다. 한편 미국, 중국, 러시아, 북한이 핵보유국이고 일본,

한국은 비핵국가이다. 전략무기 보유 측면에서도 비대칭적이다.

이 국가들 간의 이해관계도 매우 이질적이고 매우 복잡하게 얽혀 있다. 동북아는 미·중 간 전략경쟁이 부딪히는 최전선이라고 볼 수 있다. 동북아는 지정학적으로 해양세력과 대륙세력이 한반도를 사이에 두고 마주치는 지역이다. 이것이 역사적으로 주어진 한반도의 지정학적 운명이다. 이런 이유로 한반도는 그동안 수많은 외침을 받아 왔다. 그리고 한반도는 6.25라는 동족상쟁의 비극을 겪고 여전히 분단 상태에 있다. 그동안 남한과 북한은 이념에 의해 분단되어 체제경쟁을 벌여왔다. 그 결과로 북한이 정권 유지 수단으로 핵을 개발함으로써 남북협력과 한반도의 통일을 더욱 어렵게 만들고 있다.

유럽과 같이 동북아지역에서 창발적 평화가 찾아오기 위해서는 북핵 문제의 해결이 필수 조건이다. 그동안 6자회담과 북미 양자간 협상을 통해 북핵 문제의 해결을 시도하였으나 모두 실패하였다. 그러나 언젠가 이 문제가 해결될 날이 올 것이다. 북핵문제가 해결되면 동북아에서도 다자간 협력의 틀이 제도화될 수 있다. 독일의 통일이 가능했던 이유는 범유럽 차원에서 다자협력의 틀이 있었기 때문이다. 독일의 통일은 유럽 통합과정과 헬싱키 프로세스에서 일어났던 사회적 창발의 결과라고 볼 수 있다. 미원은 「하나가 되라」는 시에서 3맥, 즉 혈맥, 심맥, 국맥이 이어져 한반도 통일의 길이 열리기를 열망했다. 남북한이 언젠가 통일이 된다면 한반도에서 새로운 제3의 민주주의가 태동할 가능성이 있다. 통일 한반도는 동북아와 유라시아를 연결하는 교량이 될 것이다. 이렇게 되면 통일 한반도는 새로운 인류문명의 중심으로 부상할 가능성이 있다. 이것은 '한반도 시대'의 개막을 의미한다. 그리고 한반도에서 새로운 인류문명을 이끌 '제3의 원리'가 태동할 것이다. 이것이 한반도에 부여된 역사적 사명일 것이다. 그리고 통일 한반도는 미원이 그토록 간절히 소망했던 '동방의 빛'으로 부상할 것이다. 태양이 떠오르기 전 새벽이 가장 어두운 법이다.

1 Lydiayle Gibson, "Predicting the Future of China's Role," *Harvard Magazine*, 2.17.22.

2 Per Bak, *How Nature Works: The Science of Self-Organized Criticality* (New York, NY: Copernicus Press, 1996).

3 게세코 폰 뤼프케, 『두려움 없는 미래』 (서울: 프로네시스, 2010), p. 28.

4 Jeremy Rifkin, *Empathic Civilization: The Race to Global Consciousness in a World in Crisis* (New York: Penguin Group Inc., 2009).

5 Claus Otto Scharmer and Katrin Kaeufer, *Leading from the Emerging Future: From Ego-System to Eco-System*(San Francisco, CA: Berett-Koehler Publishers, 2013).

6 게세코 폰 뤼프케, op. cit., p. 386.

7 조영식, 『인류사회의 재건』 (서울: 경희대학교 출판문화원, 2021), p. 178.

8 Ibid., p. 12.

9 Ibid., p. 246.

10 Ibid., p. 247.

11 동양 철학적 관점에서 오메가 포인트는 우주 본체 즉 태극이다. 동양철학의 원리에서는 모든 것은 하나인 태극에서 나와서 다시 태극으로 돌아간다.

12 게세코 폰 뤼프케, op. cit., p. 36.

13 Ki-Joon Hong, "A Critique of New Institutionalism: A path Emergence Theory Perspective," *Korean Political Science Review*, Vol. 48, No. 6, (2014), pp. 5-22.

14 Ki-Joon Hong, "Dynamics of Network Resonance: The Case of the Transnational Helsinki Network," *Europe-Asia Studies,* Vol. 71, Issue 5, (2019), pp. 717-735.

15 조영식은 인류 의식의 전환을 위해 '지구적 공명'이 필요하다고 말하지는 않았다. 조영식은 그러나 공명의 원리를 알고 있었던 듯하다. 그는 『오토피아』 p. 216에서 칸트의 '목적의 왕국'에 대해 많은 '공명'을 한다고 쓴 바 있다. 이런 경우 보통 '공감'이라는 표현을 쓰는 데 '공명'이라는 용어를 사용한 것은 특기할 만하다.

16 밈(meme)은 도킨스의 저서 *Selfish Gene*에서 처음 사용되었다. Richard Daw-

kins, op. cit.. pp. 279-280.

17 William Durham, *Coevolution: Genes, Culture and Human Diversities* (Stanford: Stanford University Press, 1992).

18 Agner Fog, *Cultural Selection* (Dordrecht: Kluwer Academic Publishers, 1999), p. 17. http://www.agner.org/cultsel/ (검색일: Oct. 20, 2004).

19 Ibid.

20 라마르크에 의해 주장된 획득형질 유전설은 다윈주의자들에 의해 부정된 바 있으나 오늘날 분자생물학적 관점에서 획득형질의 유전에 대한 실험적 증거의 신빙성에 대하여 새롭게 논의가 제기되고 있다. 이에 대한 예로는 Edward J. Steele, *Somatic Selection and Adaptive Evolution: On the Inheritance of Acquired Characters* (Toronto: William & Wallace, 1979)를 참조. 라마르크 이론에 대해 옹호하는 국내 연구논문으로는 이정희, '19세기 프랑스의 진화론자들 - 신라마르크주의 이론에 대한 고찰-', 전국 역사학대회 발표논문, 1999, 이성규, '진화론 논쟁에서의 신라마르크주의,'『한국과학사학회』Vol. 23, No. 2, (1999).

21 조영식,『지구공동사회대헌장』, 1998.

22 Ki-Joon Hong, "Institutionalization of International Cooperation: A Premise for a Global Common Society," *OUGHTOPIA*, Vol. 18, No. 1 (Winter 2003), p. 126.

23 Ki-Joon Hong, "A Path to Emergent Peace in Northeast Asia: The Shadow of the Past Matters," *Asian Studies Review*, Vol. 39, No. 3, (2015), pp. 503-520.

24 John Gerard Ruggie, "Multilateralism: The anatomy of an institution," *International Organization*, Vol. 46, No. 3, pp. 561-598.

25 Ki-Joon Hong, "The unintended consequences of the Helsinki Final Act: A path emergence theory perspective," *International Political Science Review*, Vol. 34, No. 3, (2012), pp. 310-325; Ki-Joon Hong, "A Critique of New Institutionalism: A Path Emergence Theory Perspective," Korean Political Science Review, Vol. 48, No. 6 (2014), pp. 5-26; Ki-Joon Hong, "Path Dependence or Path Emergence?: The Case of the Helsinki Process," *Korean Political Science Review*, Vol. 51, No. 6, (2017), pp. 5-28.

26 장 모네는 프랑스의 코냑(Cognac)에서 출생하여 사업가로서 경험을 축적하고 제1, 2차 세계대전 중에 연합국의 군수물자 공동관리 담당자라는 고위 국

제공무원으로 재직하면서 국제협력문제 전문가로서의 명성을 얻었다. 1945년에 모네는 프랑스 경제의 근대화와 재건을 위한 계획을 수립할 것을 제안하였고 1947년에 이 임무를 담당할 총괄국장에 임명되었다. 모네는 전후 프랑스 경제의 재건에 핵심적 역할을 담당하면서 프랑스에서 영향력을 확대하였다. 모네는 1949년 전통적 경쟁 관계에 있는 독일과 프랑스 간의 전쟁을 막기 위한 수단으로 양국의 석탄과 철강산업을 통합하는 방안을 제안하였다. 모네의 이와 같은 구상 뒤에는 석탄과 철강을 시작으로 해서 다른 산업 분야로 확장을 모색함과 동시에, 석탄과 철강의 공동 생산 및 관리를 맡을 초국가적 공동관리청(High Authority)을 창설하여 정치적으로 유럽 연방의 가능성을 타진했던 것이다.

27 모네의 혁명적 유럽통합 구상을 실현에 옮긴 인물이 당시 외상이었던 슈망이다. 독일, 벨기에, 룩셈부르크에 인접한 국경 지역인 로렌느(Lorraine) 지역에서 출생하여 독일과 프랑스에서 교육을 받은 슈망은 양국 간의 뿌리 깊은 갈등문제 해결에 대한 열망이 있었다. 1948년 7월에 비도(George Bidault)의 뒤를 이어 외상에 오른 슈망은 1953년 1월까지 프랑스 외교의 총책임자로서 유럽통합과 독·프 관계개선에 획기적인 전기를 마련하였다. 그의 문제 해결방식은 독일을 정상국가로 권리를 회복시켜야 한다는 것과 유럽통합의 구조 속으로 독일을 편입시켜야 한다는 것이었다. 1949년에 미 국무장관 에치슨(Dean Acheson)은 슈망을 만나 독일 문제를 해결할 수 있는 모종의 조치를 할 것을 권유하였다. 구체적인 대안을 모색하던 그에게 모네의 구상은 유럽통합의 모든 문제를 해결할 수 있는 획기적인 발상으로 인식되었다. 모네의 유럽석탄철강공동체 안은 1950년 5월 9일 프랑스 외무성 퀘 도르세(Quai d'Orsay)에서 슈망플랜으로 선언되었다.

28 Werner Kamppeter, "European Integration and the Price of Peace," *IPG* 2, (2000), p. 129.

29 '경제적 상호의존이 평화를 가져오지 않는다'라는 주장은 Albert O. Hirschman, "Rival Interpretations of Market Society: Civilizing, Destructive, or Feeble?" *Journal of Economic Literature* 20, (Dec. 1982), pp. 1463-84 참조.

닫는 말

이 책은 두 가지 의문을 풀기 위해 시작되었다. 첫째는 미원이 어떻게 인류를 품는 사상을 갖게 되었는가 하는 것이다. 미원은 인류를 품기 이전에 한민족이었다. 그는 한민족의 얼을 품은 세계주의자였다. 그는 한민족에 대한 뜨거운 사랑과 원대한 비전을 가슴 한구석에 품고 있었다. 그의 시 「선구자의 꽃 목련화」는 바로 이것을 표현한 것이다. 그에게 '배달의 얼'을 담고 있는 목련화는 새로운 인류문명을 열어갈 한민족의 상징이었다.

둘째는 미원사상의 뿌리가 무엇인가 하는 것이었다. 미원사상의 뿌리는 한민족의 시원 사상인 '광명이세'였다. 이러한 사상이 그의 시 「하나가 되라」에서 고스란히 표현되었다. 한민족의 시원 사상은 다름 아닌 인간중심주의이다. 밝은 빛의 이치로 널리 세상을 이롭게 하라는 홍익인간 사상이다. 미원은 이 사상을 밝은사회운동과

제2 르네상스운동을 통해 전 세계에 전파하고자 했다. 미원은 '등불'이라는 단어를 통해 이 운동의 의미를 상징적으로 표현했다.

미원이 평생 탐구하였던 3차원적 우주관과 그 결과로 정립한 주리생성론과 전승화론은 창발론이다. 미원의 사상에서 등장하는 3이라는 숫자는 바로 창발의 원리를 뜻한다. 이것은 미원의 용어로 '대립전화(對立轉化)'가 일어나는 원리이다. 미원은 이 원리를 동양 철학적 직관을 통해 발견하였고 서양 학문의 탐구를 통해 확인하였다. 그는 이런 원리로 인류문명이 전환점에 있음을 일찍이 통찰하였다. 그는 한민족이 중심이 되는 동북아 시대에 새로운 인류문명이 출현할 것임을 예견하였다. 문명전환의 시대에 미원이 전하는 메시지는 우리가 그 시대를 맞을 준비를 해야 한다는 것이다.

이 책은 미원의 사상을 모두 담지 못하였다. 이 책이 계기가 되어 미원의 사상에 관심을 갖는 제현들이 나타난다면 보람으로 느낄 것이다. 많은 사람이 이 책을 읽고 자신과 민족의 미래를 위한 혜안을 얻는다면 기쁠 것이다. 이 책을 집필하며 몰두했던 시간은 필자에게 너무나 값진 것이었다. 미원의 사상을 좀 더 깊이 이해할 수 있었고 그의 사상으로부터 많은 영감을 받을 수 있었다. 미원에게 진 빚을 조금이나마 갚을 것으로 생각했으나 더 많은 빚을 지게 되었다.

2022. 5. 29
빛의 언덕(光陵) 연구실에서
홍기준

저자 소개

홍기준은 경희대학교 평화복지대학원에서 동북아학 석사를 취득한 후, 루벤 (K.U. Leuven)대학교에서 유럽학 석사와 사회과학 박사를 취득하였다. 한국지방 정치학회와 한국유럽학회 회장을 역임하였다. 현재 경희대학교 평화복지대학원 교수이다. 주요 저서로는 *The CSCE Security Regime Formation: An Asian Perspective*(Macmillan, 1997) 외 다수가 있으며, 주요 논문으로는 "The Unintended Consequences of the Helsinki Final Act: A Path Emergence Theory Perspective"(*International Political Science Review*, Vol. 34, No. 1, 2013) 외 다수가 있다. 저자는 '경로 창발성'(Path Emergence) 이론을 창안하여 국제 전문학술지에 다수 의 논문을 게재하였다.

미래를 여는 창 조영식 코드
문명전환의 시대에 전하는 메시지

발행일 1쇄 2022년 8월 31일

지은이 홍기준
펴낸이 여국동

펴낸곳 도서출판 인간사랑
출판등록 1983. 1. 26. 제일-3호
주소 경기도 고양시 일산동구 백석로 108번길 60-5 2층
물류센타 경기도 고양시 일산동구 문원길 13-34(문봉동)
전화 031)901-8144(대표) | 031)907-2003(영업부)
팩스 031)905-5815
전자우편 igsr@naver.com
페이스북 http://www.facebook.com/igsrpub
블로그 http://blog.naver.com/igsr
인쇄 인성인쇄 **출력** 현대미디어 **종이** 세원지업사

ISBN 978-89-7418-431-5   03990